한국어로 내려온
New Bible

새로운
성 경

제20권

2부 | 총10부

한얀마음

하나님 말씀 중에서

1. 사랑의 하나님

- 세상을 창조하신 하나님은 모두를 사랑하신다. 인간만 특별히 더 사랑하지 않고, 우주 만물을 다 똑같이 사랑하신다. 그러니 하나님이 창조하신 천지 만물과 화친하고, 미물까지도 소중히 대하라.

- 하나님은 특정 종파나 민족만을 더 사랑하지 않으신다. 자기 자신만 구원받겠다는 욕심을 버리고, 자기 종파만 구원받는다는 편협한 교리에서 벗어나야 한다. 종파를 초월해서, 모두를 사랑하라.

- 원수까지 사랑하라 했으니, 이 세상에 사랑하지 못할 자가 누가 있겠는가? 종파가 다르다고 해서 부모 형제와 원수처럼 지내는 자는 인간의 근본을 모르는 자다. 가장 가까운 가족부터 사랑할 때 남도 진심으로 사랑할 수 있다.

- 한 사람을 원수같이 생각하던 마음에서 사랑하는 마음으로 돌리면, 자기 자신의 마음이 가장 기쁘고 행복하다. 하나님께서는 인간의 마음속에 무거움이 없이 기쁘고 행복한 삶을 살기를 바라신다.

- 이웃을 "내 몸처럼" 사랑하라 했으니, 마지막 한 장 남은 천국의 티켓도 이웃에게 양보하라. 자기 중심적인 신앙에서 벗어나서 남을 위해 살아야 한다.

- 독초도, 약초도, 이단도 사탄도 천사도 다 필요하기에 존재한다. 독초일지라도 극소량을 사용해서 생명을 살릴 수 있고, 약초라 하더라도 남용하면 생명을 잃을 수 있다.

- 세상 모든 것을 명약으로 활용하는 것은 인간의 지혜에 달렸다. 어떤 것이든 어떤 사람이든 적재적소에 꼭 필요한 명약으로 승화시키라.

- 사탄도 이단도 천사도 모두 하나님의 주관하에 존재한다. 진정한 하나님의 백성은 사탄과 마귀까지도 감화시켜서 천사로 거듭나게 한다.

2. 기도

- 하나님은 인간의 생각까지 모두를 다 알고 계신다. 우리의 소원도 이미 알고 계시기에, 소원의 기도를 할 필요가 없다. 우리가 받을 자격이 되면 내려 주신다.

- 죄를 짓고 아무리 회개를 해도 용서받지 못한다. 도둑질한 자는 용서해 달라고 기도하고, 도둑맞은 자는 도둑을 잡게 해 달라고 기도하면, 공의의 하나님은 누구의 편에 서시겠는가?

- 자기가 잘못한 것은 그 사람에게 직접 갚고 용서를 구하라. 그가 용서하면 하나님도 용서하신다. 땅에서 매면 하늘에서도 매이고, 땅에서 풀리면 하늘에서도 풀리는 이치다.

- "회당에서 기도하지 말고 골방에서 기도하라" 했다. 눈에 보이는 골방이 아니라, 골방과 같이 고요한 마음이다. 잡념을 버리고 하나님을 향해 마음을 집중하며, 사랑하고 용서하는 아름다운 생각만 나오도록 하라.

- "두드리면 열릴 것이다." 하는 것은 육의 소원을 위해 두드리라는 것이 아니라, 진리의 깨달음을 얻기 위해 두드리라는 것이다.

- 기도하는 방법: 생활 속에서 수시로 기도하는 삶을 살아야 한다.

- "저의 죄를 용서하여 주옵소서." 하는 회개의 기도를 하라.
- 범사에 "하나님! 감사합니다." 하라. 현재 가진 것에 감사하며, 과욕하지 말라. 사기 노력 이상의 것을 더 갖고자 기도하는 것은 도둑놈심보다. 공의의 하나님은 각자 노력한 만큼 주신다.
- "하나님 뜻대로 살아가겠나이다." 하며 마음의 각오를 다지라.

- 기도는 하나님의 말씀을 받아서 "행하는 것"이다. 하나님이 계심을 굳건히 믿고, 하늘을 향하여 한 점 부끄럼 없이 사는 삶 자체가 가장 위대한 기도이며, 삶이 곧 예배다.

3. 지도자

- 똑같이 사랑한다는 말을 해도, 순수하게 하는 말은 천사의 말이지만, 사기 쳐서 재산을 가로채려고 하는 말은 사탄의 말이다.

- 종교 지도자가 아무리 훌륭한 설교를 해도, 신도의 재물을 거둬서 더 큰 교회를 짓고 자기의 부귀영화를 바라며 설교하면 사탄의 가르침이 된다.

- "저희 교회는 만원사례요, 믿음은 다 같으니 이웃의 개척 교회에 가서 예배를 드리시오." 하며, 이웃 교회의 부흥을 먼저 생각하여 제 신도를 보내는 종교 지도자가 있다면 그를 따르라. 그가 하나님의 사랑을 실천하는 자다.

- "부자가 천국에 들어가는 것은 낙타가 바늘구멍을 통과하는 것보다 더 힘들다" 하였거늘, 지금의 교회에서는 부자가 되기만을 기도하고 소원하니, 이는 곧 천국을 포기하고 지옥 행 열차의 티켓을 사는 것과 같다.

- 예수는 빈손이었다. 종교 지도자가 예수보다 더 호화롭고 편안하게 살아간다면 잘못된 것이다. 부귀영화와 명예를 바라는 자는 절대로 갈 수 없는 좁고 협착한 길이 종교 지도자의 길이다.

- 종교 지도자는 유리로 비춰 봐 한 점의 부끄러움이 없이 살아야 한다. 의식주도 직접 일해서 해결하고, 예수의 가르침과 행함을 그대로 따라야 한다.

- 종말은 없다. 지금의 잘못 가는 종교 집단에게만 종말이 있다. 보이지 않는 하나님은 보이는 육의 종말은 관여하지 않으신다. 환경 파괴로 인간이 스스로 멸망을 자초하는 것이다. 종파끼리 싸우기 전에, 무너진 인성을 바로잡고 지구의 몸살을 해결하는 데 뜻을 모으는 게 급선무다.

4. 성전이란

- 이 세상 자체가 하나님께서 만드신 성전이다. 자연보다 더 아름다운 성전이 있는가? 보이는 건물이 성전이 아니라, 성스러운 마음가짐이 성전이다.

- 반석 위에 교회를 지으라 했다. 지상의 단단한 돌은 인간이 쪼갤 수 있으나, 마음속의 굳은 결의는 세상 무엇으로도 쪼갤 수 없다. 바르고 굳건한 믿음으로 성경의 가르침을 실천하는 것이 마음의 반석 위에 교회를 짓는 것이다.

- 손으로 지은 건물의 교회에 모여서 복음을 전하는 것이 아니라, 교회를 개인과 가정에 심어 주어야 한다. 무너지고 부서지는 건물을 짓지 말고, 마음속에 영원히 불변하는 참진리의 교회를 지으라.

5. 십계명

- 십계명은 인간이 죽어서 반드시 통과해야만 하는 열 개의 관문이다.
- 부모를 공경하지 아니한 자는 "네 부모를 공경하라." 하는 제5계명의 관문이 열리지 않으니 구원받을 수 없다.
- 살인, 간음, 거짓, 우상 등의 나머지 계명도 마찬가지다.

- 십계명은 하나님의 친필이다. 모기소리만 한 하나님의 음성이라도 들어 보겠다고 여기저기 찾아 헤매지 말고, 십계명부터 암송하고 지키라.

- 십계명은 영혼을 구원하는 양식이며, 십계명을 지키는 것이 구원을 받는 길이다. 인간이기에 지키고자 노력하고 또 노력한다면 지킬 수 있다.

- 십계명을 지키고 천사처럼 아름답게 살아가는 그 마음 하나면 세상에 이루어지지 않는 것이 없다.

6. 보물

- 하나님은 재물이 아니라 우리의 마음을 받으신다. 사랑을 실천하며 천사처럼 변하는 마음이 하나님께 바치는 보물이다.

- 보이지 않는 하나님께 재물을 바치려 하지 말고, 너희를 길러 준 부모에게 용돈 드리고, 찾아뵙고, 효성을 다하라. 그것이 하나님께 효도하는 것이다.

- 하늘에는 선과 악의 창고가 있다. 자기 창고에 선이 많으면 천국으로 구원을 받고, 악이 많으면 심판받아 지옥으로 간다. 그것이 바로 "선한 일을 행한 자는 생명의 부활로, 악한 일을 행한 자는 심판의 부활로" 나오는 것이다.

- "선악과를 따먹지 말라"는 것은 양심을 지키라는 것이다. 선과 악을 구분할 수 있는 양심을 최초에 인간에게 주셨다. 선한 열매는 취하고, 악한 열매는 버리며, 양심에 비추어 부끄럼 없는 삶을 살아가라.

- 가장 작은 거짓말을 하지 않고, 가장 작은 죄를 짓지 않으며, 가장 작은 선행을 하고, 가장 작은 악행을 멀리하는 것이 율법의 일점 일획도 빠뜨리지 말고 다 지키는 삶을 사는 것이다.

7. 우상

- 박물관에 있는 불상은 하나의 예술품이다. 그 조각품에 대고 제 소원을 빌 때 우상숭배가 된다. 십자가라 하여도 그 앞에서 소원을 빈다면 우상숭배하는 것이며, 하나님께 소원을 빈다면 하나님을 우상으로 전락시키는 것이다.

- 지금 기복신앙에 젖어 있는 모든 사람이 우상 앞에 절을 하고 있다. 조각품을 우상이라며 파괴하지 말고, 네 마음속에 있는 욕심의 우상을 무너트리라.

- 생수를 약초가 먹으면 약을 만들고 독사가 먹으면 독을 만든다. 같은 성경을 봐도 선한 지도자는 신도를 천사로 만드는 데 활용한다. 그러나 욕심이 가득한 지도자는 재물을 거두어들여 제가 부귀영화를 누리는 데 악용한다. 그가 바로 성경을 우상숭배의 도구로 전락시키는 거짓 선지자다.

- 성경을 한 획도 빼거나 더하지 말라는 것은, 그 가르침을 빠트리지 말고 온전히 지키라는 것이다. 성경 속에서 자기에게 유리한 구절만 보는 것은, 자기에게 불리한 구절들을 빼 버리는 것이다. 믿음이 제일이요, 행함은 구원과는 관계없다는 것은 자신에게 유리한 쪽으로 성경을 악용하는 것이다.

- 진정한 종교 지도자는 종파에 관계없이 어떤 종파든 어떤 책이든 접하고 보고 깨우쳐 견문을 넓히도록 인도한다. 참진리를 모르고 자신이 없는 자가 남을 이단이라며 배척하고, 신도들의 눈과 귀를 가린다.

8. 예수

- 예수의 재림은 없다. 예수가 다시 온다 해도, 과연 누가 그를 예수라고 믿겠는가? 예수와 같은 삶의 행함이 곧 예수의 재림이다. 각자 모두가 "재림 예수"가 되는, 차원 높은 믿음으로 가야 한다.

- 예수는 "주여 주여 하지 말고, 아버지의 뜻대로 행하라"고 했다. 예수가 전한 하나님의 뜻이 곧 "길이요, 진리요, 생명"이며, 그 가르침이 예수의 보혈처럼 소중한 것이다. 예수를 믿는 것은, 예수의 가르침을 믿고 따르는 것이다.

- 예수는 낮은 자로서 만백성을 섬기고자 했다. 만나는 모든 사람을 다 하나님이라 생각하라. 돈을 벌수록 겸손하고, 높은 지위를 얻을수록 낮아지라.

- 예수는 종파를 만들지 않았다. 인간이 만든 종교와 인간의 교리를 따르지 말고, 예수를 통해 전한 하나님의 참진리를 연구하고 따르라.

- 예수가 2천 년 전에 만백성을 위해 죽었으니, 지금 이 땅에는 예수의 가르침대로 사는 천사만 존재해야 한다. 예수가 죽어 가면서 바란 것은 만백성이 천사가 되어 예수의 자리를 채워 주는 것이지, 지금과 같이 재물을 바치면서 중언부언 제 소원만을 비는 백성들을 바란 것이 아니다.

9. 구원

- 천사가 사는 천국에는 천사만 갈 수 있으니, 천사 같은 마음을 길러야 한다.

\- "천국 열쇠를 네게 주리니 땅에서 무엇이든지 매면 하늘에서도 매일 것이라" 했다. 땅에서 천사같이 사는 자가 하늘에서도 천사가 되어 천국에 들어간다. 모든 사람에게 천사같다는 말을 듣는 삶을 살아야 한다.

- 천사의 곱고 아름다운 마음은 부모를 공경하고 어른을 어른으로 대접하는 데에서 출발한다. 효도하는 자는 형제와 화목하게 지내기에 가정이 화목해지고, 이웃과 화목해지고, 국가가 화목해지고, 온 인류가 화목해진다.

\- 그러므로 지상의 아름다운 소왕국은 가정에서부터 이루어야 한다.

- 선택된 14만 명만 구원받는 것이 아니라, 천사처럼 변하고자 하는 14만 명을 기초로 온 인류가 천사처럼 거듭나는 영적인 개혁이 시작되는 것이다.

- 천 년에 걸쳐서 하늘에서 이루어진 것같이 이 세상을 낙원으로 만들어, 만백성이 지상의 천국에서 살다가 죽어서 그대로 하늘의 천국으로 들어가는, 영원한 지상 낙원을 건설하는 것이 하나님의 계획이다.

- 이것이 구약과 신약에 이어 "새로운 성경"으로 역사하시는 하나님의 창조의 완성이다.

- 지금의 믿음으로 구원받을 수 있다면 그 길을 가라. 그러나 자신이 없다면 하나님께서 직접 내리신 160권의 "새로운 성경"을 읽고 구원의 길을 보라!

하나님 머리말씀

이 새로운 성경을 읽는 너희 모두는
이 율법에 따라 행하면 영원히 구원받을 것이니라.

너희 인간이 수년, 수십 년, 평생
성서를 공부하고 기도하는 것은
하늘나라 나의 곁으로 오고 싶은 소망일진대,

몇천 년 전의 너희 인성과 생각이
지금의 너희와는 판이하게 다르니,

꺾여 가고 병들어 가는 너희를 고칠 수 있는 길은,
오늘 내가 선지자에게 내리는 새로운 성경과 같이
너희가 변화되는 것뿐이니라.

나의 예수가 태어난 것처럼
내가 아들 선지자를 선택하여
나의 새로운 성경을 온 세계에 전하고자 하니,

묵은 것은 버리고 새로운 것은 취하여,
너희 모두는
'여호와 하나님! 저의 죄를 용서하여 주옵소서.'
하는 기도문으로 기도하고, 죄를 뉘우치라.

이 새로운 성경은
수천 년간 내려온 성서를 요약한 것이니,
너희는 이 책을 정독하여 쉽게 깨달음을 얻고,
이대로 실천하여 하늘에 오르라.

대역자 머리말

■ 하나님의 율법을 지키는 선지자로 선택을 받도다.

저는 남들처럼 그저 열심히 살아온 평범한 사람이었습니다. 그러나 50대 중반에 사업에 실패하여 많은 부채에 시달렸으며, 건강도 악화되어 눈이 잘 안 보이고, 걷기도 어렵고, 두통이 심해서 잠을 이룰 수 없는 고통의 나날을 보냈습니다. 그때 제가 선택할 수 있는 것은 육의 삶을 끝내는 길뿐이었습니다.

죽기 직전에 그동안에 죄를 지은 이들에게 용서를 빌고 인생을 끝내기로 작정하였습니다. 어려서부터 지은 죄를 빌고 빌다 보니 끝이 없었고, 죽음으로도 그 많은 죄를 용서받을 길이 없다는 생각에 하염없이 눈물이 흘렀습니다. 그 순간 '재래식 화장실의 구더기는 죄를 짓지 않는데, 나는 인간으로서 구더기만도 못한 삶을 살았구나.' 하는 생각이 들면서 괴로움에 몸부림칠 때, 갑자기 하나님의 음성이 들렸습니다.

"나는 여호와 하나님이니라. 너는 십계명을 암송하고 내가 내려 주는 메시지를 받아 책으로 만들어 만백성을 구하라." 하시며, 제 눈을 손으로 문지르게 하시고, 아픈 머리와 다리를 손으로 두드리게 하셨습니다. 그러고 나니 눈도 잘 보이고 걸을 수 있었으며 머리의 통증도 말끔히 낫게 되었습니다. 그때부터 십계명을 암송하고 나면 들려주시는 말씀을 기록하였고, 1999년 8월부터 2004년 7월까지 권당 288쪽, 총 160권을 받아서 "새로운 성경"이라는 책으로 펴내게 되었습니다.

그러한 저에게 죽기보다도 힘든 길이 시작되었습니다. 모든 교인들이 저에게 사탄이요, 이단이요, 악마요, 마지막 시대에 온 거짓 선지자라 하면서 공격하였고, 저를 짐승을 보듯이 대하는가 하면, 편협한 종교 지도자들의 선동으로 신도들이 이 책을 직접 읽어 보고 평가할 기회마저 막아 버렸습니다. 그래서 하나님의 말씀을 세상에 내는 데 많은 어려움을 겪으며, 피를 토하는 심정으로 책을 전하고 있습니다.

그러나 아무리 인간의 힘으로 막으려 해도, 하나님의 뜻이 세상에 전해지는 위대한 역사는 계속될 것입니다. 책으로 전해지는 "하나님의 말씀"은 세상 끝날까지 항상 우리와 함께하실 것입니다. 사람은 죽어도, 책에 기록된 말씀은 영원히 남으니까요.

■ 따뜻한 실천

하나님께서는 어려운 사람들에게 삶의 터전을 마련해 주고, 미래를 열어 주는 것을 기뻐하십니다. 어려운 이웃이 스스로 자립할 수 있도록 이끌어 주는 것이 진정으로 이웃을 돕는 것이라고 말씀하셨습니다. 그래서 일자리가 없는 제자들에게 작은 사업장을 만들어 주는 "달란트 사업"을 하고 있습니다. 식당, 반찬 가게 등을 차려 주고, 기존의 어려운 사업장이 자립할 수 있도록 돕고 있습니다(커피숍, 미용실, 의상실 등).

하나님께서는 교회에 나와서 모든 시간과 재물을 쏟기를 원하지 않으시고, 그 시간과 재물을 교육에 투자하여 스스로 미래를 열어 가기를 원하십니다. 그래서 제때 공부하지 못한 제자들에게 학업을 이어 가도록 하였습니다. 중화요리 주방장을 하며 초등학교 검정고시부터 공부하여 2012년에 방통대를 졸업한 36세 남성, 만학도들의 2년제 중학교에 입학해서 2007년에 명지대학을 졸업한 38세 여성, 중학교 검정고시를 시작으로 숭의여자대학을 졸업한 47세 여성 등이 있습니다. 그밖에도 많은 제자들에게 나이를 초월하여 배우고 깨우쳐서 사회 속의 당당한 일원이 되도록 인도하고 있습니다.

학자금 대출로 힘겨워하는 젊은이들을 위해 "따뜻한 바람 장학회"를 발족하여(2016년 12월) 대출받은 학자금 전액을 매월 갚아 주고 있습니다. 또한, 다문화 가정을 위해 "다문화 가족 랜드"를 조성하여, 각종 시설을 무료로 활용하도록 하고 있습니다.

이러한 따뜻한 실천이 아직은 미약합니다. 그러나 책의 수입이 늘고, 저와 뜻을 같이하는 분들이 늘어나면 계속 확대할 것입니다. 지도자로서 신도의 재물을 헌금으로 거둬들여 착복하는 것이 아니라, 하나님께서 기뻐하시는 일에 사용하도록 중매 역할만 하며 살아가고자 합니다. 이런 제가 과연 사탄이고 이단인가요? 하나님께서 기뻐하시는 일이라면, 저에게 사탄이라 하든 거짓 선지자라 하든 굽히지 않고 실천해 나갈 것입니다.

끝으로, 일상의 삶 속에서 "지금 내가 하는 행동이 과연 하나님께서 기뻐하실까, 슬퍼하실까?" 생각하고, 매사에 하나님께서 기뻐하시는 길을 택하기 바랍니다. 교회에 모여서 집단적으로 예배 드리는 것이 아니라, 개인이나 가정 단위로 새로운 성경을 읽어 스스로 깨우치고 그대로 행하면 충분합니다. 그것이 마음속에 성전을 짓고, 신령과 진정으로 예배 드리는 길입니다. 그러면 천국의 문에 들어서게 됩니다.

2017. 2. 1.

하나님 말씀 대역자 김용철

차 례

2002년 1월 ... 138

부 록 ... 154

간 행 사 ... 155

십 계 명

이 책은 십계명을 암송하고 나면 내려 주시는 "하나님의 음성"을 듣고 그대로 받아쓴 기록입니다. 하나님께서 십계명을 모세에게 내려 주셨지만, 그것은 만백성에게 내려 주신 것입니다. 마찬가지로 이 책의 모든 말씀도 저에게 내려 주셨지만, 만백성 각자에게 들려주시는 말씀입니다. 여러분도 이 책을 접할 때마다 십계명을 암송하고 나서 정독해 주시기 바랍니다.

제일은, 너는 나 외에는 다른 신들을 네게 있게 말지니라.

제이는, 너를 위하여 새긴 우상을 만들지 말고, 또 위로 하늘에 있는 것이나, 아래로 땅에 있는 것이나, 땅 아래 물 속에 있는 것의 아무 형상이든지 만들지 말며, 그것들에게 절하지 말며, 그것들을 섬기지 말라.

제삼은, 너는 너의 하나님 여호와의 이름을 망령되이 일컫지 말라.

제사는, 안식일을 기억하여 거룩히 지키라.

제오는, 네 부모를 공경하라.

제육은, 살인하지 말지니라.

제칠은, 간음하지 말지니라.

제팔은, 도적질하지 말지니라.

제구는, 네 이웃에 대하여 거짓 증거하지 말지니라.

제십은, 네 이웃의 집을 탐내지 말지니라.

나 여호와가 존재함을 믿는 그 자체가 구원의 길에 들어서는 기본이요, 근본이며, 나의 새로운 성경을 가슴에 안고 정독하는 자, 반석 위에 서서 하늘에 오르는 찬란한 빛을 보게 되는 영광을 얻게 됨이니라. 진정 나를 따르고 믿는 자는 감히 사탄이나 마귀도 근접하지 못하느니라.

〈하나님 말씀〉

2001년 11월

1,667 번째 하나님 말씀

2001년 11월 22일 14시 05분

1 사랑하는 선지자야!
2 "네, 여호와 하나님! 말씀하옵소서."
3 하늘에 오르는 법은, 나의 법전에 써
있듯이, 나의 법전을 읽고 공부하고
깨달으며 나의 음성을 듣는 자만이 하
늘에 오르는 길을 갈 수 있으며, 오를
수 있으며, 구원을 받을 수 있음이라
내가 너에게 말하였으니,
4 너의 제자들이 그보다 더 큰 은혜와
영광이 없다 말하였음이니라.
5 나 여호와가 나의 피조물 만백성을 구
하기 위하여 나의 성령을 태워 나의
선지자 너를 통하여 열여섯 권의 법전
을 세상에 내보내
6 그것을 가장 먼저 접하도록 하였으며,
그를 가장 먼저 공부를 하며, 그를 먼
저 깨우치며 나의 음성을 수없이 듣는
너희들의 마음이 내가 너희들에게 내
린 은혜만큼 하얗고 곱고 아름답다 하
면 얼마나 나 여호와의 마음이 기쁘고
행복하겠는가?
7 너는 너의 제자들에게 이르라.
8 내가 너희들에게 너희들이 더 이상 얻
을 수 없는 은혜와 영광과 은총을 주
었으며 구원의 손길을 내렸음이니,
9 너희들이 갓 태어난 아기와 같은 방실
방실 웃는 그 마음으로 살아갈 수 없
는가 그를 물어보라.
10 그 길 하나를 나에게 해 줄 수 없는가
너의 제자들에게 물어보라.
11 내가 너희들이 받을 수 없는 은혜와
은총을 내려 주었음이니,
12 내가 원하는 어린아이와 같은 그 순진
하고 아름다운 모습으로써 너희들이
변하여 온다면,
13 나의 은혜를 받은 자들이 그리 하얀
눈처럼 변하여져 가니 그것보다 더 아
름답고 행복한 역사가 어디에 있겠는
가?
14 사랑하는 선지자야!
15 "네, 여호와 하나님! 말씀하옵소서."
16 내가 너희들에게 내린, 그 누구도 얻
을 수 없는 은혜를 얻은 선택된 너희
들이 아기들과 같은 그 마음으로 하루
를 살아갈 수는 없는 것인가?
17 내가 너희에게 간곡히 부탁하나니, 어
린아이의 마음으로 너희들이 돌아가
기를 간곡히 부탁하며,
18 어린아이와 같은 마음으로 돌아간 자
만이 내가 내린 은혜와 은총을 같이
받음이니, 이 모습이 얼마나 아름답겠
는가?
19 누구도 받을 수 없는 은혜를 받은 너
희들이 누구도 지킬 수 없는, 인간으
로서는 지킬 수 없는 그 아름다운 모
습으로 살아갈 때, 이 얼마나 아름다
운 정경이더냐?
20 그리하여 너희들은 하늘에 와 나에게
구원을 받으며, 내가 하늘에서 이루어
진 것같이 이 땅에서 이루고자 하는
그 역사를 이룰 수 있는 자격이 있음

이니,
21 너희들과 내가 서로 주고받고자 하는
이 마음을 모르겠는가?
22 내가 너희들에게 기도할 때 무엇을 구
원하고자, 얻고자 하는 말을 하지 말
라 하였으며, 그와 같은 기도를 하지
말라 하였느니라.
23 내가 준 것만큼 너희들이 내가 원하는
그 길을 와 줄 수는 없는 것인가?
24 나 여호와가 너희들에게 너희들이 받
을 수 없는 은혜를 주었거늘, 너희들
이 나에게 전부를 주지 아니하고 검은
마음의 잔 점이 너희 마음속에 있다
하면 내가 그를 버릴 수도 없으며 그
를 내칠 수도 없음이니,
25 그 작은 하나의 검은 마음에 그 아들
이요, 딸이 또 그 검은 마음에 더 검은
마음이 있을 것이니,
26 이와 같은 사악한 형국으로 구약과 신
약의 시대가 지나 오늘에 이르렀듯이,
27 나의 법전이 세상에 전하여져 세월이
지난 다음에 나의 법전을 공부하는 너
희들의 대대손손 자손들이 지금과 같
이 험악한 형국에 이르는 것은 너희들
에게 한 점의 검은 마음이 있을 때 그
와 같이 검은 마음으로 인해 그 후손
이 다 사탄으로 변하게 됨이니,
28 그리하여 너희들에게 완벽한 자가 되
라 함이니라.
29 완벽한 자, 그의 완벽한 후손만이 이
세상에 존재함이니, 너희들은 하나 깨
우쳐야 될 것이니라.
30 완벽하게 변한 너희들의 그 후손만이
앞으로 영원히 지상의 낙원에 존재할
수 있음이니,
31 너희들이 각 종파요, 각 계파의 어른
이요, 수장이 되는 것이니, 이제는 너
희들의 자손들만이 이 지구에 존재할
수 있다는 것을 알아야 될 것이니라.
32 하늘에서 이루어진 것같이 이 땅에서
이루고자 하는 것은 아이들과 같이 천
사와 같은 마음이 된 너희들의 후손만
이 이 세상에 존재하는 시대가 오게
되는 것이니,
33 너희들이 얼마나 변해야 되며, 너희들
이 얼마나 소중한 나에게 선택된 자들
인가를 깨우치도록 너의 제자에게 일
러야 할 것이니라.

1,668 번째 하나님 말씀

2001년 11월 23일 06시 05분

1 사랑하는 선지자야!
2 "네, 여호와 하나님! 말씀하옵소서."
3 내가 너에게 말하여 일렀느니라.
4 하늘에 오르는 길은 이 길뿐이니, 나
의 법전을 가슴에 안고 정독하여 하늘
에 오르는 그 길을 볼 수 있으며,
5 너희들이 하늘에 오르는 길은 이 성전
을 통한 한 길이라 하였음이니, 이 길
밖에 없다 말하였음이니라.
6 이 길밖에 없다 말하였으니, 너희들이
나로부터 선택된 그 하나의 영광으로
모두를 다 버릴 수 있다 하였음이니,
7 나의 사랑하는 선지자의 옷깃을 스치
며 그의 얼굴을 보는 것이 영광이라
하였으며 나의 법전을 너희들이 손에
접하는 그 자체가 너희들의 목숨과도
바꿀 수 없는 영광이라 하였으니,
8 나의 성전에 와 너희들이 나의 그 은

혜와 은총을 입을 수 있는 자격을 갖
춘 자인가 너희 자신을 돌이켜 봐 너
희 자신들의 부끄러움을 알라 하였음
이니라.
9 내가 너희들에게 이르나니, 지금 나에
게 오르겠다는 종교 지도자들이 나의
피조물 만백성을 가르치며 무어라 말
하더냐? 종말이 있다 하였음이니라.
10 선지자야, 내가 나의 법전에 기록하여
너에게 이르기를, 종말은 없다 말하였
음이니,
11 그들이 말하는 그 종말의 뜻을 내가
너와 너의 제자들에게 일러 주고자 함
이니라.
12 그들이 말하는 종말은 있느니라.
13 내가 말하는 마지막 종말은 없는 것이
며, 또한 종말은 없느니라.
14 나의 법전을 읽고 깨우쳐 하나의 검은
마음이 없는 천사와 같은 너희 후손만
이 이제는 이 에덴동산에 남는 역사가
이루어진다 내가 너에게 일깨워 주었
느니라.
15 그리하여 너희들의 자손만이 이 세상
에 존재하게 됨이니, 너희 마음속에
하나의 검은 점이 있어서는 아니 된다
말하였으니,
16 너희들에게는 종말이 없으며, 나의 법
전을 가슴에 안고 깨우쳐 깨닫지 못하
는 그들의 후손은 점점 사라져 가 그
종말을 거두게 됨이니, 그들은 종말이
있다 말하며 그리 알고 있음이니라.
17 사랑하는 선지자야!
18 그들에게는 종말이 있음이니라.
19 그 사악한 무리들이 점점 줄어들어 나
의 에덴동산에 그들이 뿌리를 내릴 수
없으며, 지금 네 앞에 와 너의 음성을
듣는 너의 제자들과 나의 법전을 가슴
에 안고 깨우쳐 천사와 같은 너희들의
그 후손만이 이 세상에 낙원을 이루게
됨이니,
20 수천 년 역사가 흐른 다음에 너희 후
손만이 이 세상에 존재하며, 나의 법
전을 읽고 깨우친 자들만이, 그 자손
들만이 이 세상에 존재하게 되는 그와
같은 역사를 이루기 위하여 내가 너에
게 내리는 제3의 시대에 나의 성령을
태워 내리는 것이 마지막이라 말하였
느니라.
21 구약의 시대도 잘못 흘러왔으며, 신약
의 시대도 나의 백성들이 깨우치지 못
하였음이니, 그리하여 내가 마지막이
라 너희들에게 말한 그 뜻을 이제 너
희들이 알아야 될 것이니라.
22 마지막으로 내가 추구하는 방법이요,
내가 이루고자 하는 방법은 나의 법전
을 읽고 깨우치는 그 후손들만이 이
세상에 존재하는 낙원을 이루는 것이
요,
23 그것이 내 뜻이기에 그 후에 어떠한
나의 메시지도, 나의 성령도 세상에
다시 없음이라 말하였음이니라.
24 이제는 너희들이 이루어야 됨이니라.
25 후세에 너희들을 보기를 너희 자손들
이 저희들은 누구의 뿌리며 누구의 자
식이라는 역사가 기록될 것이며, 너희
이름이 영원히 기록되어 남을 것이니,
26 그리하여 내가 너희들에게 변화된 모
습의 복음서를 쓰라 하였으며, 너희들
의 이름을 기록하는 복음서를 남기라
하였음이니라.

27 내가 너희들에게 지금 하나의 마음이
되며 한 뜻이 되라 하였으니, 이는 나
의 백성들이 너희들의 복음서를 보고
각 지파와 계파가 생길 것이니,
28 그들이 다 한 형제라는 것을 알게 될
것이며, 그들이 한마음이 이루어지도
록 하여 나의 이 지상에 낙원을 이루
고자 함이니라.
29 너희들이 지금 하나의 마음이 되지 아
니하며 두 개의 마음이 된다 하면 몇
천 년의 역사가 흐른 뒤 너희들의 후
손은 천 갈래 만 갈래의 마음이 될 것
이며 하나로 이루어질 수 없음이니라.
30 하나로 이루어질 수 없으면 지금과 같
이 수많은 종파가 생길 것이며, 하늘
에 오르는 길이 서로 저희들의 길이라
며 그들이 아우성칠 것이니,
31 너희들이 하나가 되어 너희들의 복음
서에는 너희들이 깨우치고 반성하며
변해 간 그 모습을 기록하여 너희 후
손들이 거울로 삼게 하고자 함이니,
나의 뜻이 여기에 있음이니라.
32 이제 너의 제자들에게 나의 법전에 종
말이 없다 기록된 그 뜻을 깨우쳐 줄
것이며,
33 지금 많은 종파들이 종말은 있을 것이
며 심판이 있다 말하는 그것은 그들이
심판을 받음이니라.
34 그 후손들이 심판을 받음이니라.
35 그리고 그 자손들이 심판을 받아 그들
이 나의 낙원에 발붙일 곳이 없게 됨
이니, 저희들이 저희 자신을 알고 말
함이니 그리 알라.
36 사랑하는 선지자야!
37 "네, 여호와 하나님! 말씀하옵소서."
38 너희 마음속에 기려야 할 것이니라.
39 예수가 세상에 태어난 것은 9월 7일
이니라.
40 이를 너희들만이 알아야 될 것이니 이
게 하늘에 있는 나의 비밀이며, 나의
증표이며, 이를 하나 암기하는 것이
나로부터 선택된 자손들의 명패이니
라.
41 9와 7을 합해 보라.
42 16이니라.
43 바로 그게 열여섯 권이니라.
44 나의 아들의 죽음의 고통의 역경을 벗
어나 그를 바로 지탱하고 그를 바로
계승하며 그의 뜻을 바로 세우는 것이
네가 지금 나의 성령을 태워 기록한
열여섯 권의 법전이니,
45 그와 네가 하나임을, 내가 오늘 하늘
의 나만이 알고 있는 이 뜻을 너에게
전함이니라.
46 9월 7일이니라.
47 이것을 아는 자만이 나에게 증표를 받
음이니라.
48 이 세상 수많은 나의 피조물 만백성이
저희들의 호화롭고 찬란한 행사를 이
루나 그것이 나에게는 관계없는 날이
라 하였음이니, 오늘 바로 그들의 믿
음이 그와 같이 틀림이니라.
49 하늘에 오르는 길은 나의 법전이요,
나의 성전에 오는 자만이 하늘에 오를
수 있음을 알라.

1,669 번째 하나님 말씀

2001년 11월 23일 21시 15분

(강론을 마치며)

1 사랑하는 선지자야!
2 "네, 여호와 하나님! 말씀하옵소서."
3 너의 제자들에게 내가 일러 말하였느니라.
4 하늘에 오르는 길은 나의 법전을 가지고 정독하는 길이며, 나의 성전에 찾아오는 자, 하늘에 오르는 그 빛을 보며, 하늘에 오르는 길은 이 길 하나밖에 없음을 알아야 될 것이니라.
5 내가 너희들에게 십계명 다음에 한 줄을 외우도록 하였음이니, '나의 법전을 가슴에 안고 정독하는 자, 반석 위에 일어서 하늘에 오르는 찬란한 빛을 보게 됨이니라.' 하고 내가 너에게 암송하도록 하였음이니,
6 지금 바로 너의 제자들이 다 반석 위에 일어서서 하늘에 오르는 빛을 보고 있음이니라.
7 그리하여 내가 너희들에게 일렀음이니라.
8 너희들만이 하늘에 오르는 길에 들어섰으며 하늘을 향하여 전진하고 있다 말하여 너희들을 일깨워 주었음이니라.
9 그리하여 나의 아들 예수가 태어남이며, 너희들이 열여섯 권의 법전을 가슴에 안고 정독하는 그 뜻이 무엇인가를 내가 선지자를 통하여 너희들에게 일러 주었음이니,
10 너희들이 법전의 그 열여섯 권 자체가 얼마나 소중한가를 다시 한 번 깊이 깨우쳐야 될 것이니라.
11 사랑하는 선지자야!
12 "네, 여호와 하나님! 말씀하옵소서."
13 지금 너의 제자들은 아무리 흙탕물 속에 그들을 집어넣는다 하여도 그 속에 등 돌리는 자 있으나, 그 흙탕물에서 깨끗이 나오고자 하는 자들의 힘이 더 강할 것이니,
14 그들은 그곳에서 물들지 아니하고 나올 수 있는 내 사랑하는 피조물 만백성이니라.
15 그리하여 내가 그들을 사랑함이니라.
16 그리하여 내가 구원하고자 하는 전사들 속에서 지금 선택된 그들이 1등이요, 우선이라 말하였느니라.
17 내가 너희들에게 오늘 깨우쳐 일렀느니라.
18 나의 법전이 세상에 나올 수 있도록 그 어려운 고비를 넘긴 그들이 1등 공신이며,
19 너희들이 아무리 큰 성전을 이루었다 하여도 그 성전을 이루는 자의 마음이 어떠냐에 따라서 그보다도 하나의 벽돌을 갖다 놓는 자를 내가 더 사랑하고 더 기억한다 하였음이니,
20 너희들은 이와 같은 세상에 살고 있음을 알아야 될 것이니라.
21 지금 너의 제자들은 어떠한 어려운 역경이나 어떠한 혼탁한 물 속에 들어간다 하여도 거기에 물들지 않고 그곳에서 구원의 길에 나의 피조물 만백성을 이끌어 하늘에 오르는 길로 인도할 수 있는 마음 자세가 되어 있음이니라.
22 그리하여 내가 그들을 사랑하며, 그들이 나에게 소중한 자들이라 말하였음

이니라.
23 너의 제자들은 어떠한 속에 갖다 놓아
도 그들과 같은 집단이 없으며,
24 지금 이 세상 나의 피조물 만백성 어
떠한 자들의 작고 큰 집단의 모임에
도, 큰 종파요, 작은 종파요, 또는 개
인적으로 저희들이 가지고 있는 어떠
한 모임의 단체요,
25 저희들이 형제지간에 모였다 하여도
너의 제자들과 같이 마음을 비울 수
없으며 그와 같은 마음을 갖고 세상사
를 바라보는 자들이 없으며, 살아갈
수 있는 자들이 없음이니,
26 바로 이곳에서 너의 제자들이 한 송이
의 백합화를 피웠음이니라.
27 그들이 지금 앉아 있는 이 형태가 한
송이의 아름다운 그 꽃을 피웠음이니
라.
28 누구도 피울 수 없는 그 꽃을 피웠음
이니, 내가 그들을 사랑하노라.
29 내가 오늘 선지자를 통하여 너희들에
게 이르노라.
30 모든 믿음이 나 여호와가 존재함을 먼
저 알며, 그 모두는 다 나 여호와의 뜻
이라 말하며, 나 여호와의 가슴에 의
하여 모든 것을 지배하며, 나 여호와
하나님이 너희 일거수일투족을 바라
보고 있음을 너희들이 알아야 될 것이
니라.
31 선지자가 어떠한 재물도 제 이름 석
자 앞에 놓지 아니한다는 그 뜻을 너
희들이 깨우쳐야 될 것이니,
32 선지자가 책을 한 번 읽을 때, 너희들
은 열 번을 읽으라 하였음이니,
33 선지자가 저의 재산을 제 이름 앞에
하나도 놓지 아니한다 하면 너희들은
그보다 더 큰 것도 놓지 아니한다는
그와 같은 각오와 다짐이 있지 아니하
면 아니 될 것이니라.
34 너희들이 변하는 모습이요, 너희들이
살아가는 그 아름다운 모습을 보며 선
지자가 오늘 깨우쳐 하늘에 오르고자
함이니,
35 선지자의 변하는 그 마음과 선지자가
가고자 하는 그 길을 보며 너희들은
열배 백배 더 노력하고 더 깊이 깨우
쳐 너희 것으로 만들어야 나의 형상을
볼 것이며, 나의 음성을 들을 것이며,
나를 보게 될 것이니라.
36 내가 너희들에게 가르치는 이 뜻을 깊
이 새겨 너희 것으로써 깨달음을 얻도
록 그리해야 될 것이니 그리 알라.

1,670 번째 하나님 말씀

2001년 11월 24일 06시 10분

1 사랑하는 선지자야!
2 "네, 여호와 하나님! 말씀하옵소서."
3 너희들에게 내가 이르기를 '원수를 사
랑하라.' 하였으며, '오른뺨을 때리는
자에게 왼뺨을 조용히 내밀라.' 하였
음이니,
4 나 여호와가 가장 아름답고 사랑하는
형체로 나의 피조물 너희들을 만들어,
세상을 지배하며 곱고 아름다운 형체
처럼 곱고 아름다운 마음을 갖고 살다
나에게 올라 영원히 사는 낙원에 와
살라 하였거늘,
5 너희들이 나에게 오르라 하는 그 길을
오르지 아니하며, 내가 너희들에게 지

키라 명한 그 나의 뜻을 지키지 아니
하고 다른 길로 가고 있음이니 내가
너희들을 버려야 마땅하나,
6 내가 아름답게 만든 나의 사랑하는 피
조물 만백성이며, 생각할 수 있는 지
혜를 주었으며, 사탄과 천사와 겨루어
하나도 부족함이 없는 능력을 주어 세
상에 내보낸 너희들을 버리지 아니하
고 거둬들이고자 하는 나 여호와의 마
음이 어떠한 마음인가 너희들은 알겠
는가?
7 너희 육신의 정에 의하여 부모가 자식
을 사랑하는 그 마음의 열배 백배 더
하다 하였음이니,
8 내가 잘못 가는 그들을 버리지 아니하
고 구원하고자 나의 사랑하는 아들 예
수를 보내어 그와 같은 고통의 시련을
겪게 하여 너희들로부터 깨우치고자
하였으나,
9 너희들이 그러한 나의 뜻을 따르지 아
니하고 더욱 역행하며 사악한 너희들
의 지금의 삶의 심성이 이와 같이 형
용할 수 없는 형국에 이르렀음이니라.
10 그러나 또한 너희들을 내가 버리지 아
니하며 나의 성령을 불태우는 그 아픈
마음으로 나의 뜻을 너희들에게 내려
보내어 너희들을 구하고자 하여 나의
선지자를 통하여 지금 열여섯 권의 법
전을 만들어 그를 너희들이 깨우치고
있음이니,
11 내가 너희들을 버리지 아니하고 구원
하고자 아들을 버렸으며, 아들의 그
시련과 고통을 보고 인내하며 참고 견
디었으며,
12 이제는 제3의 시대, 마지막 나의 성령
을 태워 나의 열여섯 권의 법전을 세
상에 내보내 나의 피조물 만백성 너희
들을 구하고자 하나,
13 너희들이 이단이요, 사탄이요, 너희들
이 말하는 말세의 거짓 선지자의 부르
짖음이라 하며 태우는 자, 짓밟는 자
가 있음이니,
14 이를 보고도 너희들을 내가 용서하는
마음을 볼 때, 나의 피조물 만백성, 나
로부터 생명을 받아 가 세상에 살아가
는 모든 너희들에게 창조주로서 내가
지키라 하는 그 뜻을 너희들이 어찌
충실히 지켜야 하겠는가?
15 내가 너희들을 버리지 아니하는 그 뜻
하나를 본다 하여도, 너희들이 오른뺨
을 맞고 왼뺨을 내놓을 수 있는 그 인
내함은 나로부터 받은 은혜에 비교할
때 아무것도 아니니라.
16 사악한 길로 가며 나를 저주하는 그
길로 가고 있는 너희들을 내가 버리지
아니하고 구원하고자 하니,
17 너희들이 원수를 사랑하며 오른뺨을
때리는 자에게 왼뺨을 내놓으라, 그리
실행하라 하는 것은 내가 너희들을 버
리지 않는 그 은혜를 조금이라도 생각
하는 깨달음이 있다 하면 이를 지키
라, 시행하라 부르짖지 아니하여도 너
희들이 스스로 나의 뜻을 지켜야 할
것이니,
18 이와 같은 나의 뜻 하나, 내가 생각하
고 시행하고 너희들을 깨우치기 위하
여 인내하는 나의 그 마음이라도 단
한 번 생각해 보고 깨우침이 있는 종
교 지도자들이 나의 피조물 만백성을
인도한다 하면,

19 인내하는 나의 마음을 생각할 때, 나
의 피조물 만백성 너희들은 내가 지키
라 함을 갖고 지킬 수 있다 없다 하는
갑론을박과 왈가왈부를 할 수 없거늘,
20 이와 같은 이치 하나를 깨우치지 못하
고 있는 것이 지금 나의 종교의 지도
자들이라 하여 하늘에 오르는 길을 인
도한다고 가르치며 부르짖는 그들의
형태이니,
21 너는 너의 제자들과 너를 따르는 나의
피조물 만백성에게 이와 같은 나의 심
정을 전해야 할 것이니라.
22 나 여호와가 너희들을 버리지 아니하
고, 자식을 버려 가며 그 고통 속에 인
내하며 나의 성령의 모두를 다 태워
나의 법전을 세상에 내려보내고 또 인
내하고 견디는 나의 뜻을 바라볼 줄
아는 자가 되어야 나의 백성임을 알라.
23 이것 하나도 깨우치지 못하는 자, 이
것 하나도 바라보지 못하는 자가 남을
인도하고 깨우친다 하면 이는 그 자격
이 없음이니,
24 자격이 없는 자가 가르치는 그 밑에서
배우고 따르는 나의 피조물 만백성이
어찌 되겠는가?
25 내가 너희에게 이르기를 너희 자신에
게 하나의 검은 반점이 있다 하면 너
희들의 대대손손 세월이 흐른 다음에
그 반점이 온 심성을 다 덮는다 하였
으니,
26 내가 이루고자 하는, 내가 인내하는,
내가 참고 견디는, 너희들을 사랑하고
보살피고자 하는 그 나의 진의도 모르
는 자들이,
27 그를 하나도 바라보지 못하는 자들이
어찌 나의 피조물 만백성을 구한다 말
할 수 있겠느냐?
28 이와 같은 깊은 나의 뜻을 너희들은
깨우쳐야 할 것이며, 너희들은 알아들
어야 할 것이니라.
29 사랑하는 선지자야!
30 "네, 여호와 하나님! 말씀하옵소서."
31 가르치는 자가 바로 서야 할 것이며,
가르치는 그 교본을 쓰고 그 교본을
만든 자가 원하는 것이 무엇이며, 그
가 바라는 것이 무엇이며, 그가 소망
하는 것이 무엇인가를 깨닫지 못하고
가르치는 자는 가르칠 자격이 없음이
니라.
32 나의 법전을 공부하는 너희들이 내가
무엇을 원하며, 내가 무엇을 가르치고
자, 그리고 내가 너희들에게서 무엇을
거둬들이고자 하는지,
33 그 나의 뜻을 모르고 법전을 공부하며
그를 가지고 나의 피조물 만백성을 깨
우치는 지도자가 된다 하면 너희들은
자격이 없음이니라.
34 나의 성서를 가지고 나의 피조물 만백
성을 구원하여 하늘에 오르는 길을 인
도한다는 그들이, 그 성서를 만들고
그 성서의 뜻을 전한 내가 무엇을 이
루고 무엇을 만들고자 하여 그를 세상
에 내보냈는지 그 원천의 기본의 뜻을
모른다 하면 그들은 가르칠 자격이 없
느니라.
35 그리하여 내가 너희들에게 일러 말하
기를, 의사라는 자가 환자의 병명 자
체도 모르고, 어떠한 약을 써야 될 것
인가를 모르면서 칼을 대어 수술하는
자와 같다 하였음이니라.

36 지금의 종교 지도자들이 그와 같음이
니, 너희들은 나의 법전에 들어 있는
그 깊이와 뜻을 정확히 깨닫고 그 깊
은 의미를 알아야 할 것이니라.
37 그리하여 내가 너에게 나의 뜻인 성령
을 전할 때, 너로 하여금 그림으로써
그 형태와 그 모형을 보여 주면서 내
가 너에게 성령을 내렸음이니,
38 그 그림이 바로 나의 뜻임을 너의 제
자들에게 깨우쳐 일러야 될 것이며,
너의 제자들 또한 그 한 구절 한 구절
의 뜻을 제대로 깨달아 저의 것으로
만든 자만이 지도자가 될 수 있음이니,
39 이와 같은 나의 깊은 뜻을 너는 깨달
아 너의 제자들을 다스리고 깨우쳐야
할 것이니라.

1,671 번째 하나님 말씀

2001년 11월 25일 06시 15분

1 사랑하는 선지자야!
2 "네, 여호와 하나님! 말씀하옵소서."
3 내가 너에게 일러 깨우쳐 주었음이니
라.
4 나의 아들 예수를 통하여 이 세상에
이루고자 했던 것이 바로 나의 가슴의
성령을 태워 너에게 내려보내 세상에
전하는 열여섯 권의 법전이라 하는 그
기본과,
5 내가 너를 통하여 너의 제자들과 너를
따르는 자를 깨우치기 위하여 내가 너
에게 내리는 이 성령의 뜻이니라.
6 그리하여 나의 피조물 만백성에게 이
를 깨우쳐 저희들 자신을 다스려 하늘
에 오르는 길을 보라 하였건만,
7 고삐 풀린 망아지처럼 그들은 인도하
는 목동의 말을 듣지 아니하고 저희
마음대로 행동하고 살아가 창조주인
나의 뜻과는 전혀 관계도 없는 방향에
서 지금까지 살아왔으며,
8 그와 같이 하여 역사가 흘러왔음이니
라.
9 그리하여 내가 지금에 와 누구나 다
스스로 깨우쳐 하늘에 오를 기회를 동
등히 주며, 나이 적은 자, 많은 자 할
것 없이 이를 읽고 깨우쳐서 하늘에
오르는 빛을 따라 하늘에 오르도록 하
기 위하여 나의 법전을 세상에 내려보
냄이니라.
10 이제는 나의 법전으로 나이 먹은 자,
어린 자, 배운 자, 배우지 아니한 자
누구나 다 저 스스로 깨우치며 공부할
수 있도록 하여 내가 나의 아들 예수
를 통하여 이루고자 했던 그 뜻을 직
접 이루고자 함이니라.
11 너희들 말에 '콩 심은 데 콩이 나며 팥
심은 데 팥이 난다.'는 말이 있듯이,
너희들이 얼마만큼 노력하고 얼마만
큼 깨우치며 나의 뜻을 깨달았느냐에
따라,
12 너희들이 노력한 그 결과에 따라 하늘
에 오르고 못 오르는 그 심판의 기준
이 되기에 내가 이를 법전이라 말하였
음이니라.
13 그러나 이 법전의 깊이와 뜻을 알지
못하고 깨닫지 못하는 자가 있음이니,
나의 법전을 읽고 또 읽는다 하여도
그 뜻을 아는 자와 알지 못하는 자가
구분됨이니,
14 이는 그들의 마음가짐에 달렸음이니

라.
15 사랑하는 선지자야!
16 "네, 여호와 하나님! 말씀하옵소서."
17 이제는 시간이 없음이니라.
18 너의 제자들과 너를 따르는 모든 나의 피조물 만백성이 이를 보고 깨우쳐 시행함에 시간이 없음이니라.
19 너희들 스스로 바로 서고 바로 깨우치는 자가 한 사람이 나온다 하면 그를 따라 나의 피조물 만백성이 깨우쳐 하늘에 오르는 길을 볼 수 있음이니,
20 너를 따르며 나의 법전을 갖고 나의 성전에 와 공부하는 너희들의 마음가짐에 나의 피조물 만백성이 구원을 받고 못 받음이 달렸으니,
21 너희들의 마음이 변할 시간이 없음이니라.
22 너희들은 때를 기다릴 수 없으며, 너희들이 깨우쳐 가는 그 시간을 마냥 기다릴 수 있는 기간이 없음이니라.
23 내가 너희들에게 일러 말하였느니라.
24 내가 너희들을 사랑하고 용서함에, 내가 가장 아름다운 형태로써 높은 지혜와 생각할 수 있는 능력을 주어 만든 너희들이 내가 원하는 길을 가지 아니하고 원하지 않는 그 길을 달려가는 것을 바로잡고 깨우칠 시간이 없음이니라.
25 고삐 풀린 망아지처럼 경거망동하며 날뛰는 그들을 바로잡을 수 있는 것은 나의 법전이며,
26 그 기본인 나의 법전을 읽고 깨우쳐 나의 피조물 만백성을 이끌어 하늘에 오르는 길에 인도하는 것이 또한 너희들부터 최초로 시작됨이니,
27 너희들이 변하는 모습을 기다릴 수 있는 시간이 없음이니라.
28 내가 너희들을 용서하고 이해하는 그 마음을 너희들이 깨닫는다 하면, 너희들은 시간과 때와 장소, 그 모두와 싸울 이유가 없으며, 싸울 시간이 없음이니,
29 나의 법전을 세상에 내려보내는 나의 이 깊은 뜻을 하나만 깨닫는다 하여도 너희들이 방황할 시간이 없음이니라.
30 이 점을 이제는 너의 제자들에게 일깨워 주라.
31 내가 나의 성령을 태워서 나의 선지자를 통하여 열여섯 권의 법전을 내려보내는 그 뜻 하나만 너희들이 안다면,
32 너희들을 사랑하고 아끼며 너희들을 구원하고자 하는 나의 그 뜻을 하나만 이해한다면, 너희들은 방황하며 계산하는 시간을 가질 수 없음이니라.
33 이제는 너희들을 더 이상 달구고 깨우칠 시간이 없음이니, 너희들이 무릎 꿇고 나 여호와를 찾으며 나에게 기도하는 그 순간 너희들은 내가 너희들에게 내리는 그 은혜와 은총을 가슴에 새기는 역사를 이루어야 할 것이니 그리 알라.

1,672 번째 하나님 말씀

2001년 11월 25일 12시 15분

(강론을 마치며)

1 사랑하는 선지자야!
2 "네, 여호와 하나님! 말씀하옵소서."
3 너희들이 나를 일컬어 공의의 하나님이요, 사랑의 하나님이요, 베푸는 하

나님이라 말함이니, 내가 오늘 너를
통하여 너의 제자들에게 이르기를,
4 너희 자신이 존재하지 아니하며, '나
는 존재하지 아니한다.' 하는 것을 가
슴에 깊이 새겼을 때 너희들의 마음을
다스려 나갈 수 있다고 말하였음이니
라.
5 내가 너희들에게 인간이라 하여 지킬
수 없는 그 어렵고 힘든 길을 지키라
하며, 너희 자신이 존재하지 아니하
며, 너희가 있지 아니하며, 너희들이
죽은 자요, 너희들이 산 자가 아니며,
너희들이 목석과 같다는 그와 같은 생
각을 하고 살아야 된다 함이니,
6 너희들은 나를 공의의 하나님이 아니
요, 공평한 하나님이 아니요, 사랑을
베푸는 하나님이 아니요, 은혜를 베푸
는 하나님이 아니라고 말할 것이나,
너희들은 들어야 할 것이니라.
7 내가 너희들에게 말하기를, 너희들은
지금의 그 육신이 너희들의 삶이 아니
요, 너희들은 존재하지 아니한다 하였
음이니라.
8 나의 에덴동산에 너희들을 내가 올렸
음이니,
9 나의 피조물 만백성이 수천 년 동안
성서를 공부하며, 기도하고 울부짖으
며 하늘에 오르고자 하는 그 길을 위
하여 평생을 바쳐 저희들의 육신의 삶
을 마친 자가 있으나,
10 이는 너희들의 인력으로 할 수 없는
것이며, 너희 능력으로 할 수 없는 것
이며, 세상의 부귀영화를 얻은 자도
그 부귀와 영화를 다 바친다 하여도
얻을 수가 없으며 살 수가 없는 것이
하늘에 오르는 길이라는 것을 너희들
이 알 것이니라.
11 나는 너희들에게 말하였느니라.
12 너희들을 내가 다 거두어들였으며, 너
희들은 하늘나라에 와 있으며, 너희들
의 육신이요, 너희들의 삶은 지금 지
상에 없음이니, 내가 너희들을 구원하
였다 하였으니,
13 너희들을 구원한 나 여호와가 너희들
에게 말하기를, 너희들은 존재하지 아
니하며 '나는 없다.' 하는 마음을 갖고
살라 함이니,
14 나는 너희의 공의의 하나님이요, 너희
들에게 베푸는 하나님이요, 은총을 내
리는 하나님이니라.
15 이를 너희들이 깊이 깨닫고 너희 스스
로 나 여호와가 존재하며, 내가 공의
의 하나님이요, 베푸는 하나님이라는
것을 오늘 깊이 새겨야 될 것이니라.
16 나는 나의 선지자를 통하여 너희들 자
손 대대의 나의 피조물들이 이 지상에
존재하며 에덴동산을 이룰 수 있는 기
본이요, 근본이 너희들이라 내가 말하
였음이니,
17 내가 너희들을 중히 쓰고자 하여 선택
하였으니, 너희들은 그 깨달음을 알아
야 될 것이니라.
18 평생을 바쳐 쌓은 그 모두를 다 바쳐
서 너희들이 구하고자, 얻고자 하여도
하늘에 오르는 길만은 얻을 수 없으며,
19 누구도 이룰 수 없고 건널 수 없는 강
을 건네 내가 너희들을 거두어 낙원에
너희들의 이름을 기록하였음이니,
20 너희들이 또한 나의 기쁨이요, 나의
즐거움이요, 나의 희망이라 말한다면

너희들은 그 뜻을 알겠는가?
21 나 여호와가 너희들을 생각하며 너희
들에게 기대하는 모든 나의 뜻을 너희
들이 그대로 흘러가는 말로 들어서는
아니 될 것이니라.
22 창조주인 내가 너희들을 버릴 수 있건
만 버리지 아니하고, 나의 피조물 만
백성을 구원하기 위하여 선택한 너희
들이라 말하였느니라.
23 너희는 잠에서 깨어나야 할 것이니라.
24 너희는 지금도 꿈을 꾸고 있음이니라.
너희들은 지금도 잠을 자고 있음이니
라.
25 너희들이 나의 피조물 만백성을 구하
는 전사로서 선택된 그 자체도 실감하
지 못하고,
26 어렵고 힘들 때만이 내가 존재하며 내
가 너희들과 같이 있다는 그런 생각을
지금도 하는 자가 있음이니,
27 너희들은 너희들의 힘들고 어려움을
나와 같이 감이 아니니라.
28 너희들은 나의 피조물 만백성을 구하
는 대명을 받은 전사들이니라.
29 너희들이 그 소임을 다 이룰 때, 모든
것은 너희들에게 이루어짐을 알라.
30 너희들은 너희들이 존재함이 아니니
라.
31 너희들이 육신의 백 년의 삶을 사는
인간과의 그 모두를 다 접어 두고 나
에게 와 심판을 받는 그와 같은 것이
아니니라.
32 너희들은 그 심판을 넘었음이니라.
33 육신으로도 존재하며, 눈을 뜨고, 살
을 꼬집어 아픔을 느끼고, 살아 있음
을 느끼고, 존재함을 느끼며, 모든 나
의 피조물 만백성과 똑같이 먹고 자고
숨쉬는 너희들은,
34 나의 피조물 만백성이 심판을 받아 그
죄의 강을 넘어야 할 것을, 그 심판을
넘었음이니라.
35 이는 나만이 할 수 있는 일이며, 나만
이 너희들에게 은혜를 내릴 수 있으
며, 나만이 선택할 수 있는 너희들이
니,
36 이 하나를 너희들이 깨닫는다 하면 너
희들의 존재함을 생각하지 말라.
37 너희들은 소중하고 귀한 것이 없는 것
이니라.
38 사랑하는 선지자야!
39 "네, 여호와 하나님! 말씀하옵소서."
40 너의 제자들을 내가 사랑하노라, 그리
고 영원히 기억하노라.
41 너희들이 인간사에 살면서 어렵고 힘
들 때, 죽음 직전에 너희를 구원해 준
자가 있다 하면 너희들은 모든 재산을
그에게 다 바친다 하여도,
42 너희들의 생명을 그가 원할 때 던져
준다 하여도 한 점의 손해가 없다고
생각할 것이며, 감사한 마음을 가질
것이니라.
43 너희들이 살아와 나에게 심판을 받지
않는 지금에 내가 너희들의 모두를 법
정에 세우지 아니하고 심판대에 세우
지 아니하며 너희들을 구원하였다면,
44 너희들의 육신의 생명을 구원한 그 은
인의 은혜와, 너희들이 영원히 사는
나의 나라에 올 수 있는, 너희들의 영
혼을 구원하였다는 나의 이 증표의 뜻
을 너희들은 어찌 비교해야 될 것인가?
45 너희들은 들어야 할 것이니라.

46 너희는 깨우쳐야 할 것이니라.
47 너희들이 육신의 삶을 마치기 전에 나
의 선지자가 나로부터 선택된 자며,
48 나의 법전이 나의 피조물 만백성을 구
하는 나의 성령의 마지막 가르침이며
나의 뜻임을 알 것이니라.
49 너희들의 육신의 명이 다하기 전에 너
희들이 알 것이니라.
50 너희들이 깨우치는 그 순간까지 한 치
의 소홀함이 없이 살아 나로부터 버림
받는 자가 되지 말도록 하라.
51 이것이 오늘 선지자를 통하여 너희들
에게 내가 명하며 너희들에게 간곡히
간곡히 바라는 나의 뜻임을 알아야 할
것이니라.

1,673 번째 하나님 말씀

2001년 11월 27일 06시 10분

1 사랑하는 선지자야!
2 "네, 여호와 하나님! 말씀하옵소서."
3 내가 나의 피조물 만백성을 구하기 위
하여 불로써 직접 써 내린 십계명을
네가 나의 기도의 음성을 듣고자 하며
외우지 아니한 적이 없으며,
4 인간으로서 할 수가 없는 짧은 그 기
간 동안에 네가 열여섯 권의 법전이라
하여 나의 음성을 들어 기록을 하여
세상에 내놓았으며,
5 네가 기도를 드리고자 할 때 나의 음
성의 나의 뜻을 너에게 전하여 그 음
성을 직접 들으며 나의 법전을 읽고
깨우쳐 하늘에 오르고자 하는 너의 제
자들이 내가 원하는 뜻과 내가 가고자
하는 그 생활의 삶을 얼마나 지키고
행하며 사는지 그들에게 네가 물어봐
야 될 것이니라.
6 내가 너를 통하여 말하기를, 선지자
네가 모든 아름다운 모습만을 보이고
자 노력하는 것이 아니라 너의 추한
모습을 낱낱이 드러내어 너의 제자요,
나의 법전을 읽고 깨우치는 자들에게
보여 주고자 하며,
7 선하고 아름답고 착한 행위를 보여 주
는 것을 자랑으로 삼는 것이 아니라
너의 이면의 추하고 잘못된 그 부분들
만을 그들에게 보여 주어 네가 한 점
의 부끄럼이 없는 삶을 살아가고자 그
애절한 음성을 들려줄 때,
8 너를 지적하며 너를 탓하며 너에게 하
고 싶은 그 말들을 이제는 해야 되겠
다는 생각을 갖는 자들이 있었음이니,
9 그들의 삶과 생활과 행함이 어찌 살아
가고 있는가 저희들의 가슴에 손을 얹
고 먼저 깨우쳐 보라 일러야 할 것이
니라.
10 주옥같은 나의 음성을 들으며, 하늘에
오르는 길이라 하여 열여섯 권의 법전
을 읽고 깨우치는 그들의 마음 자세와
행함이 어디에 있는가?
11 사랑하는 선지자야!
12 "네, 여호와 하나님! 말씀하옵소서."
13 그저 지나가는 말로 저는 선택된 자려
니 하고 생각하며, '나는 축복된 자라'
생각하며, '나는 은혜 입은 자라' 생각
만 하며, 나의 음성을 듣는 그 귀하고
소중한 것을 모르고 감사함과 은혜와
은총을 모르는 자가 재물과 권력과 능
력을 가졌다 할 때, 그의 행동이 어찌
변하겠는가?

14 이와 같은 사악한 마음을 버리지 못하고 있는 자, 세 치의 혓바닥으로 나의 피조물 만백성에게 제 육신이 편하고자 재물을 거둬들이며,

15 나의 뜻이 어디에 있으며 내가 무엇을 원하는지도 깨우치지 못하고 나의 피조물 만백성을 지옥 불로 인도하면서 하늘에 오르는 길이라 부르짖는 그들보다 더 사악하고 더 무서운 심성이 뿌리를 내리고 있다 하면,

16 그들에게 이와 같은 자라 일깨워 줘야 될 것이니, 이를 너는 다스려야 할 것이니라.

17 사랑하는 선지자야!

18 "네, 여호와 하나님! 말씀하옵소서."

19 말로써 행하는 듯하고, 행동으로 행하는 듯하고, 행동으로써 나의 법전에 따라 살고자 하는 것 같으며, 남들 앞에 나로부터 은혜를 받은 자와 같은 행위를 하나,

20 내면과 외면이 고르지 못한 생활을 하는 자, 그들의 무서움을 알아야 될 것이니라.

21 내가 너희들에게 일깨워 주었느니라.

22 믿음이라는 것을 행한다 하면서, 사랑을 베푼다 하면서 믿지 않는 자가 행하는 것보다 더 사랑을 베풀지 못하고 이웃의 어려움을 돌보지 아니하는 자는 믿지 아니하는 자보다 죄가 더 무겁다 하였음이니,

23 나의 주옥같은 음성을 듣고 나의 메시지를 직접 들으며 나의 법전을 직접 읽는 자가 속과 겉이 다르다 하면,

24 잘못 가르치는 종교 지도자 앞에서 하늘에 오르겠다 하여 말과 행동이 다른 그들보다 열배 백배 더 간악하며 사악한 자들이 된다는 것을 너희는 이제 깨우쳐야 될 것이니라.

25 사랑하는 선지자야!

26 "네, 여호와 하나님! 말씀하옵소서."

27 너희들이 죽어 나에게 와 심판을 받을 때, 너희들은 심판을 받는 그 강을 건넜다 하며 내가 건네 주었다 하였으며, 너희들은 그 심판의 강과는 무관한 자들이라 말하였으니,

28 그 음성을 듣는 순간에 너희들은 세상의 무서움을 알아야 될 것이며, 나 여호와가 베푼 은혜에 너희들이 감사하고 기뻐하기 전에,

29 내가 내린 은혜와 은총에 너희들의 뼈가 부서지며 살결이 터지는 그 고통보다도 더 무서움을 알아야 될 것이며 무서움을 깨달아야 하는 것이거늘,

30 사랑하는 선지자야!

31 "네, 여호와 하나님! 말씀하옵소서."

32 그들에게 이르노라.

33 내 정녕 너희들과 약속이니 너희들을 버리지 아니하나, 너희들이 내 앞에 와 너희 인간사에 그 부모를 핍박하며 살해한 자가 그 부모의 생명을 구한 은인인 것처럼, 그 부모를 도와준 것처럼, 살해당한 그 부모의 자식들 앞에 거짓과 위장된 삶으로써 살아가는 자와 똑같은 그와 같은 죄를 벗어나지 못할 것임을 알아야 할 것이니라.

34 나 여호와를 기만하며 나 여호와를 욕되게 하며 깨닫지 못한 자, 나의 에덴동산의 낙원에 와 사는 그 사람의 마음에 그 부끄러움과 고통이 있을 것이니, 이는 너희들이 면치 못할 것이니

라.
35 너희들 자신의 가슴에 손을 얹고 생각
해 보라, 나의 음성을 들으며, 나의 뜻
에 따라 살고자 하는 선택된 너희들의
은혜와 그 영광이 얼마나 위대한 것인
가를.
36 나의 성전에 모인 자가 생각하는 것이
다르며 행하는 것이 다르다 하면, 나
의 피조물 만백성을 구하기 위하여 마
지막 나의 성령을 태워 내려보낸 나의
열여섯 권의 법전이 그 뜻을 이루지
못하게 됨이니라.
37 그리하여 내가 너희들 앞에 선지자를
통하여 기적을 이루지 아니하며, 선지
자를 통하여 이 법전이 세상을 다 덮
는 그 시간을, 그 열쇠를 내가 내리지
아니하고 있음이니라.
38 작은 거짓과 작은 나의 눈을 속이는
행위를 그들이 먼저 버려야 할 것이니
라.

1,674 번째 하나님 말씀

2001년 11월 28일 06시 05분

1 사랑하는 선지자야!
2 "네, 여호와 하나님! 말씀하옵소서."
3 이 세상 나의 피조물 만백성이 천태만
상의 직종에서 천태만상의 생각 속에
서 천태만상의 다른 생활들을 하고 있
음이니, 그 또한 말할 수 없이 수많은
계층이 있음이니라.
4 너희들이 감히 바라볼 수 없는 자, 만
나 볼 수 없는 자, 대화할 수 없는 자
로부터 너희들이 생각할 수도 없는 흉
악무도한 생각을 가지고 행동을 하며
사는 자, 너희들보다도 더 어렵고 힘
든 속에서 살아가는 자,
5 나의 이 지구 동산에 수십억 인구들이
다 각자 그 생활이 다르며, 생각함이
다르며, 그들이 가지고 있는 권능 또
한 다름이니라.
6 그 많은 종파들이, 또는 많은 사람들
이 다 각자 자기들이 가지고 있고 지
휘하고 통제하며 살아가는 그 모습이
다르듯이,
7 수천수만 가지 형태로 살아가는 그들
이 다 자기의 주어진 직분에서 자기의
주어진 위치에서 살아가고 있음이니,
8 오늘 새벽에 나의 음성을 듣고자 하여
나의 성전을 찾아온 너희들도 그 속에
서 존재하며 살아가는 사람들 중의 하
나에 속해 있음이니라.
9 그러나 그 많은 권력과 그 많은 능력
과 그 천태만상의 생활 속에 가지고
있는 그들이 다 벗어날 수 없고 헤어
날 수 없는, 저희들이 하나씩 통과해
야 되는 관문이 있음이니라.
10 너희 육신이 영원히 살 수 없음이니,
그리하여 너희들이 살던 모든 생활을
접어 두고 죽음이라는 그 관문을 누구
도 넘을 수가 없으며, 그를 피할 수가
없으며, 그를 벗어날 수가 없음이니라.
11 그리하여 너희들은 내 앞에 와 육신이
살아온 그 삶에 대한 심판을 받게 됨
이니, 그 또한 벗어날 수 없는 엄연한
사실인 것이니라.
12 천태만상의 직종과 천태만상의 생활
속에서 수십억 인구가 각자 살아가는
그들의 생활 속에서 하늘에 오르는 길
이 한 길이 있음이니,

13 육신의 삶을 너희들이 정리하고 나에
게 오를 수 있는 길은 단 한 길이 있음
이니,
14 수십억 인구가 다 다른 그 속에서 하
늘에 오르는 진정한 그 길을 보고 있
으며,
15 나 여호와에게 오르는 길이 무엇이고
나 여호와에게 오르는 길이 어찌 살아
가는 것이며 나 여호와에게 오르는 길
은 어찌 행해야 되는가를,
16 그 바른 길과 바른 빛을 보고 있는 것
이 바로 이 자리에 있는 너희들이라
하면,
17 나의 수많은 피조물 만백성의 그 호화
찬란하고 어렵고 힘든 그 삶이 내일이
없으며 미래가 없는 삶을 산다 생각할
때,
18 너희들은 나의 성전에 와 발걸음도 조
심스럽게 떼야 될 것이며,
19 너희들이 나의 성전에 들어오는 그 순
간 너희들은 고개를 들어서도 아니 되
며, 남을 평해서도 아니 되며,
20 하얀 천사와 같은 그 마음 외에는 아
무것도 가져서는 아니 되거늘,
21 너희들이 인간사의 삶의 그 찌들고 땟
물이 묻은 것을 그대로 이 성전에 들
어오는 순간에도 털어 버리지 못함이
니,
22 인간사의 삶의 그 생활 자체를 너희들
이 벗어 버리지 못함이니, 그리고 너
희들이 나의 성전에 와 앉아 있음이니,
23 나의 은혜에 대하여 너희들이 정녕 깨
닫고 생각하는 자들인가를 생각해 봐
야 할 것이니라.
24 너희들이 감히 이 성전에 와 숨을 쉴
수도 없거늘, 이 성전에 와 물 한 모금
마시는 것이 얼마나 위대한 영광인가
를 깨닫지 못함이니,
25 그러고도 너희들이 내가 존재함을 알
며, 구원의 길이 무엇이며 구원을 받
는 것이 무엇인지 아는 자들이라 할
수 있는가?
26 너희들이 나의 성전의 문을 열고 들어
오는 그 순간에 숨소리도 들려서는 아
니 되거늘, 이 이치 하나도 깨닫지 못
하고 있고 이것 하나도 행하지 못하는
너희들이 어찌하여 나를 볼 수 있고
나의 음성을 들을 수 있으며 나로부터
은혜와 영광을 받을 수 있다고 생각하
며, 그러한 기대를 거는가?
27 나 여호와가 너희들과 같이 존재하며,
너희들이 이곳에 오는 그 순간에 내가
같이 있다 하였거늘,
28 너희들은 육신의 권력 있는 자 앞에
앉아 있는 자세만도 못하고, 너희에게
단돈 금화와 은화를 몇 닢 주는 자 앞
에 겸손한 그 행위만도 못한 행위와
자세를 내 앞에서 하고 있음이니,
29 이것 하나도 깨우치지 못하는 너희들
이 어찌 하늘에 오르는 길에 이를 수
있다 생각하는가?
30 내가 너희들을 사랑하고 아끼기에 오
늘 선지자를 통하여 너희들에게 이르
나니,
31 금화 몇 닢 주는 자, 너희들이 이야기
하는 가진 자, 권력 있는 자 앞에 너희
들이 처신하는 행동만도 못하게 나의
성전에 들어오는 너희 자세들이 흐트
러져 있음이니,
32 이러고도 너희들이 나에게 오르는 선

택된 백성이며, 하늘에 오르는 길을 가고 있다 말할 수 있겠는가?
33 나의 음성을 들을 수 있는 자격이 없는 자, 들어서도 아니 되는 자가 이 성전에 온다 하면,
34 들을만한 자격이 없는 자, 들을 수 있는 마음이 갖춰지지 아니한 자, 그와 같이 준비되지 아니한 자,
35 그리고 성스럽고 성스러운 나의 이 성전이라는 것이 마음속에서 지워져 가고 있는 너희일 때, 선지자와 너희들의 고충이 더 가중됨만 있을 것이니,
36 이 하나도 깨우치지 못하는 너희들이 영광과 축복이 있기를 바라지 말라.
37 그 마음 자세부터 다스려야 할 것이니, 저 자신이 겸손을 모르며, 저 자신을 모르며, 저 자신이 어디에 서 있으며, 저 자신의 가치가 어디에 있으며,
38 제가 누구며, 누구로부터 선택받았으며, 누구로부터 이 나의 성전에 와 있으며,
39 나의 선지자를 통하여 내리는 나의 성령을 들을 수 있으며, 자기 자신이 무엇이며 어디에 있는 자인지 그 자체도 모르는 너희들에게, 자기 자신의 분수도 모르는 자들에게 내가 무엇을 내릴 것이라, 너희가 무엇을 얻을 것이라는 생각을 하지 말라.
40 자기 자신도 모르는 자들에게 내가 무엇을 내릴 수 있다 말할 수 있겠는가?
41 받을 수 있는 그릇이 준비되지 아니한 너희들에게 무엇을 내릴 수 있겠는가?
42 너희들이 나의 피조물 만백성과 선지자의 제자들에게 이와 같음을 깨우쳐 너희 입으로 교육시켜야 할 것이니라.
43 사랑하는 선지자야!
44 "네, 여호와 하나님! 말씀하옵소서."
45 근본의 이치를 먼저 깨우치라 하라.

1,675 번째 하나님 말씀

2001년 11월 28일 21시 10분

(강론을 마치며)

1 사랑하는 선지자야!
2 "네, 여호와 하나님! 말씀하옵소서."
3 몇 개의 조약돌을 주워 그 조약돌이 인간의 손에 의하여 아름답게 제 구실을 다할 수 있다 하면, 그리고 인간에게 값지게 쓰일 수 있다 하면, 그는 백사장에 묻혀 있는 그 돌보다, 묻혀 가는 그 돌보다 아름다운 제 모습을 보일 수 있을 것이니라.
4 나의 수십억 인구의 피조물들이, 하늘에 오르는 길이 무엇이고 구원을 받는 길이 무엇이며 저희들이 그리 갈구하는 영원히 사는 나의 낙원의 에덴동산에 오르는 것이 무엇인지 그 자체도 모르고 그 방향도 모르고 그 뜻도 모르면서
5 낙원에 오르고자 하는 맹목적인 욕심으로써 울부짖고 기도하며 소원하는 그들이 백사장에 묻혀 가는 그 조약돌과 같이 그리 사라져 가는 것이니,
6 나와는 아무런 관계와 인연이 없다 하면 너희들은 이 뜻을 믿고 이해하겠는가?
7 그 조약돌보다도 더 어렵고 힘든 속에서 선택된 너희들이며, 나의 성전에 와 나의 법전을 읽고 깨닫는 너희들이 되어 있음이니라.

8 이제는 마음을 비우며 아름답게 살라
는 그와 같은 말을 너희들에게 내가
다시 가르치지 말라 하였음이니, 너희
들이 그만큼 깨달음에 와 있음이니라.
9 이와 같은 경지에 오른 너희들이 하나
더하기 하나는 둘이라는 그 수치의 정
확함보다도 더 명확한 자세로써 살아
가야 될 것이니,
10 오늘 내가 선지자를 통하여 너희들에
게 직접 명하나니, 너희들이 이를 지
키기 위하여 선택되었다 함을 알아야
할 것이니라.
11 아무리 깊은 물도 품어 내고 품어 내
면 그 바닥이 보이느니라.
12 너희들의 마음속에 있는 뿌리가 남을
용서한다 하나 남을 용서하지 못하며,
시기하지 아니하고 질투하지 아니하
고 산다 하여도 그리 살 수 없는 너희
들이라 너희는 생각하나,
13 깊고 깊은 그 물을 다 퍼내어 말리듯
이 너희들이 시기하고 질투하는 그 마
음을 다 뽑아내야 될 것이니,
14 물을 말릴 수 있듯이 너희들의 마음을
품어 내고 또 품어 내면 너희들의 그
사악한 원심의 뿌리를 뽑아낼 수 있음
이니, 오늘부터 너희들이 이와 같은
훈련에 들어가야 할 것이니라.
15 정녕 너희들이 마음으로써 남을 용서
하며 남을 이해한다 하나,
16 너희들의 마음속 깊은 곳에 도사리고
있는 용서할 수 없는 마음, 사랑할 수
없는 그 마음을 너희들이 뽑아내야 되
며 품어 내야 될 것이니,
17 그 훈련을 너희들은 오늘서부터 시행
해야 될 것이니라.
18 우선 나의 성전에 나와 나의 법전을
연구하는 너희 형제들끼리 질투하고
시기하는 그 마음 자체가 없어야 할
것이며, 그 마음을 버리는 훈련을 너
희들이 오늘부터 시행해야 될 것이니
라.
19 그리하여 이 하나의 이치를 깨달을
때, 너희들이 나로부터 선택된 그 의
의가 있음을, 너희가 선택된 뜻을, 내
가 너희들을 쓰고자 함을 알 것이니라.
20 이것이 오늘서부터 너희들이 지켜야
할 훈련인 것이니라.
21 너희들의 보이지 않는 그 마음의 깊이
의 뿌리를 뽑아내야 될 것이니라.
22 어떠한 상황에서, 어떠한 언행에서 어
떠한 행동이 취해진다 하여도, 이 성
전에서 너희들은 남을 미워하는 마음
이 1초라도 있어서는 아니 될 것이니,
23 그 훈련부터 먼저 시작한다면 너희 마
음속에 있는 그 사악한 뿌리를 뽑아낼
수 있음이니라.
24 정녕 나의 성전에서 너희들의 오른뺨
을 때렸을 때 왼뺨을 내미는 것은 아
무것도 아니니라.
25 그를 시행하는 것은 아무것도 아닌 것
이니라.
26 너희들은 그를 시행할 수도 있음이니
라. 그리고 너희들은 시행할 용기도
있음이니라.
27 이제는 물질적인 것이 아니요, 너희들
의 마음이니라.
28 너희들이 이곳에서 남을 탓하는 말을
해서도 아니 되며,
29 누가 너희들에게 너희 형제끼리 아무
리 과격한 말을 전하고 너희들에게 가

해를 하며 피해를 입혔다 하여도, 나
의 성전에서는 그를 미워하는 마음을
단 1초라도 가져서는 아니 될 것이니,
30 이 성전에 들어와 있는 너희들이 천사
가 되는 훈련을 시작해야 될 것이니라.
31 이 성전에 들어서는 그 순간부터 인간
사의 삶을 지워야 할 것이며, 너희들
자신이 이 성전에서 어떠한 일이 있다
하여도 얼굴을 붉히며 마음속에 섭섭
한 한 점의 점을 찍는다 하면 너희들
은 변할 수 없는 자니,
32 나의 성전에서 그러한 일이 이루어지
지 않도록, 그러한 마음의 자리를 너
희들이 잡지 않도록, 그런 마음을 버
릴 수 있도록 그 훈련부터 시작하라.
33 그러다 보면, 아무리 깊은 물도 마르
듯이, 그 물의 깊이보다 더 깊이 박혀
있는 너희들의 그 시기하고 질투하는
욕심의 근원의 뿌리를 뽑아내는 2단
계의 훈련이 이루어질 것이니 그리 알
라.

1,676 번째 하나님 말씀

2001년 11월 29일 06시 05분

1 사랑하는 선지자야!
2 "네, 여호와 하나님! 말씀하옵소서."
3 너희 말에 이르기를 '지성이면 감천이
라.' 하였으니, 너희들의 지성에 하늘
이 감복하며 하늘이 돌아선다 하는 말
이니라.
4 너희들의 믿음이요, 너희들이 하늘에
오르고자 하는 그 길이 그보다 열배
백배 더하여야 할 것이니라.
5 어떠한 인간이 정성을 들이는 그 모든
것보다도, 그들이 순수하고 아름다운
마음으로써 무엇을 원하고자 하여 드
리는 기도보다도, 너희들의 정성과 너
희들의 마음가짐이 백배 천배 더 높고
깊어야 함을 너희들이 깨달아야 할 것
이니라.
6 사랑하는 선지자야!
7 "네, 여호와 하나님! 말씀하옵소서."
8 새벽 단잠 이루지 아니하며 나의 음성
을 듣고자 나의 성전에 모여 있는 너
의 제자들에게 이르라,
9 모두를 다 비워야 될 것이며, 비워야
채워진다는 것을, 비워 있지 아니하면
담을 것이 없으며 비워지지 아니하면
채울 것이 없는 이 이치를.
10 모두를 다 버리라 하라.
11 모두를 다 버려야만 그곳에 담을 것이
있으며, 버려야 얻음이 있다는 것을
깨우쳐 주도록 하라.
12 모두를 다 버리는 그 간단한 이치를
너희들은 어찌하여 깨우치지 못하는
가?
13 모두를 버려야만 얻어짐이 있으며 구
함이 있느니라.
14 내 너희들에게 모두를 버리면 얻음이
있다 함은, 너희들이 모두를 다 버려
너희들이 비워져 있을 때 얻음이 있으
며 구함이 있으니,
15 너희들이 모두를 다 버리고 비워진 그
릇일 때 오로지 나의 성령으로써만이
너희들에게 그득히 채워질 것이니,
16 그리하여 모두를 다 버리라는 이치를
너희들에게 오늘 내가 일깨워 줌이니
라.
17 너희들은 모두가 나의 성령으로써 그

득히 채워져야 할 자들이니,
18 너희들이 아무리 발버둥쳐도 너희들
은 모두를 다 버리고 지워야 할 사람
들이니라.
19 버리고 나면 나의 성령이 채워질 너희
들이며, 너희들은 나의 성령으로써 그
득히 채워져야 할 자들이니라.
20 아름답고 소중한 것이 아닌 잘못되고
사악한 마음을 버리라 하였거늘, 어찌
하여 너희들이 그 더럽고 추한 것을
너희 손에 붙어 있도록 하는가?
21 그저 놓으면 될 것을, 너희 손에 들려
있는 그 추하고 더러운 것을 그저 내
가 놓으라 함이거늘,
22 어찌하여 너희들은 그것 하나도 놓을
수 없는 그와 같은 어리석은 우를 범
하면서 너희들이 만백성을 깨우쳐 하
늘에 오르게 하는 전사요, 지도자라
생각할 수 있는가?
23 단순한 이치이니라.
24 더러운 오물이 너희 손에 붙어 있다
하면 너희들은 그것을 말하지 아니하
여도 털어 버릴 것을,
25 너희들이 붙어 있는 그 오물은 알면서
너희 마음속의 그 더러운 것은 어찌하
여 버리지 못하며 비우지 못하여,
26 나의 성령이 너희들의 몸에 임하여 내
가 너희이며 너희가 나인 것을, 그 한
길을 가지 못하느냐?
27 오늘 너의 제자들에게 이르라.
28 정녕 모두를 다 버리라, 그리고 모두
를 다 비우라 하라.
29 너희들이 해야 할 일이 그것이며, 너
희들이 가야 할 길이 그것이니, 너희
들은 버려야 할 자들이니라, 모두를
다.
30 빨리 버리고 못 버림은 너희들에게 달
렸음이니라.
31 너희들이 빨리 버리면 모두를 얻을 것
이며, 마음이 편안할 것이며, 너희들
이 성령의 행복으로써 충만될 것이며,
32 너희들이 버리지 못하고 비우지 못하
면 너희들에게 그 고통이 끝나지 아니
함을 알아야 할 것이니라.
33 더럽고 추한 그 오물을 버리라 함이니
라.
34 내가 아름다운 생수와 같은 나의 모든
뜻이 담겨 있는 나의 성령으로 너희들
을 그득히 채우고자 함이니,
35 내가 너희들에게 임하여 있으나 내가
너희들에게 같이 있을 자리가 없으며
내가 너희 몸에 같이 있을 자리가 없
음이니,
36 이는 마음의 오물을 버리지 못하기 때
문이니라.
37 오늘 이곳에 모여 나의 음성을 듣고자
하는 너의 제자들에게 이르라, 오늘서
부터 하나하나 털어 버리는, 비우는
마음을 갖고 행동하라.
38 그리하면 세상 것이 다 너희 것이거
늘, 그 훈련을 쌓으라 이르라.

1,677 번째 하나님 말씀

2001년 11월 29일 06시 15분

1 사랑하는 선지자야!
2 "네, 여호와 하나님! 말씀하옵소서."
3 추운 비바람에 견디지 못하는 나무의
이파리들이 떨어지듯이, 그 푸르렀던
이파리가 다 떨어져 앙상한 가지만 남

아 있듯이 너희들의 형상이 그리 되어
야 되느니라.
4 그리하여 너희들이 그 앙상한 가지처
럼 모두를 다 버리고 초라하고 나약한
모습으로 서 있을 때,
5 새봄에 새싹이 나듯이 나의 성령이 너
희 몸에서 무럭무럭 자라게 됨이니라.
6 이 이치를 깨우치라.
7 이 겨울이 가기 전에 너희들이 그 앙
상한 가지와 같은 형상으로 변해야 될
것이며,
8 그리하여 새싹이 나오는 그 이치를 깨
달으며, 내가 그와 같이 너희들을 기
다림을 알라.

1,678 번째 하나님 말씀

2001년 11월 30일 06시 10분

1 사랑하는 선지자야!
2 "네, 여호와 하나님! 말씀하옵소서."
3 내 사랑하는 나의 백성이며, 나로부터
선택된 자들이며, 내가 가장 아름답게
만든 나의 피조물 만백성 중에서도 내
가 가장 아끼고 사랑하고 나에게 가장
소중한 자들이 너의 제자들이니라.
4 내가 너희들을 동물 중의 왕이요, 숨
을 쉬고 있는 모든 것들 중에서 가장
아름다운 모습으로 만들었다 하였으
니,
5 너희들이 말하는 인간의 형태를 가지
고 세상에 태어난 그 자체도 가장 영
광된 것이며 가장 축복된 것이니라.
6 그중에서도 나의 피조물 만백성을 인
도하는 지도자로서 나에게 선택된 너
희들이니,
7 소중한 나의 피조물 만백성 중에 또한
너희들이 얼마나 소중한 자들인가 우
선 이것을 너희들이 먼저 깨우치는 지
혜가 있어야 될 것이니라.
8 말로써 소중하려니, 말로써 귀한 자이
려니 하는 생각을 하기 전에, 너희들
이 얼마나 필요하며 소중하면 내가 선
택하였겠는가를,
9 그리고 내가 필요하여 선택한 너희들
이 얼마나 소중한 자들인가를 너희 자
신부터 돌아다보는 지혜를 가져야 할
것이니라.
10 사랑하는 선지자야!
11 "네, 여호와 하나님! 말씀하옵소서."
12 너의 제자들에게 이르라.
13 가장 소중하게 선택된 너희들이 다 각
자의 임무와 소임이 있으니, 너희들은
서로 시기하고 질투하는 마음이 있어
서는 아니 되며,
14 나의 성전에 나오는 것을 가진 자, 못
가진 자, 힘없는 자라 하여 너희 자신
의 마음에 동요가 또한 있어서도 아니
됨이니,
15 각자 너희들은 필요한 때가 있으며,
각자 너희들이 해야 할 임무가 있으
며, 너희들이 나 여호와로부터 선택되
어 나 여호와로부터 각자 임무를 받은
자들이니,
16 각자가 다 소중하게 쓰일 자이며 각자
가 귀한 일을 해야 할 자들이니,
17 너희 스스로 남과 비교하여 너희 자신
을 생각하지 말아야 할 것이며,
18 남이 앞에 가고 남이 높이 간다 하여
너희들이 질투하고 시기하며 조바심
을 가져서도 아니 될 것이니라.

19 이를 너의 제자들에게 이르라.
20 수십억 나의 피조물 만백성을 이끌어
가고 그들을 태워 강을 건너 나에게
인도할 너희들이니, 너희들은 다 쓰임
이 있으며 내가 쓰고자 하는 것이 있
느니라.
21 내가 하나의 크나큰 배를 만들어 나의
피조물 만백성이 구원의 강을 건너게
하고자 하는 데 너희들이 그 배를 만
드는 과정에서 쓰일 자가 있으며 그
배를 운영하는 데 쓰일 자가 있음이니,
22 각자가 자기의 위치에 서서 자기의 소
임을 다하면 될 것을,
23 너희들이 중요하게 쓰이며, 중요하게
쓰이지 아니하며,
24 너희들이 좋은 자리에 있는 자며, 편
안한 자리에서 일하는 자며, 어렵고
힘든 자리에서 소임을 하는 자며,
25 어떠한 구석에서 너희들이 존재하든,
너희끼리 서로 제가 중요하다, '내가
너보다 더 중이 쓰일 자이며 중요한
자이니라.' 이와 같은 생각 자체를 해
서는 아니 됨이니라.
26 이는 자기의 소임을 모르면서 분란을
일으키며 저희들끼리 싸우고자 하는
자들이며 내분을 이루는 자들이니,
27 너희들이 한구석에 서서 자기 소임을
다할 때 나의 피조물 만백성을 구하는
그 배가 완벽하게 이루어질 수 있음이
니,
28 갑판에서 청소하는 자 선장을 부러워
하며, 기계를 운영하는 기름 묻은 자
선장을 부러워하며, 갑판장을 부러워
하며,
29 그와 같은 속에서 자기 소임을 모르고
시기하고 질투하는 형국이 이루어진
다 하면 나의 배가 갈 수 없음을 너의
제자들에게 일깨워 주어야 될 것이니
라.
30 그와 같은 너희들의 형국이면 나의 피
조물 만백성을 구해 주는 그 배가 제
작되기도 전에,
31 그 배를 띄워서 나의 피조물 만백성을
실어 운행하기도 전에 그 배는 부서짐
이니, 나의 피조물 만백성을 그 배에
태울 수 없음이니,
32 너희들을 어찌 지도자라 하여 나의 피
조물 만백성을 너희들의 앞에 내가 보
낼 수 있겠는가, 그리고 그 배에 타도
록 할 수 있겠는가?
33 바다에 빠지고 강에 빠지는 것은 자명
한 것을.
34 사랑하는 선지자야!
35 "네, 여호와 하나님! 말씀하옵소서."
36 너의 제자들에게 이르라.
37 기름투성이에 있는 그 기능공도 내가
사랑하며, 갑판장도 사랑하며, 나의
배의 그 못 하나까지도 다 소중함이니,
38 그 못이 빠지면 그 배에 물이 새며 그
배가 파손되며 쓰러짐이니, 그와 같이
너희들이 어떠한 구석에 있든, 어떠한
곳에 있든 나에게 다 똑같이 소중한
자들이라는 것을,
39 그리고 너희들이 너희 자리에 내가 명
한 그 소임을 다하는 것만이 배가 뜰
수 있으며, 나의 피조물 만백성을 실
을 수 있음이라 하는 것을, 이를 깨우
쳐야 될 것이니라.
40 각자가 제자리에서 언성을 높이고 소
리를 높이며, 자기만이 위대한 직책에

있으며 자기만이 소중한 자리에 있는 자들이라 말을 한다 하면,
41 지금의 많은 종파들이 하늘에 오르는 길을 모르며, 오르는 방법을 모르며, 그 빛을 보지 못하면서 저희들을 따르면 하늘에 오를 수 있다 하여 나의 피조물 만백성의 금화와 은화를 거둬들여 평생을 그 역경과 고통의 길로 인도하는,
42 그리하여 그리 활용하다 그들을 지옥으로 가는 그 길로 인도하는 지금의 종교 지도자들과 하나도 다른 것이 없느니라.
43 이 아픈 나의 가슴의 뜻을 너희들이 알겠는가?
44 내가 일찍이 말하였느니라.
45 오른쪽으로 도는 그 팽이를 왼쪽으로 돌리는 삶을 사는 자가 하늘에 오르는 길을 볼 수 있다 하였음이니,
46 지금의 잘못 가고 있는 잘못 가르치는 종교 지도자들보다도 더 잘못 가는 그 사악한 죄를 너희들이 범하지 말라.
47 각자 자기의 위치에 서서 자기 소임을 다하는 것이 너희들이 가야 하는 길이니라.
48 각자 언성을 높이고 자기 자신의 주장을 하며, 자기 자신만이 나에게 소중히 쓰이는 자이며, 자기만이 위대한 자이며, 나로부터 더 기억 받는 자며, 더 사랑을 받는 자며, 더 은혜를 받는 자라 말하지 말라.
49 나의 배를 만들기 위하여 선택된 너희들은 모두 다 소중함이니, 어디 하나 버릴 수 있다더냐?
50 사랑하는 선지자야!
51 "네, 여호와 하나님! 말씀하옵소서."
52 너희들이 각자 소임에 충실해야 되며, 너희들이 맡은 소임이 중요함을 안다 하면 그것을 깨우치는 너희들이 되어야만 나의 배가 만들어지며 띄울 수 있음이니라.
53 너희들이 지금 나의 성전을 향하여 몸을 맡겨 타고 온 그 기계들이 서로 자기가 중요하다며 언성 높여 싸운다 하면 너희들은 그 기계를 타고 여기에도 올 수 없음이니,
54 그는 바로 무엇이더냐? 그것들이 고물 쇳조각과 같으니라.
55 너희들이 타고 오는 그 훌륭한 기계가 서로 싸우며 서로 언성을 높이고 자기 직분을, 자기 자리를 지키지 아니한다 하면,
56 저희들끼리 분란을 내어 저희들끼리 치고받는다 하면 그 기계는 훌륭한 기계가 아니라 녹슬어 가는 고물의 쇳조각과 같음이니라.
57 너의 제자들이 녹슬어 가는 쇳조각이 될 것인가, 그 훌륭한 기계처럼 소임을 다할 것인가?
58 너희들이 나의 소중한 배를 만드는 그 정해진 소임을 다할 것인가, 물 위에 뜰 수 없는 배를 만들 것인가?
59 그리고 너희들이 그 배를 운전할 것인가, 그렇지 않으면 너희들이 치고받는 내분을 하여 그 훌륭한 배를 녹스는 고철로 만들도록 할 것인가?
60 너희들이 어찌 생각해야 되며 어찌 마음을 갖고 살아야 할 것인가를 너의 제자들에게 일깨워 주어야 될 것이니 그리 알라.

1,679 번째 하나님 말씀

2001년 11월 30일 06시 25분

1 사랑하는 선지자야!
2 "네, 여호와 하나님! 말씀하옵소서."
3 내 사랑하는 너의 제자들에게 이르라.
4 너희들이 십계명을 수없이 암송하되 그 십계명 자체를 나 여호와가 정녕 불로 썼으며 나의 뜻인가 의심하고 암송한다 하면, 그가 무엇을 깨달으며 그에게 내가 어떠한 은혜를 내릴 수 있다 생각하는가?
5 내가 불로 써 내린 십계명 자체, 그 하나를 믿는다 하면 너희들이 하늘에 나 여호와가 존재함을 알 것이며 하늘이 있음을 알 것이니라.
6 너희들이 나의 법전을 공부하며, 나의 법전을 암송하며, 나의 선지자로부터 나의 성령을 태워 내려보내는 이 주옥 같은 음성을 들으면서,
7 십계명이 정녕 하나님이 쓴 것인가 의심하듯이, 나의 음성이요, 나의 법전을 의심하는 마음을 갖고 있다 하면,
8 그러한 자가 무엇을 깨우치겠으며, 그러한 자가 나의 음성을 들을 수 있으며 나의 법전에 들어 있는 그 뜻을 알 수 있겠는가?
9 십계명을 수없이 암송하는 자와 그를 의심하며 암송하는 자, 나의 법전을 공부하며 나의 법전을 읽고 깨우치고자 하는 자와,
10 나의 법전을 의심하며 읽고 공부하는 자가 똑같은 시간에 똑같은 공부를 한다 하여도 어떠한 결과가 나오겠느냐, 선지자야!
11 나의 십계명을 의심치 아니하거든 나의 선지자요, 나의 법전을 의심치 말라 이르라.
12 나의 음성이요, 나의 법전을 의심하는 자는 십계명을 의심하는 자와 똑같음이니, 그들에게 이와 같이 무서움을 일깨워 주도록 하라, 선지자야!

1,680 번째 하나님 말씀

2001년 11월 30일 21시 20분

(강론을 마치며)

1 사랑하는 선지자야!
2 "네, 여호와 하나님! 말씀하옵소서."
3 2천 년 역사가 흐른 지금에 와 하늘에 오르는 길이라 하여 성서를 끼고 저희들이 만든 성전에 가서 기도를 하며 저희들의 소원을 빌고 저희들의 뜻을 구하고자 하는 그 역사가 흘러왔음이니,
4 지금 이 지구상에 60억 그 인구 중에 얼마나 많은 나의 피조물 만백성이 성서라는 것을 옆에 끼고 저희들이 구원받고자 저희들의 성전에 가 기도를 하더냐?
5 사랑하는 선지자야!
6 "네, 여호와 하나님! 말씀하옵소서."
7 예수가 세상에 나와 나의 성령을 지금 너와 같이 받아 나의 피조물 만백성을 구하고자 할 때, 그들은 우매하고 답답한 방법으로써 전했으며,
8 나의 피조물 만백성을 깨우치고자 하여 지금의 역사가 이루어져 지금에 나 여호와가 하늘에 존재한다 하며 울부짖고 있는 이와 같은 나의 피조물 만

백성이 산재해 있음이니라.
9 너희는 실망하지 말라, 그리고 두려워
하지 말라, 그리고 뒤돌아보지 말라.
10 오로지 전진함만이 있으며, 나의 법전
을 들고 '나를 따르라!' 하며 고지를
향하여 달려가는 너희들의 그 책무밖
에는 없느니라.
11 전쟁터에서 지휘관이 '나를 따르라!'
하고 소리 지르며 고지를 향하여 가듯
이, 너희들이 나의 법전을 들고 고지
를 향하여 '나를 따르라!' 하며 나의
피조물 만백성에게 외치고 달려갈 때,
나의 피조물 만백성이 너희들을 바라
볼 것이니라.
12 사랑하는 선지자야!
13 "네, 여호와 하나님! 말씀하옵소서."
14 너의 제자들과 너를 따라 이곳 성전에
와 나의 법전을 공부하는 자들을 내가
사랑하노라.
15 너희들이 거짓 하지 아니하며 나의 뜻
에 따라 지키고자 하는 마음이 뿌리
깊이 점점 내려가고 있음이니, 오늘
나의 뜻을 내가 너희들에게 전함이니,
16 너희들이 지금까지 세상에 나와서 접
한 사람과 관계한 사람들과 길거리를
지나가면서 눈으로 본 사람들과 아무
런 관계없는 많은 대중 앞에서 그 대
중을 다 본 그 숫자와 너희 시야에 거
쳐 간 그 모든 사람들과 너희들의 하
나를 바꾸지 아니하는 것이 나의 뜻이
며,
17 내가 너희들을 사랑함을 오늘 너희들
의 가슴에 깊이 새기고 가야 할 것이
니라.
18 내가 너희를 그리 사랑하노라, 그리고
너희가 나에게 그리 소중하니라.
19 그리하여 너희들이 심판을 받는 강을
내가 손을 들어 너희들을 건네 놓는다
하였음이니,
20 너희들이 건너와서 내 앞에서 고개를
들고 못 드는 것은 너희들 자신에게
달렸음이니,
21 나는 너희들을 구원한다 하였음이니
라.
22 내가 선지자를 통하여 너희들의 가슴
에 다시 한 번 전하나니, 나의 이 뜻을
너희들의 가슴에 깊이 새겨야 될 것이
니라.
23 너희들이 이름 석 자를 알고 있는 사
람이요, 너희들의 형제요, 너희들의
이웃에 기억하는 숫자의 사람들과 너
희를 바꾸지 아니한다는 나 여호와가
아니니라.
24 너희들이 지금까지 살아오면서 너희
눈을 스쳐 가고 너희들이 보고 간 그
모든 숫자의 나의 피조물 만백성과 지
금의 너희들의 한 사람을 내가 바꾸고
자 하지 아니하며, 내가 너희를 그보
다 더 사랑한다 하였음이니,
25 내가 너희들이 눈으로 보고 기억한 그
모든 나의 피조물 만백성과 너희들을
맞바꾸지 아니한다 하였으니,
26 나의 피조물 만백성을 구하는 그 길에
서 있는 너희들이 얼마나 소중하며 너
희들이 어찌 살아가야 하는 것인가를,
27 너희들의 책무가 얼마나 소중한가를
알아야 될 것이니라.
28 너희들이 변하여 나에게 오르는 길을
따르며 나에게 경배하며 선지자를 따
라 너희들이 나의 법전을 들고 고지를

향하여 '나를 따르라!' 하고 소리치며
외칠 때,
29 그 외침은 오늘에 살아 있는 나의 피
조물 만백성이 봄이 아니니라.
30 너희들의 자손 대대손손이, 수천 년
역사가 흐르는 세월 속에서 그들이 너
희들이 소리치며 앞에 달려간 그 형상
을 볼 것이니,
31 그러기에 너희들이 지금 눈으로 본 숫
자가 그 숫자만큼 되지 못함이니,
32 너희들이 눈으로 본 그 나의 피조물
만백성보다 몇천 배 많은 나의 피조물
만백성이 너희들의 행적을 보고 깨우
치고 깨달아 하늘에 오르는 길을 보게
됨이니,
33 그리하여 너희들의 눈에 익은 모든 백
성들과 너희들 하나를 내가 바꾸지 아
니한다 함이니,
34 이 뜻을 너희들이 오늘 가슴 깊이 새
겨야 할 것이니 그리 알라.

2001년 12월

1,681 번째 하나님 말씀

2001년 12월 1일 06시 10분

1 사랑하는 선지자야!
2 "네, 여호와 하나님! 말씀하옵소서."
3 너를 따르는 너의 제자들에게 이르라,
너희들이 시련과 고통 속에서 나 여호
와를 믿으며 나를 부르는 그것이 너희
들에게 영광임을.
4 새벽 찬바람 가르며 너희들이 나의 성
전에 와 내가 나의 선지자에게 내리는
나의 음성을 듣고 깨달음이니,
5 그는 육신의 고달픔이기 전에 영광과
기쁨임을 알아야 할 것이니라.
6 너희들은 육신이 살아 이 세상에 너희
가 존재하는 한 내가 너희들과 항상
같이하며 함께 하고 있음의 영광을 알
아야 할 것이며,
7 너희들이 죽어 나의 나라, 하늘에 오
르는 그 순간에 또한 너희들은 나의
낙원 에덴동산에 와 살아야 할 선택된
자들이니,
8 그보다 더 영광과 은혜가 어디에 있다
생각하느냐?
9 너희들의 육신이 살아서는 내가 너희
들과 항상 같이하며 죽어서는 나의 나
라에 내 옆에 와 있음이니,
10 그보다 더 큰 은혜와 영광이 어디에
있겠는가?

11 너희들이 내가 선지자를 통하여 나의
성령의 뜻을 전하는 이 음성을 들으며
나의 뜻을 직접 듣는 그 자체가 고통
이요, 시련이라는 생각을 해서는 아니
됨이니라.
12 나의 피조물 만백성은 나의 계명을 지
키며 나의 법전을 읽고 깨우쳐 그와
같이 살라 하는 것이 내가 명하는 것
이며,
13 그리하여 살아 하늘에 오르는 은혜와
영광을 입으라 함이니라.
14 그러나 너희들은 나의 계명을 따르고
나의 법전을 지키며 사는 것이 너희들
의 대명이 아니니라.
15 너희들이 행해야 할 길과 너희들의 대
명은 따로 있음이니라.
16 나의 법전과 나의 계명에 따라 지키고
살다 하늘에 오르는 영광을 얻도록 하
라는 나의 피조물 만백성을,
17 너희들은 그들을 인도하는 생수가 되
어야 하는 것이며, 소금이 되어야 하
는 것이며, 그리고 빛이 되어야 하는
것이니,
18 그리하여 그들을 인도해야 되기 때문
에 너희들 선택된 자의 대명은 여기에
있음이니, 너희들이 어찌 살아가야 하
겠느냐?
19 너의 제자들은 지금 나의 피조물 만백
성처럼 나의 법전대로 살며 나의 계명
대로 살라 하는 것은 이미 벗어났음이
니라.
20 너희들과 내가 항상 같이하고 있으며,
너희들은 죽어 내 옆에 올 수 있는 영
광을 얻은 선택된 자들이니,
21 너희들은 이미 계명을 지키고 나의 법
전대로 살아가는 그것에 대하여 왈가
왈부할 때가 아니며, 너희 자신이 제
대로 살고 있는가 살지 못하는가 하는
것을 따질 때가 아니니라.
22 너희들은 무조건 그리 지키고 있어야
되며 그리 살고 있어야 됨이니라.
23 어찌하여 같은 능력을 가진 자가 가르
칠 수 있다 하더냐?
24 너희들은 가르치는 선생이요, 인도하
는 목회자이니라.
25 그리하여 너희들은 법전을 읽고 율법
을 지키고 깨우치고자 발버둥치는 나
의 피조물 만백성에게,
26 갈증 나는 자에게 내리는 마실 수 있
는 생수가 되어야 하는 것이며, 소금
이 되어야 하는 것이며, 빛이 되어야
하는 것이니라.
27 너희들이 그와 같은 자가 되어야 함을
오늘부터 깨우쳐, 나의 사랑하는 백성
들의 모범이 되어 살아가는 인도자가
되어야 될 것이니라.
28 그러하니 너희들이 그리 되기 위해서
는 내가 선지자에게 내리는 나의 음성
이요, 나의 메시지를 한 구절이라도
더 들어 깨우쳐야 하며, 그것만이 생
수가 되고 소금이 되며 빛이 되는 것
이니,
29 오늘의 고달프고 힘듦을 너희들은 영
광이요, 축복이라 생각하며 즐거운 마
음으로 나의 성전을 찾아야 될 것이니,
30 선지자야!
31 "네, 여호와 하나님! 말씀하옵소서."
32 너의 제자들의 대명이 나의 피조물 만
백성이, 또한 그 후손이요, 또 그 후손
들이 마실 수 있는 생수요, 소금이요,

빛이 되는 것이니, 이를 잊지 말라 일
깨워 주라.
33 이것이 너희들이 가야 할 길이라는 것
을, 너희들이 그만큼 나에게 소중하고
귀한 자들이라는 것을 가슴에 심어 주
도록 하라, 선지자야!

1,682 번째 하나님 말씀

2001년 12월 1일 06시 20분

1 하늘에 오르는 길을 깨달으며 하늘에
오르는 빛을 보는 자, 자신의 추한 모
습을 보여 주기를 두려워하지 아니하
며,
2 자기의 잘못된 것을 남들에게 보여 주
며 남들 앞에 자기의 단점을 보여 주
는 것이 부끄러움이 아니요, 당당한
모습으로 설 수 있듯이,
3 만백성이 먹고살 수 있는 곡식 또한
알이 차고 익어지면 고개를 숙인다 하
였으니,
4 너희들 또한 나에게 가까이 오며 나의
성령의 뜻 한 구절을 너희 가슴에 새
길 때마다 너희 스스로 낮아지는 모습
이 되어야 될 것이며 낮아져야 할 것
이니라.
5 내가 너희들에게 내리는 나의 성령의
뜻을 한 구절을 깨닫고 두 구절을 깨
달을 때마다 너희들은 높이 오름이 아
니요, 낮아짐이니라.
6 내가 너희들에게 선지자를 통하여 가
르쳤음이니라.
7 남을 욕하는 죄가 많고 높을수록 너희
들은 지옥 불로 떨어지는, 시소의 밑
으로 내려가는 형국이라 하였으나,
8 너희들이 나에게 한 발짝 한 발짝 다
가오며 나의 성령을 한 구절, 열 구절,
백 구절 가슴속에 새기며 행하는 자가
될 때,
9 너희들이 많은 죄악을 지고 지옥으로
내려가는, 시소의 내려가는 그것과 같
이 낮은 자가 되어야 함이니라.
10 나의 사랑하는 선지자의 제자들이요,
그를 따라 나의 법전을 공부하는 너희
들은 먼저 온 자가 가장 낮은 자며, 많
이 깨달은 자가 가장 낮은 자며, 나의
법전을 많이 깨닫고 지키고 시행하는
자가 가장 낮은 자이니라.
11 너희들의 깨달음이 높고 나의 뜻을
깨달으며 높이 오를수록 너희들 자신
이 무겁다 생각하고 귀하다 생각하며
소중하다 생각함은 나의 뜻을 깨달음
이 아니니라.
12 이와 같은 나의 이치를 너희들이 깨달
아 행해야 할 것이니라.

1,683 번째 하나님 말씀

2001년 12월 2일 06시 10분

1 사랑하는 선지자야!
2 "네, 여호와 하나님! 말씀하옵소서."
3 나의 수십억 인구 중에 나의 성전을
찾으며 내가 너를 통하여 내리는 나의
성령의 뜻의 깨달음을 들어 저희들이
하늘에 오르고자 하며,
4 나의 법전 열여섯 권을 정독하고 나의
뜻에 의하여 살고자 하며 나의 계명에
따라 살아가고자 하는 너를 따르는 너
의 제자요, 나의 모든 백성들을 내가
사랑한다 말하였음이니라.

5 그리하여 그들이 죽어 나에게 와 심판
을 받지 아니하고 낙원에 영원히 존재
한다 하였음이니,
6 지금 나의 성전에 찾아와 너를 통하여
내리는 나의 음성을 듣고 나의 뜻을
들으며, 나의 법전의 그 기본의 가르
침을 공부하고 연구하는 그들은 병들
고 썩어져 간 몸을 스스로 추스르고
고치는 그와 같은 역경을 견디고 이겨
나가는 자들이니 내가 사랑하는 것이
니라.
7 어려서부터 정상적으로 교육을 받으
며 아름답게 성장한 사람이 성인이 되
어 세상에 나와 남들에게 부끄럽지 아
니한 삶을 살아가나,
8 어려서부터 배우지 못한 자가 나이 들
어 죽기 전에 교육을 받고 공부하며
깨우치는, 이치를 깨닫고자 하는 그와
같은 형국이니,
9 너희들 육신을 잘못 다스려 병들고 썩
어져 가며 너희들의 몸이 상해져 가는
그것을 남의 도움을 받지 아니하고 너
희 스스로 치료하고 치유하여 건강한
모습으로 다시 서는 그와 같은 어렵고
힘든 길을 가는 형국의 길에 들어서
있는 너의 제자들이니, 내가 그들을
얼마나 사랑하고 아끼겠는가?
10 잘못 관리하여 썩고 병든 그 육신과
썩어져 간 그 정신을 바로 세우고 건
강한 정신과 건강한 육신으로써 다시
태어나고자 하니,
11 이미 병들고 썩어진 부분을 도려 낼
수도 없는 것이며, 그곳에서 새살이
나도록 정성을 다 들여야 하는 그와
같은 역경에 살아가는 것이 지금 너를
따르는 제자들이 가고자 하는 어려운
길이니라.
12 나이가 먹어 빠져 가는 그 이빨을 다
시 나도록 하는 그와 같은 역경의 길
을 가고 있음이니라.
13 그러니 내가 그들을 구원하였다 함이
니라.
14 나이 들어 병들어 가고 쇠약해진 그
몸을 다시 추스르며 활기 넘치는 육신
으로 고쳐 가는, 그리고 건강한 모습
으로 일어서는 그와 같은 삶을 살아가
고자 노력하는 것이 지금 너의 제자들
이니,
15 그들 또한 그 길이 얼마나 힘들고 어
렵겠는가?
16 선지자야!
17 "네, 여호와 하나님! 말씀하옵소서."
18 네가 육신의 세계요, 인간의 세계를
벗어나 나의 나라에 들어와 있음이라
말하였으니,
19 지금 그 육신의 세계에서 썩어져 가며
나이 먹어 병든 그 육신을 바로 치료
하고 고쳐 바로 서고자 하는 그 노력
을 하고 있는 그들을 네가 사랑하는
마음으로 가슴에 안아 줘야 할 것이니
라.
20 그들이 잘못 가고 잘못 깨달으며, 나
의 성령을 잘못 듣고 나의 명하는 뜻
을 잘못 깨달으며 잘못 간다 하여도,
너는 그들을 가슴으로 안아 주며 다스
려 줘야 될 것이니라.
21 사랑하는 선지자야!
22 "네, 여호와 하나님! 말씀하옵소서."
23 너희들이 나이 먹어 빠진 이빨을 다시
나도록 하는 그 노력의 길을 가고 있

음이니, 그리고 너희들이 그 이빨을
다시 심음이니,
24 이것이 너희들이 지금 가고 있는 그와
같은 어려운 길이니라.
25 좀 더 너희들이 깊이 깨닫는다 하면,
나의 성령의 뜻을 들으며 나의 법전을
보고 깨우치는 너희들이 죽은 자 가운
데서 다시 살아남이니,
26 썩어져 가는 그 육신이 다시 살아난다
하면 그게 있을 수 있는 일이더냐? 있
을 수 없음이니라, 선지자야!
27 그러한 너희들이 지금 살아나고 있음
이니, 그것도 스스로 그 몸에 새로운
피를 공급하여 새로 태어남이니, 너희
들이 가는 길이 얼마나 어렵고 힘들겠
느냐?
28 이와 같은 길을 가고 있는 것이 너의
제자들이니라, 선지자야!
29 네 육신의 피와 살처럼 그들을 사랑하
고 네가 보살펴야 할 것이니 그리 알
라.
30 그것이 나의 뜻을 네가 대신함이요,
인간의 형체를 가지고 세상에 존재하
는 네가 나를 대신하여 해야 할 길이
니라, 선지자야!

1,684 번째 하나님 말씀

2001년 12월 2일 12시 10분

(강론을 마치며)

1 사랑하는 선지자야!
2 "네, 여호와 하나님! 말씀하옵소서."
3 내 사랑하는 너의 제자들의 각자 머리
위에 나의 성령의 손이 얹어 있음이
니, 그들에게 이리 전하라.
4 너희들이 말하기를 '가랑비에 옷이 젖
는다.' 하였음이니,
5 너희들이 지금 살아와 이곳 나의 성전
에까지 오는 그 기간 동안에 너희들이
지금까지 살아왔던 모든 삶을 다 접어
두고 다시 태어난 인생으로 살아가고
자 발버둥치며 나의 성전에 와 나의
법전을 읽고 깨우치고 공부하는 너희
들이,
6 '내리는 가랑비에 의하여 옷이 젖는
다.'는 그 말의 뜻처럼 너희들의 옷이
서서히 젖어 가기 시작하였으니,
7 조금씩 내리는 그 가랑비에 너희들이
걸치고 입은 그 옷을 다 적시며,
8 이제는 그 가랑비가 너희 몸에 닿는
그와 같은 형국이 이루어져 있는 것이
지금 너희들의 마음가짐이니라.
9 서서히 내리는 그 가랑비가 옷을 적셔
너희들에게 한기를 느끼게 하듯이, 너
희들이 나의 법전을 한 권 읽고 두 권
읽고 열여섯 권을 읽으며 또 깨달으며,
10 내가 나의 선지자를 통하여 너희들에
게 내리는 그 메시지를 듣고 깨달음이
서서히 가랑비가 옷을 적셔 그 가랑비
가 한기가 되어 너희 육신에 느껴지듯
이,
11 너희들이 지금 다 젖은 옷을 입고 있
는 그와 같은 형국으로 나의 성령이
너희들에게 임하여 젖어 있음이니, 이
것이 바로 너희들이 지금 앉아 있는
자세며 너희들의 마음가짐이니라.
12 오늘 내가 너희들에게 이르나니, 너희
들이 하나의 마음이 되라 내가 너희들
에게 깨우치려 노력하였으며, 너희들
은 남이 아니라 '우리'요, 한 몸이라

그리 깨우쳐 주었으나,
13 너희들이 살아오면서, 생활하면서 너
희 스스로 하나가 될 수 없으며 한마
음이 될 수 없음을 깨달았을 것이니,
14 너희들이 하나가 됨은 나의 성령의 기
적 외에는 이루어질 수 없음이니라.
15 오늘 내가 사랑하는 나의 선지자를 통
하여 너희들에게 명하였으니, 나의 성
령의 나의 손을 너희들 각자의 머리
위에 얹어 놓았음이니, 이제는 너희들
이 다 하나가 될 수 있음이니라.
16 오로지 너희들이 하나가 되고 한 길을
갈 수 있는 것은 나의 성령의 힘이 아
니면 이루어질 수 없음이니,
17 이제는 내가 너희들을 인도할 그와 같
은 시점에 오도록 인간으로서는 너희
들이 할 수 있는 최대의 노력을 다하
였음이니,
18 너희들의 그 갸륵한 마음을 나 여호와
가 알기에 너희 머리에 내 손을 얹어
오늘 너희들을 하나로 만들고자 함이
며, 그 역사를 이루고자 함이니라.
19 너희들은 나에게 오늘 약속하며 맹세
했느니라, 어떠한 일이 있어도 한 점
의 부끄럼이 없는 삶을 살겠다고.
20 너희들은 어떠한 상황에서도 간음하
지 아니하며 너희 가족 외에는 바라보
지 아니하고 살겠다는 그런 약속을 하
였으나,
21 이는 너희들이 하나를 깨우침으로써
나의 모든 계명을 다 깨우치고 실행할
수 있는 깨달음을 오늘 얻었음이니,
22 그 하나를 실천하는 것이 너희들로 하
여금 모두를 다 시행하고 지켜 갈 수
있는 능력을 얻게 함이니라.
23 너희들은 해낼 수 있음이니라, 너희들
은 지킬 수 있음이니라.
24 내가 오늘 선지자를 통하여 너희들에
게 하나를 더 깨우치고자 함이니, 너
희들 자신이 존재하지 아니함을 알아
야 할 것이니라.
25 그리고 내가 너희들을 씀에 귀한 자
없고 천한 자 없으며, 높은 자 없고 낮
은 자 없다 하였으니,
26 너희들은 나에게 다 똑같이 필요하고
나에게 소중한 백성들이며 내가 너희
들에게 내리는 사랑이 다 똑같음이니
라.
27 그리하여 너희들이 중요하며 나에게
소중한 것이니라.
28 그리고 지금 수천 년의 역사가 흘러온
이 시점에서 오늘과 같이 사악하며 이
와 같이 사악한 무리들이 세상을 덮어
가는 이 세월이 앞으로 너희들은 어찌
변할 거라 생각하느냐?
29 구약의 시대를 거쳐서 너희들이 마음
을 잡지 못하였으며, 신약의 시대에서
너희 마음을 잡지 못하여 지금의 이와
같은 사악한 형국에 이르렀으니,
30 지금서부터 너희들이 천 년, 2천 년, 6
천 년의 역사가 흐른다 하면 지금의
나의 피조물 만백성이 어떠한 시점에
가 있으며, 얼마나 그들이 정화되어
있으며, 얼마나 그들이 아름다운 위치
에 서 있겠는가?
31 아름다운 길에 서 하늘에 오르는 찬란
한 빛을 그들이 볼 수 있다고 너희들
은 생각하느냐?
32 지금 이 형태로 세월이 흘러 2천 년, 3
천 년, 6천 년의 세월이 흐른 다음에

는 이를 바로잡을 수 없음이니, 바로
잡아야 할 시점이 이 시점이라 말하였
느니라.
33 나 여호와가 이미 알고 있었음이니라.
34 나의 아들 예수가 신약의 시대를 이끌
어 2천 년 역사가 흐른 다음에 새로운
시대가 열린다는 것을 너희들이 알고
있었음이며, 다 깨달은 자가 있었을
것이니라.
35 지금 2천 년 후의 새로운 시점이며 새
로운 역사가 이루어지는 것은 바로 이
시점에서 하루가 더 지나고, 한 달이
지나고, 십 년이 지나며, 백 년이 지남
으로 하여 너희들의 사악한 그 뿌리가
기하급수로 늘어나니, 이를 막을 자가
없으며 이를 막을 힘이 없느니라.
36 그리하여 2천 년 역사의 이와 같은 형
국이 이루어질 것을 이미 내가 알고
있었음이며,
37 그리하여 너희들 스스로 또한 하늘의
천기를 알아 2천 년이 흐른 지금에 와
어떠한 역사를 이룰 것이며 인도자가
올 것이라 말하였으니,
38 바로 그것이 나의 성령을 태워서 내려
보내는 열여섯 권의 법전이니, 이 법
전만이 너희들을 다스릴 수 있음이니
라.
39 불에 태워도, 찢어 버려도, 물속에 집
어넣어도 영원히 지워지지 않는 이 법
전으로 새로 태어나는 너희들의 삶을
이끌어가기 위하여 오늘에 나의 법전
이 세상에 나왔으며,
40 너희들이 나의 법전을 가장 먼저 접하
며 내가 나의 성령을 태워 선지자를
통하여 내려보내는 나의 뜻을 너희들
이 가슴으로 들으니,
41 너희들이 하나가 되지 아니하며, 하나
가 되고 안 되고 하는 것을 논한다 하
면 너희들은 나의 은혜를 모르는 자들
이니라.
42 오늘 너희들에게 일렀느니라.
43 모든 종교의 지도자들이 가는 길에 나
여호와가 있음을 저희가 확실히 믿으
며, 제가 죽어 나에게 와 심판을 받는
다는 확실한 신념 하나만 갖고 있다
하면,
44 오늘과 같은 종교 지도자들 속에서 가
르침을 받는 나의 피조물 만백성이 이
와 같이 사악한 길에는 들어서지 아니
하였을 것이니라.
45 가르치는 자가 확신이 없이 지도함이
니, 거기에서 얻는 것이 무엇이 있겠
느냐?
46 너희들은 여기서 하나를 깨우쳐야 될
것이니라.
47 나 여호와가 존재함이며, 너희들이 죽
어 와 나에게 심판을 받는 것은 엄연
한 사실이니, 너희들이 너희 손가락을
깨물었을 때 피가 흐르듯이 그와 같이
똑같은 현상이니,
48 이것 하나를 오늘 가슴에 깊이 못을
박아 새겨 둔다 하면 너희들이 하나
요, 둘이요, 열 명이요, 그 많은 인원
이 필요 없느니라.
49 나의 사랑하는 선지자로부터 나의 성
령을 들은 너희들은 천이요, 만이요,
수없는 인구가 모인다 하여도 하나가
될 수 있음이니,
50 오늘부터 나의 성령이 역사하여 너희
들을 하나로 이끌어 갈 것임이니, 너

희들은 그 은혜에 감사하는 기도를 드려야 할 것이니라.

1,685 번째 하나님 말씀

2001년 12월 3일 08시 30분

1 사랑하는 선지자야!
2 "네, 여호와 하나님! 말씀하옵소서."
3 나의 성전에 너에게 와 공부를 하는
너의 제자들의 마음이 점점 굳어져 가
며 맑아져 가고 있음이니, 그들이 반
석 위에 서서 하늘에 오르는 찬란한
빛을 보는 영광을 얻을 수 있도록 네
가 인도해야 함이니라.
4 그들이 무릎 꿇고 기도하며 하늘에 오
르는 찬란한 빛을 볼 수 있도록 반석
위에 오르고 못 오르는 것은 너에게
달렸음이니,
5 반석 위에서 무릎 꿇고 기도하는 그들
의 눈망울이 나를 향하여 비추는 그
빛을 볼 수 있도록 그들에게 영광을
네가 줘야 할 것이니,
6 그들을 인도하고 이끄는 너는 몸과 육
신과 정신이 맑고 건전해야 될 것이
며, 너 자신이 정해진 시간 속에 기도
와 묵상으로써 너 자신을 다스리며,
네 육신 또한 네가 스스로 잘 다스려
야 할 것이니,
7 지금 나의 성전에 찾아오는 너의 제자
들이 바르고 곧게 가고자 하는 그 마
음을 더 한층 정진할 수 있도록 네가
설법해야 될 것이며 그들을 일깨워야
될 것이니,
8 이제는 네가 해야 할 일이 그 일이 우
선임을 깊이 새겨들어야 할 것이니라.

1,686 번째 하나님 말씀

2001년 12월 4일 06시 10분

1 사랑하는 선지자야!
2 "네, 여호와 하나님! 말씀하옵소서."
3 내가 너희들에게 이르기를, '나 여호
와가 존재함을 믿는 그 자체가 구원의
길에 들어서는 기본이요, 근본이라'
하였으니,
4 나 여호와가 있다 하여 그저 하늘을
향하여 '구원하여 주옵소서!' 하고 소
리 지르며 생각하는 그 자체가 구원의
길에 들어서는 기본이요, 근본이라 생
각지 말라.
5 나 여호와가 이 구절을 너에게 암기하
도록 하였으니, 그저 나 여호와가 있
다 하는 생각만을 가지고 있음이 너희
들이 구원의 길에 들어서는 기본이 아
니니라.
6 정녕 나 여호와가 있기에 너희들은 죽
어 나에게 와 심판을 받으며, 나 여호
와가 존재함을 깨닫고 느끼는 그 자체
요,
7 그리하여 나의 법전을 읽으며 나의 성
전에 와 너희들이 나의 선지자의 음성
을 듣는 그 가슴이 하얀 마음이 되어
야 함이니,
8 그리고 세상사 어떠한 것을 다 잃는다
하여도, 그 모두를 다 버린다 하여도,
나 여호와가 존재함을 깨달은 그 자체
의 영광보다 더 크고 위대한 것이 없
다는 것을 깨닫는 자만이 이 구절에
해당하는 것을 알아야 될 것이니라.
9 나 여호와가 존재함을 믿는 그 자체로
하여금 너희들의 육신에 모든 부귀와

영화를 다 버릴 수 있으며, 욕된 마음
에서 이루는 것을 원하지 아니하며,
욕된 것으로써 이루어 놓은 그 모든
것을 다 하나의 떨어지는 낙엽과 같이
생각할 수 있는 그 마음이 있는 자가
하늘에 오르는 기본이요, 근본을 알게
됨이니,
10 이를 너의 제자들에게 깊이 깨우쳐 일
러야 할 것이니라.
11 바람결에 스쳐 가는 것처럼 나 여호와
하나님이 있으며, 하늘나라가 있다는
그 생각만을 가지고 너희들이 구원의
길에 들어서는 기본이요, 근본이라 함
이 아니니라.
12 구원의 길에 들어선 그 자체의 영광으
로써 자신의 모두를 다 버릴 수 있는
마음의 자세를 가진 자, 그러한 자에
게 그것이 해당됨을 너희들이 알아야
할 것이니라.
13 내가 너희들에게 일렀으니, '나'요, '내
가 존재하지 아니함'을 깨닫고 살라
하였음이니라.
14 '나 자신이 존재하지 아니하다.' 하는
삶을 깨달을 때, 그 속에서 모두를 다
얻을 수 있음이니라.
15 너희들이 무엇을 이루고자 하며 뜻을
이루기를 바란다 하면, 너희들이 소원
하는 것이 있다 하면, '나는 존재하지
아니하다.' 하고 생각하고 나 여호와
가 존재함을 믿으며 나의 법전이 너희
들을 구원하기 위하여 나의 성령을 태
워서 내려보낸 것이라 굳게 믿는 그
속에서 너희들의 소원함을 얻을 수 있
음이니라.
16 오늘 이 이른 새벽에 나의 성전에 와
내가 가슴으로 태워 내려보내는 나의
뜻을 선지자를 통하여 듣고 있는 너의
제자들은 마음속으로 소원함을 하나
씩 내가 이루어 줄 것이니,
17 너희들이 그와 같은 은혜를 받고자 하
면, '나 자신은 존재하지 아니하며, 내
가 없다' 하고 생각하며, 오로지 나 여
호와가 있으며, 나의 뜻이 있으며, 나
의 가르침이 있으며, 나의 성령이 있
으며, 나의 법전에 따라 살아간다 하
는 그것만이 너희들에게 존재한다 생
각할 때, 너희들이 먼저 모두를 다 지
워 버리고 버렸을 때,
18 내가 지금 너희에게 명한 대로 지금과
같은 생각만으로 너희들에게 충만하
여 있을 것이며, 너희 스스로 자신이
존재하지 아니한다 생각할 때, 너희들
이 가장 갈구하는 뜻을 내가 이루어
줄 것이니,
19 나의 뜻을 깊이 깨우쳐 시행하여 영광
을 얻도록 그리하라.
20 '내가 존재하지 않는다.'는 생각을 너
희들이 깨달을 때, 마음속의 모두를
다 지우며 오로지 나 여호와 하나님만
이 있으며, 내가 내린 그 법전만이 너
희들의 생명이라 생각하며,
21 그것 외에 너희 자식이요, 너희 가족
이요, 너희 자신의 모두를 다 너희 마
음속에서 지워 버리는 그 순간에, 그
와 같은 깨달음의 경지에 이르렀을 때,
22 너희들이 잃어버린 재물을 원하면 내
가 줄 것이며, 너희들에게서 멀어진
가족이 돌아오기를 원한다면 내가 너
희들에게 줄 것이며 너희들의 뜻을 내
가 들어줄 것이니,

23 너희 마음속에 아무것도 기억하지 아
니하는, 오로지 내가 존재함을 믿으며,
24 나의 법전만으로 너희 가슴속에 그득
히 채우는 너희들의 노력을 이루었을
때 나는 너희들에게 원하는 것을 하나
씩 상으로 줄 것이니, 너희 자신을,
'나 자신'을 버리도록 그리하라.
25 사랑하는 선지자야!
26 "네, 여호와 하나님! 말씀하옵소서."
27 너희들이 나의 법전을 통하여 만백성
을 구하고자 하면 나의 법전을 전하라
하였음이니라.
28 나 여호와가 존재함을 믿으며 내가 존
재함을 깨우치고자 하는 너희들은 어
떠한 전단지요, 어떠한 명함이 새겨져
있는 것도 길거리에 전해서는 아니 될
것이니라.
29 너희들이 나를 알리기 위하여 메모지
에 어떠한 내용을 기록하여 길거리에
뿌리며 지나가는 사람에게 전하는 그
와 같은 것으로써 전도라는 것을 행하
지 말라.
30 그 모두는 만인에게 피해를 주며 다른
사람으로 하여금 수고로움을 끼치게
하는 것이니, 이것은 너희들이 나의
법전을 전하는 길이 아님을 알라.
31 조용히 너희들이 전하는 것이 나의 법
전을 전함이며, 많은 사람에게 누와
폐를 끼치고 남에게 수고로움을 끼치
며 전하는 것은 나의 법전을 전하는
길이 아님을 알라.
32 그는 부족한 자들의 허세이니라.
33 나의 전단지라 하여, 나의 뜻이라 하
여 너희들이 뿌리는 것을 중단할 것이
며, 지나가는 자에게 길거리에서 전하
는 일이 없도록 할 것이며, 오로지 가
정을 통하여 전하도록 그리해야 할 것
이니라.
34 이를 명심하여 시행하도록 하라.

1,687 번째 하나님 말씀

2001년 12월 5일 06시

1 사랑하는 선지자야!
2 "네, 여호와 하나님! 말씀하옵소서."
3 내가 너에게 일찍이 일러 만백성에게
전하라 하였음이니라.
4 남의 잘못된 것, 남의 잘못하는 그것
을 흉보는 자리에 같이 앉은 자는 똑
같은 죄를 짓는 자라 말하였음이니라.
5 남의 허물이요, 남의 잘못을 다른 사
람에게 전하는 그 사람 또한 그가 죽
어 내 앞에 와서 그 무서운 죄를 받게
됨이니,
6 남을 흉보는 속에 같이 앉아 있는 자
또한 흉을 보는 자와 똑같은 죄를 짓
는 자라 말하였음이니,
7 남의 허물이요, 남의 단점이요, 남의
잘못됨이요, 남의 치부를 다른 사람에
게 전하고자 하는 그 죄는 열배 백배
더 무거움이 있어야 할 것이니,
8 내가 너희들에게 가르치는 것이 무엇
이며 내가 너희들에게 원하는 것이 무
엇이더냐?
9 나로부터 생명을 받아 나간 너희들이
나로부터 영광의 은혜 속에서 인간으
로 태어났음이니, 그 삶이 무엇이라
내가 말하였더냐?
10 나로부터 생명을 받아 세상에 나가 너
희들이 나의 뜻에 의하여 곱고 아름답

게 살다 영원히 사는 나의 나라에 와
내 옆에 너희들을 두고자 하였으며,
11 너희들이 그림으로 그릴 수 없고 상상
할 수도 없으며 감히 생각할 수도 없
는 이 아름다운 나의 동산에 와 영원
히 사는 것이 너희들의 정해진 길이라
말하였음이니,
12 그 길에 오르기 위하여 너희들이 하는
것이 무엇이며, 너희들이 지켜야 하는
것이 무엇이더냐?
13 사랑이니라.
14 사랑이라 함을 가슴에 안으라 하였으
며, 사랑으로써 너희 마음에 한 점의
점이 이루어지면 세상에 핵폭발보다
도 더 무서운 위력을 발휘하는 것이
너희들이라 일깨워 주었음이니,
15 남을 흉보는 자 앞에 같이 앉아 흉보
는 자는 사랑이 없음이니라.
16 남의 허물을 듣고 전하는 자, 그 또한
무엇이더냐?
17 내가 너희들에게 원하는 사랑이 없기
때문이니라.
18 너희 육신이 살아오면서 너희 자식의
잘못됨과 너희 가족에 대한 잘못이며
그들이 남으로부터 지탄받을 수 있는
잘못된 일들을 감싸 주고 그를 다스려
이끌고자 함이니, 그것이 무엇이더냐?
19 사랑이니라.
20 사랑이 있고 사랑하기 때문이니라.
21 너의 제자들과 너를 따르는 만백성에
게 전해야 할 것이니라.
22 너희들이 남의 허물을 보고 남에게 욕
하고 남의 치부를 드러내며 남의 잘못
된 부분을 즐거운 마음으로 말할 수
있는 것은,
23 너희들이 살다 하늘에 오르는 그 근본
인 사랑을 지키지 아니하고 사랑이 없
으며, 사랑을 역행하는 것이니, 나에
게 와 받는 그 죄가 무거움이라 하였
음이니라.
24 내가 너희들에게 지키라는 그 계명을
종교 지도자라 하는 자들이 뭐라 하더
냐?
25 너희는 인간이기 때문에 시행할 수 없
다 하니,
26 그런 자보다 남의 허물을 같이 논하며
남의 허물을 전하는 자의 그 죄가 더
무서움이니라.
27 그는 사랑이 없고, 사랑을 실천하지
아니함이며, 내가 원하고자 하며 너희
들에게 바라는 그 사랑을 행할 수 없
다고 강론하는 것과 똑같음이니,
28 너희들은 앞으로 너희 앞에 와 남을
탓하고 남을 욕하며 남을 흉보는 자,
그는 사랑이 없음이니 나의 백성이 아
니라는 것을 깨달아야 할 것이니라.
29 이를 너의 제자들에게 들려줘야 할 것
이니라.
30 그리고 일깨워 줘야 될 것이니라.
31 남을 흉보는 자는 그 혀로써 제 몸을
감는 죄를 받을 것이며, 남의 허물을
손가락질하는 자, 그는 손발이 없는
몸통으로써 나의 형벌을 받아야 할 것
이니라.
32 이 간단한 이치 하나를 내가 선지자를
통하여 너희들에게 내려야 함이니, 너
희들이 얼마나 우매하고 둔한 자들이
냐?
33 내가 너희들에게 일렀느니라.
34 나의 뜻을 너희들이 새겨서 살과 뼈를

붙이라 하였음이니,
35 나의 열여섯 권의 법전을 읽었으며 통
달한다 하는 자들이 거기에 있는 내용
하나를 실천하지 아니함이니, 그 죄
또한 무서움을 알아야 할 것이니라.
36 사랑이 없고 형식적이며 저희들의 육
신을 위하여 금화와 은화를 거둬들이
며 바치라 하는 자들보다 너희들이 더
사악한 자임을 알아야 할 것이니라.
37 내가 말하여 너희들에게 전하였느니
라.
38 나의 열여섯 권의 법전은 나의 성령이
요, 나의 모두를 태워 너희들을 구하
고자 마지막 내리는 나의 뜻이라 말하
였거늘,
39 내가 나 자신을 태워 내려보내는 나의
성령의 이 뜻을 너희들이 지나가는 말
로 그저 듣고 넘어간다 하면 이는 내
가 있음을 부정하는 자들보다도 더 사
악한 자들이니, 너희 죄가 무서움을
알아야 할 것이니라.
40 그리하여 내가 너희들에게 읽고 또 읽
으라 하였으며, 너희들이 한 구절을
읽고 돌아서면 그 구절을 잊어버리도
록 너희들은 깨우침을 그리 가고 있음
이니라.
41 이 또한 나의 뜻이니라.
42 그리하여 내가 너희들에게 말하였느
니라.
43 '나의 법전을 가슴에 안고 정독하는
자, 반석 위에 일어서서 하늘에 오르
는 찬란한 빛을 볼 수 있다.' 하였음이
니, 나에게 오르는 찬란한 빛을 볼 수
있다 하면 너희들은 나의 법전을 어찌
읽고 어찌 정독해야 될 것인가?
44 그 뜻을 너희 머릿속에 하나하나 기억
하여 그를 실천하는 너희들이 되어야
할 것이니라.
45 그러지 않는 자는 나의 뜻을 어기는
자요, 나의 법전을 정독하지 아니하는
자며, 나의 법전을 저희들의 육신의
안일을 위하여 그저 건성건성 걸어가
는 식으로 읽음이니,
46 내가 너희들에게 간곡히 내린 십계명
의 한 구절인 '나의 법전을 가슴에 안
고 정독하라.' 함을 너희들이 실천하
지 아니하며 역행함이니,
47 이러고도 너희들의 육신의 안일과 기
적을 이루고 너희들이 나의 음성을 들
을 수 있으며 나의 형체를 볼 수 있다
생각하는 것이더냐?
48 이 얼마나 너희들의 마음 한 자리가
비워 있지 아니하고, 이 얼마나 너희
들의 마음속에 간악한 생각이 있으며,
이 얼마나 너희 마음속에 간교한 생각
을 가지고 있는 것이더냐?
49 내가 지키고 살라 하는 그 근본이 사
랑이니라.
50 그 사랑을 접어 둠은 말할 것도 없고,
그 사랑을 너희들 마음속에 싹도 틔우
지 않았으며, 사랑하고 실천하고자 하
는 마음이 없음이니라.
51 사랑하는 마음이 있다 하면 남의 모든
허물을 너희들이 감히 탓할 수 없으
며, 너희들이 남의 허물을 전하는 그
사악한 행위를 할 수가 없음이니,
52 남의 허물을 전하는 자, 그가 죽어 그
혀로써 저의 몸을 감는 죄를 받을 것
이라 내가 말하였으니,
53 이 얼마나 간교하고 간악하며 용서할

수 없는 행위인가를 너희들이 알아야
할 것이니,
54 너희들이 나의 성전에 오는 형제에게
남의 흉을 봄이 그와 같이 무서움이라
말하였음이니라.
55 남을 욕하는 자, 시소에 앉아 그 죄가
무거워 지옥으로 내려간다 하였으니,
이는 사랑이 없기 때문이니라.
56 그 마음속에 사랑이라는 것이 1퍼센
트도 없음이니, 내가 너희 몸에 100퍼
센트를 채우라는 그 사랑이 1퍼센트
도 없다 하면 그가 너의 제자며 나로
부터 선택된 백성이라 말할 수 있느냐?
57 사랑하는 선지자야!
58 "네, 여호와 하나님! 말씀하옵소서."
59 내가 일러 너희들에게 말하였느니라.
60 종교 지도자란 나 여호와로부터 선택
되었기에 그들을 나의 백성들이 심판
을 내릴 수 없으며 그들을 심판할 수
없다 함이 잘못되었음이라 말하였느
니라.
61 직언할 수 있음이니라.
62 충언할 수 있음이니라.
63 그러나 뒤에서 너희들이 비방하며 욕
하는 행위를 하는 것은 용서할 수 없
다 하였음이니,
64 나의 법전 열여섯 권을 정독한 자 중
에 그와 같은 행위를 하는 자가 있다
면 나의 성전에 와 앉아 있을 자격이
없음이니,
65 그러한 자 너희들이 스스로 단죄해야
함을 이제 깨우쳐야 할 것이니라.
66 내가 너희들에게 명하는 것을 실천하
지 아니하는 자, 너희들이 충고해야
할 것이며, 그를 다스릴 것이며,
67 그리하여도 너희의 뜻을 들어 다스리
지 아니할 때, 너희 앞에 와 그가 존재
할 수 없도록 단죄해야 할 것이니라.
68 이는 너희들의 귀가 더러워지고, 너희
들의 마음이 더러워지며, 너희들이 가
고자 하는 그 길을 막음이니, 이 얼마
나 나의 뜻을 역행하는 것이며 무서운
죄인가를 알아야 할 것이니라.
69 이는 곧, 사랑이 없기 때문이니라.
70 그의 가슴에 사랑이 없고, 남을 사랑
하지 못하며 사랑할 수 없기 때문이니,
71 나의 뜻을 그 가슴에 피우지 아니하고
싹을 틔우지도 아니한 그와 같은 자는
너희와 같이 나의 성전에 앉아 있을
수 없음을 알아야 할 것이니,
72 너희들이 나의 이와 같은 깊은 가르침
을 깊이 새겨 행해야 하나가 될 수 있
음을 알아야 할 것이니라.
73 이 간단한 이치 하나를 깨우치지 못한
다 하면 너희들은 하늘에 오르는 빛을
볼 수 없음이니라.
74 나의 법전을 가슴에 안고 정독하는
자, 반석 위에 서서 하늘에 오르는 빛
을 볼 수 있다 함이니,
75 이는 곧 너희들이 그대로 지키고 실행
하라 함이니, 그 한 구절을 실천하지
아니하는 자, 하늘에 오르는 빛을 볼
수 없음이니,
76 이는 나의 형체를 볼 수 없고 나의 음
성을 들을 수 없으며 나를 만질 수 없
음이니 그리 알라.

1,688 번째 하나님 말씀

2001년 12월 5일 06시 10분

1 사랑하는 선지자야!
2 "네, 여호와 하나님! 말씀하옵소서."
3 너의 제자들로 말하면, 나의 법전 열
여섯 권을 읽고 깨우친 자는 노란 병
아리들을 감별하는 감별사와 같으며,
4 농사를 짓는 데 그 씨앗의 옳고 그름
이요, 쭉정이와 알곡식을 구분하여 농
사의 씨앗으로 쓰는 농부와 같으니,
5 훌륭한 안목을 갖고 있는 자가 되어야
할 것이니, 이게 너희들이 지키고 가
야 할 길이니라.
6 똑같은 그 노란 병아리들을 감별할 수
있는 감별사가 정확해야 될 것이며,
7 농부가 씨앗을 뿌리되 그 씨앗이 싹을
틔울 수 있는 것인지 틔울 수 없는 것
인지를 훌륭한 농부만이 알 수 있음이
니,
8 그 훌륭한 농부가 되는 것이 너희이며
정확한 감별사가 되는 것이 너희이니,
너희들이 잘못 선택하며 잘못 이루었
을 때 어떠한 결과가 오더냐?
9 농부가 싹을 틔울 수 있는 알곡식과
쭉정이를 구분하지 못한다면 1년 농
사를 버릴 것이나, 영원히 사는 나의
나라에 오르는 나의 피조물 만백성을
인도하고 깨우치는 너희들이 감별을
못 한다 하면,
10 그리고 나의 피조물 만백성을 인도할
목동이요, 목회자인 너희들이, 또한
지도자인 너희들이 감별하지 못하고,
11 곡식이 싹을 틔울 수 있는 것인지 틔
울 수 없는 것인지를 구분하지 못하는
농부가 된다 하면 이는 얼마나 무서움
을 초래하겠는가?
12 나로부터 선택된 선지자요, 나의 성령
을 받아 만백성을 구하는 열여섯 권의
법전을 만든 나의 종이요, 나의 선지
자라 일컬었으니 이를 누구도 알 수
없음이니라.
13 선지자요, 사악한 자요, 사탄의 무리
요, 사탄의 우두머리요, 나로부터 정
녕 선택된 나의 선지자요, 나의 종이
요, 나의 아들이라 함을 아무리 부르
짖는다 하여도 이를 증명할 수가 없음
이니,
14 이는 쭉정이와 알곡식을 구분할 수 있
는 농부의 그 훌륭한 안목만이 알 수
있음이니, 이는 곧바로 너희들만이 알
수 있음이니라.
15 너희들이 쭉정이와 알곡식을 고르는
훌륭한 농부로서 너희들만이 선지자
를 보고 알 수 있거늘,
16 정녕 새싹을 틔울 수 있는 알곡식을
쭉정이라 하여 멀리 버리고 감추는 그
러한 자가 훌륭한 농부이던가?
17 그 1년 농사를 망치고자 하는, 만백성
이 먹고살아야 하는 그 곡식을, 싹을
틔울 수 있는 알곡식을 쭉정이라 말하
는 자, 그 죄가 얼마나 가혹하며 무서
운가를 알아야 할 것이며,
18 선별하고 구별하는 것은 너희들의 몫
이니라.

1,689 번째 하나님 말씀

2001년 12월 5일 21시 25분

(강론을 마치며)

1 사랑하는 선지자야!
2 "네, 여호와 하나님! 말씀하옵소서."
3 내가 너희들에게 직접 써 내린 십계명
중에 '안식일을 기억하여 거룩히 지키
라.' 명하였음이니라.
4 내가 너에게 일깨워 말하기를, 나 여
호와가 안식일이라는 한 날을 정하여
너희들이 집단적인 그러한 행사를 치
르는 것이 아니라,
5 너희들이 하루를 살고 이틀을 살며,
너희들이 살아가면서 피로하고 지친
시간에 나에게 향하는 마음과 나를 위
하여 살아간 너희들의 생활을 반성하
고, 그 반성의 깨우침을 얻어 다음부
터 너희들이 살아가는 데 지표로 삼는
그와 같은 회개하는 시간을 가지라 하
였음이니,
6 이는 각자가 안식일을 지키라 내가 명
하였음이니라.
7 이것이 바로 무엇이더냐? 나의 성서
에 숨어 있는 그 뜻의 비밀을 깨우쳐
줌이며, 너희들이 나의 비밀의 뜻을
먼저 듣는 자들이며, 내 성서에 깊이
숨어 있는 그 뜻의 비밀을 직접 접하
는 자들이니라.
8 이제는 잘못 깨우치고 잘못 가는 것을
먼저 접하고 깨우친 자들이 어찌해야
되겠는가?
9 그를 시정하고 나의 피조물 만백성의
눈과 귀를 뜨게 하는 것이 너희들이
해야 할 대명인 것이니라.
10 오늘 선지자가 말하였느니라.
11 너희들이 지나가다 돌부리 하나를 놓
고 그곳이 나의 성전이라 말하면 그곳
이 성전이며, 길가에 서 있는 나뭇가
지를 꺾어 너희들의 발아래 놓으며
'이곳이 성전이요.' 하면 그곳이 성전
이라 하였으니,
12 그곳에서 너희들의 음성을 들으며 너
희들의 눈에 보이는 그 모든 지역이
다 아름다운 성전이 되며,
13 너희들이 바라볼 수 있는 그 지역의
안에 사는 나의 피조물 만백성이 너희
들이 전하는 그 아름답고 소중한 뜻을
듣게 됨이니, 이것이 바로 성전인 것
이니라.
14 이와 같은 이치가 하늘의 뜻이며, 하
늘의 비밀이며, 성서에 담겨 있는 진
실한 나의 뜻의 길을 감이니, 그리 알
아야 할 것이니라.
15 너희들이 지나가다 한 곳에서 나무를
꺾어 놓고 그곳이 성전이라 하여 그곳
에 있는 사람에게 너희들이 가르침을
전하였다 할 때,
16 너희들이 서서 바라보는, 눈 안에 보
이는 그 지역의 모든 나의 피조물 만
백성이 너희 음성을 듣게 됨이니, 그
리하여 그곳이 성전이라 일컬었느니
라.
17 너희들이 성전이라 하여 나의 이름을
팔아 재물을 거둬들여 호화롭게 지어
놓은 곳에서 나의 음성을 전하고 나의
뜻을 가르치며 하늘에 오르는 길을 가
르친다 하는 것은,
18 그 인원이 얼마나 되며, 그 음성을 듣
는 자들이 과연 얼마나 있다 생각하느

냐?
19 그는 다 쓰러져 가는 움막과 같은 형
국이니라.
20 내가 보기에는 그것이 비바람에 지탱
할 수 없는 움막과 같은 그러한 형상
인 것이니라.
21 너희들은 눈으로 보기를, 또한 마음으
로 보기를 그와 같이 봐야 할 것이니
라.
22 너희들이 지나가다 나뭇가지를 하나
꺾어 놓고 그곳이 성전이라 하여 그곳
에 있는 사람을 놓고 너희들이 나의
뜻을 전할 때,
23 그들은 너희에게 들은 그 참뜻을 주변
에 사는 저희 동료요, 저희 이웃 마을
에 사는 사람들에게까지 전할 것이니,
24 자연스럽게 봄바람이 흘러가듯이 그
들의 음성이 너희들이 성전이라 못박
은 그곳에서부터 퍼져 나가기 시작하
니,
25 너희들에게 보이는 그 근동의 모든 산
과 들에 사는 나의 피조물 만백성이
그 음성을 듣게 됨이니, 그들이 곧 전
하게 되기 때문인 것이니라.
26 그러하니 어떠한 것이 나의 위대한 성
전이라 너희들이 생각되느냐?
27 너희들이 지어 놓은 성전이라는, 쓰러
져 가는 그 움막과 같은 곳에서 소리
지르는 그것만이 나의 뜻을 전하는 것
이며 그곳이 성전이더냐?
28 너희들이 지나가다 지나가는 백성에
게 가르쳐 주는 그곳이 성전이니, 그
것을 들은 자가 깨우쳐 제가 사는 주
변의 온 마을과 온 주변에 그 뜻을 전
하니,
29 이는 곧 너희들에게 보이는 산천과 모
든 주변에 사는 나의 피조물 만백성이
그 음성을 듣게 됨이니라.
30 그러니 어떠한 성전이 위대한 것이며
어떠한 성전이 진정한 나의 백성들을
구하는 성전이더냐?
31 이 하나를 깨우쳐도 너희들은 나의 뜻
이 여기에 있음을 알 것이니라.
32 사랑하는 선지자야! 너의 제자들에게
이르라.
33 말없이 앉아 있는 부처라는 것 앞에
가 절하는 자들이 그리 말하느니라.
34 불심이라는 것은 그 마음에 있듯이 너
희 마음속에 부처가 존재한다 말하며,
성서에는 성령이요, 나의 뜻이 너희
안에 있다 그리 말하느니라.
35 여기서 너희들이 하나 짚고 넘어가야
할 것이 있느니라.
36 나의 법전을 읽어 깨우치고 나의 음성
을 들으며 나의 선지자로부터 배움을
터득한 너희들이 전하는 마음은, 그는
바로 나의 성령을 전하는 성전인 것이
니라.
37 그러나 사악한 마음을 가지며 사악한
생각을 가진 자의 마음속에 성령이 임
하였다 하면, 그는 너희들과 같이 아
름다운 진리를 전함이 아니요, 사악한
마음을 전하는 것이니,
38 그리하여 깨달은 자만이 그 마음속에
성령이 임하며 내가 임한다는 것을 너
희들이 오늘 깊이 깨우쳐야 할 것이니
그리 알라.
39 이것이 나의 뜻이며, 내가 너희들을
선택한 길이며, 너희들이 한 점의 검
은 점이 없도록 너희들을 다스려 나가

라 하였음이니,
40 하나의 작은 검은 점이 없이 마음이
다스려진 너희들이 움직이고 전하는
것은 나의 뜻을 전하는 성전이 되는
것이며,
41 사악한 마음을 가진 자, 검은 마음을
가진 자는 사악함을 전하게 됨이니,
그는 그 마음에 성전이 있지 않으며
존재하지 못함을 너희들이 깨우쳐,
42 잘못 가고 있는 나의 피조물 만백성에
게 길을 열어 주도록 그리해야 할 것
이니라.

1,690 번째 하나님 말씀

2001년 12월 6일 06시

1 사랑하는 선지자야!
2 "네, 여호와 하나님! 말씀하옵소서."
3 너희 말에 '일곱 번을 넘어져 여덟 번
째 일어선다.'는 말이 있으니, '칠전팔
기'의 그 역경을 딛고 일어서서 승리
하는 자 있다 말함이니라.
4 그리고 너희들의 생활 속에 오뚝이라
하는 것이 있음이니라. 넘어졌다 다시
일어서고 넘어졌다 다시 일어섬이니,
5 지금 너희들이 그와 같은 길을 가야
할 때가 되었음이니 그리 알라.
6 내가 너희들에게 역경과 역경을 딛고
일어서 나에게 오르는 길을 보라 함이
아니니, 이는 너희들에게 시련과 고통
을 주고자 함이 아니니라.
7 너희들에게 일곱 번 넘어져도 여덟 번
째 일어서라 하는 것은, 너희들이 갖
가지 수만 가지 마음과 잡생각이 너희
몸을 감싸고 있음이니, 깨닫고 또 깨
달아 그와 같은 마음을 지우라 하는
것이니라.
8 육신의 고통을 이기기 위하여 너희들
에게 쓰러져도 다시 일어서라 하는 것
이 아니고,
9 너희들의 마음과 정신세계를 다스림
에 있어서 그와 같이 다스리고 또 다
스리는 속에 깨달음이 있다 하는 것이
니라.
10 너희들 마음이 비워진 것 같고 너희들
이 하나가 되는 것 같으며 너희들이
나의 뜻에 따라 시행하는 것 같으나,
11 속의 생각과 겉의 생각이 다른 자가
열 명 중에 일곱 명에 이른다 하면, 잘
못 가고 잘못 깨닫는 그 일곱 명을 버
리고 가야 하겠는가?
12 사랑하는 선지자야!
13 "네, 여호와 하나님! 말씀하옵소서."
14 넘어졌다 다시 일어서는 그 오뚝이라
는 것처럼, 마음을 비우지 못하고 다
스리지 못하는 너의 제자들을 네가 용
서하고 또 용서하며 기다려야 한다 함
이니라.
15 일곱을 버리고 셋을 데리고 갈 수는
없지 않으냐? 너의 제자라 생각하며,
너를 따르는 너의 제자라 네가 믿고
있는 그들의 마음속에 네가 그어 주는
그 선을 벗어나고자 한다 할 때, 네 아
픈 마음을 내가 아느니라.
16 그러나 쓰러졌다 일어서는 오뚝이와
같이 네 마음이 변해서는 아니 되며,
네가 버리고자, 선별하고자 하여서도
아니 됨이니라.
17 이것이 선지자 네가 가야 할 길이며
네가 행해야 할 길인 것을 알아야 할

것이니라.
18 사랑하는 선지자야!
19 "네, 여호와 하나님! 말씀하옵소서."
20 인간은 깨우칠 수가 없고 인간은 천사로 만들 수 없으며 인간은 하나가 될 수 없다고 생각하는 것과, 그들을 버리고 가고자 하는 네 두 마음을 내가 아느니라.
21 그러나 선지자야, 버릴 수가 없음이니라.
22 내가 그들을 다 구원한다 하였으며, 나의 에덴동산에 오를 자라 말하였으며, 너를 통하여 내가 그들에게 세례를 내렸음이니, 하나도 버리고 갈 수가 없음이니라.
23 어리석고 불쌍한 그 너의 제자들을 오뚝이와 같은 마음으로 네가 다스리고 어루만져야 할 것이니, 이것이 네가 가야 할 길이며 네가 행해야 할 길이니라.
24 네 손끝이 저려 옴을 내가 알고 있으며, 네 손끝이 아픔을 내가 아느니라.
25 그리하여 그들의 마음을 오뚝이처럼 다스려야 될 것이니라.
26 깨우치고 또 깨우치는 속에 나의 음성을 듣는 날이 있을 것이며 그들이 나를 볼 때가 있음이니라.
27 이 세상 많은 나의 피조물들이 나로부터 깨우침을 얻었고, 나로부터 선택되었으며, 나의 메시지를 받아 기록한 자들이 있음이니,
28 그들이 다 세상의 제왕과 같으며, 제왕이라 생각하는 그들이 네 앞에 와 법전을 읽으며 네 앞에 고개 숙여 나의 성령의 뜻을 듣는다 하나 그들의 마음이 정녕 너를 따르고자 함이 아니니라.
29 너를 시험하고자 하며 너를 검증하고자 하며 너를 걸러 보고자 하는 것이 그들의 마음에 같이 있음이니,
30 앞으로 모여드는 수많은 너의 제자들이, 그와 같은 자들이 너의 가르침을 믿는 것보다 너를 의심하고 너를 시험하며 저희들이 받은 일부분의 그 영광을 갖고 너를 덮고 누르려 할 것이니,
31 그때마다 네 마음에 파장이 인다면 너는 나의 선지자라 할 수 없음이니라.
32 농부가 봄에 씨를 뿌려 싹을 낼 수 있는 그 깨끗하고 알찬 이삭을 볼 수 있듯이 그들이 깨달을 날이 있음이니, 너는 알아야 할 것이니라.
33 그들은 그들의 정해진 길이 있으며, 그들이 해야 할 길에 제자리에 가 제 몫을 할 때가 반드시 있게 됨이니,
34 그날을 네가 오뚝이와 같은 마음을 갖고 기다림이 중요함을 알아야 할 것이니라.
35 사랑하는 선지자야!
36 "네, 여호와 하나님! 말씀하옵소서."
37 나의 법전을, 똑같은 나의 성령으로 기록된 이 법전을 읽는 것도 그의 노력에 따라 깨우치는 경지가 다르다 하였으니,
38 그들이 마음의 뿌리를 다 버려 나의 법전의 뜻을 바라볼 수 있는 눈이 뜨일 때까지 너는 인내하고 견디며 가야 할 것이니, 그리 알아야 할 것이니라.

1,691 번째 하나님 말씀

2001년 12월 6일 06시 20분

1 사랑하는 선지자야!

2 "네, 여호와 하나님! 말씀하옵소서."

3 나의 성전에 와 너의 제자들 앞에 와 말하기를, 제가 이 세상에서 가장 많이 깨우친 자며, 가장 많이 알며, 저의 깨달음이 가장 높으며, 저는 나 여호와를 보며, 나 여호와의 뜻에 행한다 생각하며, 저희는 구원받은 자라 말하는 자가 가장 낮은 자임을 너의 제자들이 볼 수 있는 눈을 뜨도록 그리 깨우쳐야 할 것이니라.

4 사랑하는 선지자야!

5 "네, 여호와 하나님! 말씀하옵소서."

6 이 성전에 와 제가 가장 깨달음이 높으며, 하늘의 이치를 알며, 구원을 받은 자며, 저보다 더 깨달음의 깊이가 있는 자 없다 말하는 자가 가장 낮은 자며 가장 어리석은 자이니, 그들을 사랑의 눈빛으로 네가 감싸야 할 것이니라.

7 내가 이 세상에 모든 나의 뜻을 전하는 것을 너를 통하여 전함이며, 네가 있는 이곳의 성전에서 나의 음성을 전함이니,

8 이곳이 내가 통제하는 세상에 가장 먼저 나의 뜻을 접하는 곳이며, 나와 가장 가까운 곳이며, 내가 항상 임하는 곳이거늘,

9 그러니 나의 뜻과 내가 행하고자 하는 것을 너처럼 아는 자 없으며 너의 제자들처럼 깨닫는 자 없거늘,

10 너희들 말에 훈장이라 하여 글을 가르치는 그 앞에 와서 문자를 쓴다는 말이 있듯이, 그와 같은 형국이 그들의 자세이니,

11 정답을 가지고 있는 네가 오답을 가지고 와서 말하는 자의 신경을 건드릴 이유가 없음이니라.

12 이 세상 너희들이 드리는 그 모든 기도가 이곳 나의 성전에 와 너를 통하여 하늘에 오른다 하면 그들이 믿겠는가?

13 모든 나의 피조물 만백성, 진정한 아름다운 마음이요, 사랑하는 마음을 깨달은 자, 나에게 구원을 부르짖는 그들의 기도가 다 너를 통하여 하늘에 올라와 나에게 전달된다 하면,

14 이곳 외에 더 정확한 곳이 어디에 있겠는가?

15 하늘에 오르는 빛을 볼 수 있는 곳이 이곳이거늘,

16 이 세상에 내려보내는 나의 뜻도 제일 일 번이요, 너희들이 드리는 그 기도가 하늘에 전달됨도 제일 일 번인 이곳에 와서 저 자신을 빛내고자 하며, 저 자신을 내세우고자 하며, 제가 누구인가를 부르짖고자 하는 그 어리석은 자가 이 세상에 가장 낮은 자이니라.

17 이곳은 나 여호와가 존재하며, 이곳은 하늘의 뜻을 전하는 곳이요, 만백성의 뜻을 전하는 선지자가 있는 나의 성전이라는 것을 먼저 깨닫는 자는 감히 고개를 들 수 없으며, 겸손히 앞에 있을 것이며, 겸손히 앞에서 그를 인도할 것이니,

18 그를 역행하는 자는 겸손을 깨달을 때

까지 다시 내려갔다 올라와야 함이니,
19 가장 낮은 자며 가장 어리석은 자가
와서 갑론을박하는 것을 너는 탓하지
말며 대답하지 말라.
20 이 이치를 깨닫는 자가 하늘에 오르는
빛을 보는 길을 향하여 걸어가고 있음
이니, 이곳에 와 잘났다 외치는 자, 지
옥의 먼 길로 걸어가면서 제가 가고
있는 것을 모름이니,
21 그 불쌍한 자를 뒤돌아서 걸어올 수
있도록 조용히 깨우치는 길만이 네가
해야 할 길임을 알라.
22 그 어리석은 자와 갑론을박하지 말라.
23 화약을 지고 불 속으로 걸어 들어가는
그 불쌍한 인생과 갑론을박을 한다 하
면 이는 있을 수도 없는 일임을 너의
제자들이 깨닫도록 그리하라.
24 그리하여 너의 제자들에게 화약을 지
고 불로 가고 있는 그 나의 피조물 만
백성과 갑론을박하지 않는 지혜의 깨
달음을 또한 가르쳐 줘야 할 것이니
그리 알라.

1,692 번째 하나님 말씀

2001년 12월 7일 06시 10분

1 사랑하는 선지자야!
2 "네, 여호와 하나님! 말씀하옵소서."
3 세상사 살아가는 이치는 생각하기에
달렸음이니라.
4 너희들이 지금 나의 성전에 와 내가
나의 선지자를 통하여 나의 성령을 내
려보내는 나의 음성을 직접 듣는 영광
을 받고 얻은 자,
5 세상의 모두를 다 던져 나의 선지자를
도우며 나의 법전을 전하는 일에 너희
들이 다 바쳐도 그 은혜 갚을 길이 없
다 생각할 수도 있는 것이며,
6 그러나 너희들이 또 반대쪽에서 생각
해 본다면 나 여호와의 성령을 세상에
내려보내 나의 선지자를 통하여 나의
음성이 세상에 전해지니, 이를 많은
사람들이 참석하여 듣는 것이 나의 뜻
이며,
7 너희들이 나의 성령의 뜻을 듣고자 하
여 새벽바람에 이곳에 오는 그 열정이
소중하고 값진 것이라 생각하면 그 또
한 값진 것이고 소중한 것이니,
8 하나를 놓고 마음먹기에 달린 것이
너희들이 살아가는 세상 이치며 하늘
의 뜻인 것이니라.
9 나의 성령을 받아 나의 피조물 만백성
을 구하는 선지자 네가 생각하기를,
나의 성령을 듣고 나의 성령을 직접
깨우치는 자들이 나의 성전을 위하여
저희들의 모두를 다 바쳐야 될 것이라
생각하면 그리 생각할 수 있는 것이며,
10 나의 음성을 듣고자 찾아오는 그들이
소중한 것이며 찾아와 줌이 감사하고
고맙다 생각하며 네가 기억하지 못하
는 나의 음성이요, 나의 뜻을 그들이
기억하여 전할 수 있는 그들의 수고로
움을 사랑으로 보면 그 사랑이 끝이
보이지 아니함이니,
11 이것이 바로 너희들이 생각하는 차이
인 것이니라.
12 여기서 선지자 너는 나의 피조물 만백
성이 와 나의 음성을 듣고 깨우치는
것을 사랑으로 받아들이며 네가 기쁜
마음을 갖고 있음이니,

13 내가 오늘 너에게 이와 같은 이치를
깨우침은 나의 피조물 만백성을 구한
다 하여 성전이라는 것을 지으며 설교
하여 가르치는 자들이 생각하는 것이
전자와 후자와의 그 차이점에서 너는
후자를 선택하나,
14 그들은 전자의 것을 생각하고 있으니,
저희들이 설교요, 설법을 하니 그에
대한 대가를 받아야 한다 하여 그들이
바로 각종 헌금이요, 금화와 은화를
거둬들이기에 혈안이 되어 있는 그와
같은 형국이니,
15 이 이치 하나를 깨닫고 너희들이 생각
하여도 훌륭한 농부가 새봄에 새싹이
날 수 있는 알찬 씨앗인가 아닌가 하
는 것을 구분할 수 있는 안목이 여기
에 있음이니라.
16 수십 년 동안 나의 피조물 만백성을
구하겠다 하여 성서를 갖고 공부하며
가르쳐 만백성을 구한다는 자들이 저
희들의 수고로움의 그 대가를 받아야
된다 하여 거둬들이는 그 사악한 행위
를 하고 있으나,
17 너는 내가 너를 통하여 내리는 음성을
많은 사람들이 와 그저 거저 들어주지
아니하는 것을 마음 아프게 생각하고
있느니라.
18 수십 년 동안 성서를 공부하여 깨우쳤
다 하며 단잠 안 자고 저희들이 눈물
의 기도를 드리며 각종 깨우친 자들
앞에 깨달음을 얻고자 공부하고 연구
했다는 그들은 저희들의 수고에 대한
것을 거둬들이고자 하나,
19 아무것도 모르는 너는 그 대가를 받지
아니하고 거둬들이지 아니하며, 그저
나의 음성을 네가 전하는 그 마당에
많은 이들이 와 그 군중의 무리를 이
루는 것을 영광으로 생각하고 있음이
니,
20 믿음이라는 것으로 말하면 세상의 모
든 세파를 겪고 너희들이 이야기하는
60에 환갑이 넘은 자들, 인생사에 경
험을 하여 알고 있는 힘이 넘치는 그
들은 그 수고로움을 받으려 하며,
21 지금 세상에 갓 태어나 걸음마도 떼지
아니한 자요, 걸음마를 배우는 너는
남을 위하여 어려운 길을 가면서 수고
로움의 대가를 받지 않는다 생각하면,
22 과연 어느 누가 참진리이며, 아름다우
며, 내가 추구하여 깨우쳐 이르는 나
의 진정한 선지자요, 나의 종이요, 나
의 자식이라 말할 수 있는가?
23 누가 나의 뜻을 전하여 나의 피조물
만백성을 구하고자 나로부터 선택된
자라 생각하는가?
24 너희들은 무당이나 점술가를 이단이
요, 사탄이요, 사악한 무리라 말하느
니라.
25 그들이 무엇을 추구하느냐?
26 남들의 손바닥을 한 번 펴 보고 그들
에게 재물을 받으며 그들의 안위를 위
하여 정성을 들인다 하여 고깔 쓰고
춤을 추는 자들이 춤을 추며 무엇을
원하더냐?
27 그들은 금화와 은화를 거둬들이며 대
가를 받음이니,
28 지금 성전이라는 것을 지어 놓고 그
단상에 서서 나의 피조물 만백성을 인
도한다 하며 떠드는 자들이 거둬들이
고 금화와 은화를 받아들이는 그 행사

를 치르고 있다 하면, 그들이 바로 무
당이요, 사악한 자들이니라.
29 그리고 그들이 세 치의 혀로써 나의
피조물 만백성을 감언이설로 눈가림
하며, 남의 손바닥을 만져 보고 돈을
거둬들이는 자들과 똑같으니,
30 여기서 너희들은 하나를 깨우쳐야 할
것이니라.
31 남에게 만 원을 빌려 주고 그 이자를
받아들이는 자도 금융 사업이라 말하
고, 크나큰 은행이라 하는 건물을 지
어 놓고 많은 종업원을 두고 이윤을
거둬들이는 자도 또한 금융 사업이라
하며,
32 그리고 많은 돈을 가지고 사악한 방법
으로써 돈을 거둬들이는 그들도 또한
금융 사업이라 하니,
33 그중에서 가장 악랄하고 사악한 방법
으로써 무자비하게 이윤을 거둬들이
는 사채업자라 말하는 그들이 바로 너
희들의 종교 지도자들의 형태와 똑같
음이니라.
34 불쌍한 자가 적은 돈은 빌리고 갚지
못할 때 그들의 몸을 사고팔며 그들의
인생을 짓밟아 놓는 그 사악한 인간들
의 금융 사업보다,
35 지금의 종교 지도자들이 나의 피조물
만백성을 구하겠다 하여 설교하고 소
리 지르며 악쓰는 그 형국이 더 잔인
한 형국임을 알아야 할 것이니,
36 그들은 돈을 빌려 주고 돈의 이윤을
받으며 육신의 고달픔을 아나, 너희
종교 지도자들은 금화와 은화를 받아
들이면서 나의 피조물 만백성이 영원
히 살 수 있는 하늘에 오르는 그 길을
못 오도록 망쳐 놓음이니,
37 그 죄가 얼마나 무섭고 그 죄의 대가
를 치르는 길이 어떠한 길인가를 너희
들은 죽어 내 앞에 와야 알게 될 것이
니 그리 알라.
38 이와 같은 이치 하나를 너의 제자들에
게 깨우쳐 바르고 옳은 길을 갈 수 있
도록 인도해야 할 것이니 그리 알라.

1,693 번째 하나님 말씀

2001년 12월 7일 21시 35분

(강론을 마치며)

1 사랑하는 선지자야!
2 "네, 여호와 하나님! 말씀하옵소서."
3 수십억의 인구요, 수천억의 인구를 구
원하고자 하는 깃발을 들고 '나를 따
르라!' 하며 달려가는 자, 백기를 들고
'나를 따르라!' 하여 소리 지르고 달리
는 자를 무리가 따라가듯이 너희들이
그와 같은 일을 지금 시행하고 실천하
고 있음이니라.
4 너의 제자들에게 이르라.
5 너의 제자들에게 75라는 숫자를 기록
하도록 하라 이르라.
6 너희들의 명이 75세로 세상을 마친다
생각할 때, 너희들에게 지금 남은 세
월이 얼마나 되는가를 계산해 보도록
하라 이르라.
7 너희들은 인생을 4등분 했을 때, 4분
의 3을 산 자가 있으며, 더러는 5분의
1밖에 남지 않은 자가 있을 것이며,
더러는 2분의 1이 남은 자가 있을 것
이니라.
8 4분의 3을 살아온 너희들이 추하고

더럽게 살아온 그 인생 중에 혈기 있
고 젊음이 있고 용기가 있으며 희망이
있는 인생을 다 살아오고 이제는 넷
중에서 하나밖에 남지 않았으니,
9 너희들이 황혼 길에 접어든, 인생의
삶을 마감하는 단계가 아니더냐?
10 셋이라는 숫자를 잘못 살아오고 험악
하게 살아온 너희들이 그 인생의 넷
중에 하나를 놓고 하늘에 오르는 길을
깨달으며, 내가 존재함을 깨닫고,
11 내가 너희들에게 살라 하는 그 명에
따라 살아오다 하늘에 와 은혜와 축복
을 받으며 영원히 사는 나의 에덴동산
에 올라올 수 있는 그 기간이라 생각
할 때,
12 너희들이 얼마나 큰 은혜와 영광을 받
은 자라 할 수 있겠는가?
13 너희들은 부끄러운 줄을 알며, 돌이켜
생각할 줄을 알아야 될 것이니라.
14 너희들이 75세로 인생을 마친다 생각
할 때, 4분의 3을 산 자 있으며, 4분의
2를 산 자가 있으며, 또는 다섯으로
나눴을 때 넷을 살고 너희들의 인생이
하나밖에 남지 않은 자 있으니,
15 그 남은 인생에 너희들이 하늘에 오르
는 길을 보고 하늘에 오르는 빛을 보
고 나 여호와가 존재함을 알며 나의
성령을 태워 선지자를 통하여 내려보
낸 나의 음성을 듣고 나의 계명을 읽
고 깨우치는 너희들이 얼마나 축복을
받은 자이던가?
16 너희들이 감히 딴 생각을 할 수 있고
너희들이 육신의 생각을 할 수 있다
생각하느냐?
17 사랑하는 선지자야!
18 "네, 여호와 하나님! 말씀하옵소서."
19 너의 제자들에게 이르라.
20 험악하고 잘못 살아온 4분의 3의 그
인생은 다 이미 날아갔음이니, 너희들
이 넷 중에 하나밖에 남지 않은 그 인
생을 아름답게 살아 구원을 받을 수
있는 기회를 얻었고 나에게 선택되었
으니,
21 4분의 3의 잘못 살아온 너희들의 지
난날의 모든 죄를 내가 용서해 주며,
남은 인생을 너희들이 나를 향하여 기
도하고 나를 경배하며, 하늘에 오르는
길을 향하여 살아올 수 있는 은혜를
내가 너희들에게 내렸음이니,
22 이 은혜와 은총을 받은 너희들이 어찌
살아야 되겠는가?
23 나 여호와를 대신하여 육신을 가지고
너희들에게 나의 성령을 태워 내려보
내는 나의 뜻을 전하는 선지자의 마음
에 파장을 이루는 행위를 해서는 아니
될 것이니라.
24 이것이 너희들이 지키고 가야 할 길임
을 오늘 너희들이 깊이 깨달아야 할
것이니 그리 알라.

1,694 번째 하나님 말씀

2001년 12월 8일 06시 10분

1 사랑하는 선지자야!
2 "네, 여호와 하나님! 말씀하옵소서."
3 네가 나로부터 나의 피조물 만백성을
구하기 위하여 내 가슴을 태워 내려보
내는 성령을 받아 기록하며 열여섯 권
의 법전을 세상에 내었으니,
4 이 세상 나의 피조물 만백성 중에서

내가 불로 직접 써 너희들에게 지키고
하늘에 올라오라 한 이 계명을 너보다
많이 암송한 자 없으며 너보다 더 갈
구한 자 없음이니,
5 오늘에 와 네가 어린아이의 눈동자와
같은 마음으로 변하여져 있으며 그와
같이 살아가는 너의 모습을 나 여호와
는 아느니라.
6 이 세상에 누가 뭐라 해도 속과 겉이
다르고 말로써는 계명을 지킨다 하나
행동은 그리하지 못하는 것이 나의 피
조물 만백성이니,
7 네가 육신을 가진 똑같은 인간으로서
계명을 지키고 그에 따라 살아가는 그
모습 하나로써 나의 피조물 만백성이
너를 보는 그 깊이와 눈빛이 달라짐을
깨달아야 할 것이니,
8 이 세상 나의 피조물 만백성 중에 계
명을 너보다 더 암송한 자 있으며 너
보다 더 지키는 자 있거든 네 앞에 와
갑론을박을 해도 된다 네가 말하며,
9 그들에게는 네가 지금까지 살아온 너
의 그 모두를 다 보여 줄 수 있음이니
라.
10 내가 나의 피조물 만백성을 구하며 그
들의 살아가는 그 지표요, 근본인 십
계명을 세상에 내려보냈으나, 그들은
이러한 이유요, 저러한 이유요,
11 이러한 뜻이요, 저러한 뜻으로 저희들
의 육신의 안일을 위하여 그를 지키지
아니하였으며, 그를 회피해 왔으며,
12 물이 높은 곳에서 낮은 곳으로 흘러가
듯이 저희들의 육신의 편안함을 위하
여 나의 계명을 이리 비키고 저리 비
켜 흘러온 것이 그들의 삶이었느니라.
13 나로부터 명받은 선지자요, 나의 종이
요, 나의 아들이라 함은, 아비의 뜻에
따라 시행하는 것이 자식의 도리이니,
14 구약의 시대와 신약의 시대를 지나 나
의 계명을 가장 많이 가슴속에 암송하
고 이를 부르짖으며, 네가 스스로 이
를 실천하는 백성으로서 가고자 하여
네 인간의 그 고통을 인내하며 그 길
을 가고 있음이니,
15 이제 갓 엄마의 젖을 뗀 아이의 그 곱
고 아름다운 눈동자와 같은 너 자신이
되어 있음이니, 오늘의 네가 변화된
형국이 지금 이와 같이 와 있음이니라.
16 내가 너를 사랑함이니, 너 스스로 갈
고 닦아 일어서는 그 모습이 나의 피
조물 만백성의 빛이 되기에 한 점의
부끄러움이 없도록 네가 그와 같이 변
하여 감을 하늘이 알고 내가 내린 나
의 동산인 지상이 알고 있음이니,
17 내가 그리하여 네 마음에 파장을 이루
는 자를 용서할 수 없다 하였음이니라.
18 사랑하는 선지자야!
19 "네, 여호와 하나님! 말씀하옵소서."
20 마음은 변하나 그 육신의 행동이 변하
기가 힘들며,
21 육신은 변하고자 하나 그 정신이 변하
지 못하며, 계산이 변하지 않으며, 손
익을 따지는 그 생각과 계산이 변하지
않는 것이 너희들이거늘,
22 정신의 변화요, 육신의 변화요, 행함
을 지키는 너는 세상에 단 한 사람이
니,
23 그리하여 나의 선지자요, 나의 종이
요, 나의 아들의 대명을 수행하고 있
음이니라.

24 너의 제자들에게 이르라.
25 지키고 살 수 있음이라, 그리고 실행
하고 실천할 수 있음이라는 것을 너의
제자들에게 일깨워 주어야 될 것이니
라.
26 네가 바로 서 바로 갈 수 있음이니, 너
의 제자들 또한 그리 갈 수 있음이니
라.
27 사랑하는 선지자야!
28 "네, 여호와 하나님! 말씀하옵소서."
29 네가 갈구하는 것이 무엇이며, 네가
가고자 하는 것이 무엇인가를 나 여호
와가 알고 있음이니라.
30 단단하지 아니한 벽돌로 성벽을 이룬
다면 그는 주저앉음이니, 네가 더 단
단한 벽돌이 되게 하기 위하여,
31 오늘처럼 더 단단하게 굳어지는 그와
같은 벽돌로써 성벽을 이루고자 하여
너를 달구었음이니라.
32 이제는 네 마음에 구워진 그 돌로, 그
벽돌로 성곽을 이룰 수 있음이니….
33 "여호와 하나님! 아직도 부족하옵나
이다.
34 아지랑이같이 흔들리고 있는, 아지랑
이와 같은 그 안개가 제 눈앞에서 걷
어져야 될 것이며, 아지랑이처럼 아른
거리는 저의 그 마음이 더 굳어져야
되겠나이다.
35 모든 은혜와 은총을 거두어 주옵소서.
36 여호와 하나님께서 말씀하시기를, 완
전히 굳어진 벽돌로써 성곽을 쌓아야
비바람에 견딜 수 있다 하셨으며, 지
축을 흔드는 천둥에도 그 성벽이 견딜
수 있다 하셨으니, 저는 아직도 멀었
사옵니다.
37 제 시련의 고통이 더한다 하여도 제
마음의 벽돌이 더 굳어질 수 있도록
하여 아버지께서 원하시는 완벽히 익
은 벽돌로써 그 성곽의 기초가 되고자
하여 이와 같이 저의 눈물의 기도를
드리옵나니, 더 기다려 주옵소서.
38 여호와 하나님! 조금만 기다려 주옵
소서.
39 제가 완전히 익은 벽돌이 되어 성곽을
이루는 데 단단한 기초가 될 수 있을
때까지 저에게 내리는 은혜를 거두어
주옵시고,
40 더 시련과 고통 속에서 제가 견딜 수
있도록 그리하시어, 그 시련과 고통
속에서 하나하나 제 마음을 다스려 가
저의 제자들에게, 저를 따르는 만백성
에게,
41 모든 종파에서 하늘에 오르는 길이라
하여 소리 지르는 그들에게 한 점의
부끄러움이 없는 사람으로서 설 때,
42 저에게 은혜와 은총을 내려 주신다 하
여도 늦지 않사옵나이다.
43 저는 더 이상 바랄 것이 없으며, 더 이
상 원하는 것이 없사옵나이다.
44 조금만 기다려 주옵소서.
45 조금만 더 저에게 시련과 고통을 주옵
소서.
46 여호와 하나님!
47 이 지구상에서 하나님의 피조물 만백
성을 구하는 대명을 이루며, 여호와
하나님 앞에 나가 한 점의 부끄러움이
없는 당당한 모습으로서 제가 일어설
수 있도록, 저에게 시련과 고통을 더
주옵소서, 아버지!"
48 사랑하는 선지자야!

49 "네, 여호와 하나님! 말씀하옵소서."
50 가벼운 짐도 지고 멀고 먼 길을 가면
몸이 무겁다 하였음이니라.
51 태산보다도 더 높은 무게를 지고 개미
허리로써 그걸 받치고 걸어가는 그러
한 역경을 네가 견디어 온 것과 같음
이니,
52 개미허리와 같은 나약한 그 허리로 태
산과 같은 무게를 짊어지고 네가 걸어
가겠다 하여 나에게 명을 받아 걷기
시작하여 지금에 이르렀으니,
53 그 개미허리에 있는 태산보다 무거운
그 짐을 내가 하나씩 덜어 줌이 내가
너를 사랑함이 아니더냐? 이것이 나
의 뜻이거늘….
54 "여호와 하나님!
55 저는 육신을 가지고 있사옵나이다.
56 조금만 더 그 무거운 짐을 지고 갈 수
있도록 저를 놓아 주옵소서.
57 하나님의 은총과 은혜로써 덜어지는
그 가벼운 것은 싫사옵나이다.
58 정녕 부끄럽고 싫사옵나이다.
59 제가 조금만 더, 조금만 더 견딜 수 있
도록 저에게 시련과 역경을 주옵소서.
60 제가 조금 더 시련을 겪고 제가 어려
운 이 길을 감으로 인하여 저의 제자
들 한두 사람을 더 구원할 수 있으며,
61 그들의 그 검은 눈동자에서 갈망하는
것을 이룰 수 있도록, 그들을 하나라
도 더 이끌어 갈 수 있도록 저에게 기
회를 주옵소서.
62 이제는 가시밭길도 갈 수 있사옵나이
다.
63 아무리 험악한 길이라도 갈 수 있사옵
나이다.
64 제 마음이 그와 같은 험악한 가시밭길
이 아무런 고통이 아니라 생각되오며
갈 수 있사오니, 저에게 조금만 더 시
련의 고통을 주옵소서.
65 더 주옵소서.
66 그 속에서 깨달음이 있으며, 그 속에
서 아름다움이 있으며, 그 속에서 아
버지께 가는 길을 볼 수 있사오며, 저
자신이 굳건히 설 수 있사옵나이다."

1,695 번째 하나님 말씀

2001년 12월 9일 06시 10분

1 사랑하는 선지자야!
2 "네, 여호와 하나님! 말씀하옵소서."
3 내가 너에게 일러 말하기를, 세상에
모든 나의 뜻이요, 나의 성령은 너를
통하여 전하며, 모든 나의 피조물 만
백성의 기도 소리를 나의 성전이요,
네가 있는 곳을 통하여, 너를 통하여
내가 들음이라 말하였으니,
4 네가 얼마만큼 아름답고 고우며 깨끗
하게 가야 하는가를 너는 스스로 깨달
아 행해야 함이니라.
5 어떠한 누가 나의 뜻을 받아 기록한다
말하며 저희들이 무엇을 만들어 내나,
그는 나의 뜻이 아님을 너는 알아야
될 것이니라.
6 이 세상에 선지자는 단 한 사람이요,
나의 성령을 받아 기록하여 나의 피조
물 만백성을 구하는 대명을 맡은 자는
너 한 사람이니, 나의 법전 외에는 아
무것도 나의 뜻이 아님을 너희들은 알
아야 할 것이니라.
7 두 사람의 선지자가 있어 나의 성령을

받아쓴다 하면 이는 잘못됨이니라.
8 누구도 나의 성령을 받아 이 세상에
책이라 하여 나의 법전을 전할 자 없
고 만들 자 없으며, 그는 존재하지 아
니함이니,
9 네가 가는 길이 얼마나 소중하며, 네
가 나로부터 성령을 받아 나의 뜻을
기록하여 만백성에게 전하는 그 대업
이 얼마나 위대한 일인가를 너는 어찌
그리도 모르는가?
10 사랑하는 선지자야!
11 "네, 여호와 하나님! 말씀하옵소서."
12 내가 수차 너에게 일렀으니, 내면과
외면의 마음이 같아야 한다 하였으니,
13 네가 나로부터 깨달음과 행함이 일치
되어야 할 것이며, 그것만이 네가 나
의 종이요, 나의 선지자로서 나의 대
명을 이룰 수 있음이니라.
14 나에게 오르는 길은 산을 넘고 또 넘
어 또 앞에 산이 기다리고 있음이니,
그 산을 정복하고 또 정복하는 것이
며, 그것이 나의 뜻을 받아 기록하는
자의 가는 길이니라.
15 내가 너희들에게 일러 말하기를, 나의
뜻이요, 나의 가르침은 끝이 없다 하
였으니, 그 끝이 없는 나의 성령의 뜻
을 나의 만백성에게 전하는 길은 네가
숨을 거둬 나에게 오를 때까지 지속될
것이며,
16 그리하여도 나의 성령을 나의 피조물
만백성에게 다 기록하여 남기지 못함
이니, 내가 너에게 기도와 묵상으로
살아가라 함이 여기에 있음이니라.
17 네가 기도와 묵상으로 일관함으로써
나의 성령을, 나의 피조물 만백성을
구하는 그 뜻을 많이 기록하여 세상에
전할 것이며,
18 네가 게으르고 늦장을 부리는 만큼 너
는 나의 뜻을 나의 피조물 만백성에게
전하지 못하고 오게 됨이니,
19 너의 힘들고 어려운 오늘의 생활에 너
자신을 네가 돌아다봐서는 아니 될 것
이니라, 선지자야!
20 네가 갈 수 있는 길만큼 내가 너를 보
살핌이며, 네가 쓰러지게 내가 너를
놔두지 아니함이니, 오늘에 가는 길을
네가 괴로워해서는 아니 될 것이니라.
21 네가 오늘에 지키고 가는 그 길이 힘
들고 어려우며 고통스럽다 말한다 하
면 너는 견딜 수 없는 수렁으로 빠져
들어감이니라.
22 사랑하는 선지자야!
23 "네, 여호와 하나님! 말씀하옵소서."
24 너의 제자들에게 이르라.
25 네가 바로 설 수 있도록 너를 격려해
주고 너를 부축해 주며 너에게 용기를
주는 것이 너의 제자들이 해야 할 길
이거늘, 너의 마음에 파장을 이루는
자, 용서할 수 없음을 너의 제자들이
스스로 깨달아야 할 것이니라.
26 그들이 구원의 빛을 보며 나의 법전을
가슴에 안고 정독하는 그 하나로써 저
희들이 세상 것을 다 주고도 얻을 수
없는 것을 얻었거늘,
27 선지자의 가는 길에 길을 쓸어 주는
역할을 하지 않는 너의 제자 또한 저
희들이 죽어 나에게 왔을 때, 저희들
의 속마음의 그 거울에 심판을 받음이
니,
28 그때 내 앞에 와 얼굴 붉히고 돌아서

는 제자가 되지 말도록 이 이치를 깨
우쳐야 할 것이니 그리 알라, 선지자
야!
29 너와 더불어 가는 것이 너의 제자들이
니라.
30 너와 더불어 한 길을 가는 것이 너의
제자들이니, 한 길을 더불어 가야 하
는 자가 네 마음에 파장을 이룬다 하
면 그 죄가 얼마나 무서운가를 그들이
죽어 내 앞에 왔을 때 알 것이니,
31 저희들의 속마음과 겉마음이 유리알
처럼 비쳐지는 저희들의 그 심판대
앞에 서서 스스로 고개 숙이며 저희들
이 받아야 하는 그 죄의 대가에 스스
로 걸어가는 그와 같은 형국이 이루어
질 수 있음이니,
32 한 점의 부끄럼이 없는 깨끗한 마음으
로 오로지 선지자를 따르는 길만이 그
들이 지키고 행해야 할 길이라는 것을
깨우쳐 줄 때가 되었음이니 그리 알라.

1,696 번째 하나님 말씀

2001년 12월 9일 12시 10분

(강론을 마치며)

1 사랑하는 선지자야!
2 "네, 여호와 하나님! 말씀하옵소서."
3 구약이라는 그 길고도 긴 세월이 흘러
왔으며, 신약이라는 세월이 또다시 너
희 앞에 와 지금까지 도래해 왔음이니,
4 그 역사 속에서 많은 나의 피조물들이
하늘에 오르는 길이라 하여 기도하고
경배하고 또 깨우침을 얻고자 하였음
이니,
5 이는 성서의 깊이와 성서에 숨어 있는
그 비밀의 열쇠를 누가 얼마만큼 열어
서 나의 피조물 만백성을 잘 가르치고
인도했느냐에 따라서 나의 성서의 그
깊은 뜻을 알게 됨이니라.
6 그러나 나의 피조물 만백성 너희들은
욕심이요, 사리사욕이요, 너희 자신의
부귀와 영화요, 너희의 공명을 위하였
기에 나의 성서에 깊이 숨어 있는 그
비밀의 상자를 연 자가 없음이니,
7 몇천 년의 역사 속에서 이 얼마나 나
여호와의 마음이 아팠으며, 내 가슴으
로 그리도 내가 울었는가?
8 너희들의 육신의 자식이 너희 앞에 가
는 것도 너희들이 그 고통을 견디지
못하거늘,
9 나는 나의 피조물 만백성을 위하여 성
령으로 잉태하여 세상에 내보낸 나의
아들 예수의 그 목숨을 거둬들이면서
까지도 너희들이 성서의 그 상자를 열
기를 원하였음이니라.
10 몇천 년의 역사가 흘러오면서 나의 뜻
이 숨겨 있는 그 성서의 상자의 열쇠
를 열지 못하여 오늘 나의 법전을 너
의 맑은 머리에 전하여 열여섯 권의
법전을 만들어 세상에 전하면서,
11 내가 너의 깨우침과 너의 경지가 오름
에 따라서 네가 누구와도 대적할 수
있는 성서의 비밀을 한 구절 한 구절
그 상자를 열어 너에게 꺼내 전하여
주니,
12 오늘에 너희들이 이루고자 하는 그 역
사가 성서의 비밀 속에서 이루어져 감
이니, 이를 알아야 할 것이니라.
13 이 세상 나의 피조물 만백성은 하늘을
향하여 저희가 무엇을 깨우치고 무엇

을 얻고자, 참된 진리가 무엇이고 내
가 갈구하는 것이 무엇인가를,
14 그를 깨닫기 위하여 평생을 바친 자들
이 있으며, 지금도 자기 인생을 다 바
쳐 그를 공부하는 자들이 있느니라.
15 네 앞에 와 있는 너의 제자들 또한 각
종 믿음의 성서와 기적을 이루는 자
앞에 가 기도를 드렸으며, 그들의 음
성이 저희들의 눈을 뜨게 하며 저희들
의 귀를 열어 주는가 하여 목메어 갈
구하며 찾아다닌 자가 수없이 많이 있
으며, 성서라는 것을 수없이 정독하고
읽은 자들이 있음이니라.
16 그리고 지금 이 시간에도 나의 종교
지도자요, 나의 뜻을 받은 자라 하여
나의 피조물 만백성을 하늘에 오르는
길로 인도한다 하여 성서를 공부하며
이를 설교하고 가르치는 자 수없이 있
으며,
17 네 앞에 와 있는 너의 제자들 또한 평
생 동안 이를 갈구하고 공부한 자들이
니라.
18 모든 종파에 가서 깨우치고자 노력한
자가 너의 몇십 배 공부를 한 자들이
며 깨우침을 얻고자 한 사람들이니라.
19 평생을 성서를 공부하여 나의 피조물
만백성을 구하고자 단상에 서서 설법
하는 자, 네 앞에 와 모두를 깨우치고
자 갈구하던 너의 제자들 또한 성서
요, 믿음의 공부를 너와 견주어 본다
면,
20 너는 계란이요, 그들은 알을 품어 새
끼를 세상에 내놓을 수 있는, 새 생명
을 탄생시킬 수 있는 어미가 알을 품
고 있는 그와 같은 차이가 있음이니라.
21 그들과 견주어 보아 성서의 믿음을 따
진다면, 그들은 알을 품어 새 생명을
탄생시킬 수 있는 어미 닭의 위치에
와 있으며, 너는 아직 새 생명도 깨어
나지 않은 알 속에 있는 것과 같으니,
22 생명이 태어나지도 아니하고 알 속에
있는 그와 같은 믿음을 가지고 있는
네가 성서의 비밀이요, 성서에 숨어
있는 것을 하나하나 나의 피조물 만백
성에게 꺼내어 가르치고 일깨워 준다
하면,
23 이는 사탄이 할 수 있다 생각하는가,
마귀가 이를 할 수 있다 하는가? 그리
고 성서에 통달한 자가 너희들에게 이
와 같은 지혜를 줄 수 있다 하는가?
24 누군가 너에게 그 성서의 비밀을 깨우
쳐 줘 태어나지도 않은 계란과 같은
너의 성서의 믿음의 그 상식과 지식을
갖고 성서에 숨어 있는 그 상자의 열
쇠를 열어 하나하나 너의 제자들에게
일깨워 주어 길을 인도한다 하면, 이
는 누구만이 너를 인도하고 깨우쳐 줄
수 있다 생각하느냐?
25 어미 닭과 계란에 견주어 보는 그와
같은 형국에서 계란과 같은 네가 어미
닭을 깨우쳐 주고 인도하고 가르쳐 줄
수 있으며,
26 그들의 눈과 귀로 보고 들을 수 있도
록 열어 주며, 그들이 느낄 수 있도록
네가 그들의 머리에 지혜를 심어 준다
하면, 이는 아무도 할 수 없음이니라.
27 말도 못 하고 형체도 없는 계란이 어
찌하여 어미 닭에게 교육을 시키며 그
길을 가르쳐 줄 수 있겠는가?
28 그와 같은 형국이 지금 네가 앉아 있

는 믿음의 형국이니라.
29 이는 나 여호와만이 할 수 있으며, 나
여호와만이 너에게 모든 성서의 비밀
의 상자 속에 있는 하나하나를 깨우쳐
너의 제자들에게 일깨워 줄 수 있음이
니라.
30 오늘 너희들이 이와 같은 뜻을 깊이
깨우쳐야 할 것이며,
31 아무런 성서의 지식이 없는 나의 선지
자가 너희들이 감히 생각할 수 없는
성서의 비밀을 하나하나 너희들에게
일깨워 준다 하면, 이가 곧 나의 선지
자요, 나의 종이요, 나로부터 선택되
어 나의 피조물 만백성을 구하고자 하
는 자이니,
32 그가 너희들에게 전하는 뜻을 하나하
나 너희들 가슴속에 깊이 새겨 너희들
의 양식으로 삼아야 될 것이며,
33 너희들이 나가 나의 피조물 만백성을
인도하고 일깨워 주는 너희들의 양식
으로 삼아야 할 것이니라.
34 내가 다시 선지자를 통하여 너희들에
게 이르나니, 나의 열여섯 권의 법전
을 세 번 이상 너희들이 정독했을 때,
너희들이 많은 자들 앞에 가서 강론할
수 있음이니, 이를 깊이 명심하여 시
행하도록 해야 할 것이니라.

1,697 번째 하나님 말씀

2001년 12월 10일 09시 30분

1 사랑하는 선지자야!
2 "네, 여호와 하나님! 말씀하옵소서."
3 네 마음의 갈등과 네 마음의 아픔을
내가 아느니라.
4 그러나 그 여인은 떠날 때가 되었음
이니라.
5 그는 그대로 갈 길이 있으며, 네가 인
간적인 생각에서 그리 안타까운 마음
을 가지고 그의 처지와 모두를 생각하
여 주저앉고 양보한다 하면 그는 사악
한 무리의 씨앗을 키우게 됨이니,
6 나의 성전에 와 기름을 언제 부을지
모르는 그와 같은 형국의 여인이 되었
음이니라.
7 내가 너에게 말하였느니라.
8 나 여호와를 따르며 나 여호와의 존재
함을 믿는 자는 너를 따르며 너를 사
랑하는 자라 하였음이니,
9 너를 사랑하지 아니하며 너를 배척하
고 너를 험담하는 자, 그 사악한 마음
은 나 여호와가 존재함을 인정하지도
아니하려 함이니,
10 그가 지껄이는 말이 어찌하여 나의 뜻
이라 말할 수 있는가?
11 나의 열여섯 권의 법전이 나의 뜻이
요, 나의 성령이라 생각하며 깨닫는
자, 이는 나의 선지자 너를 사랑함이
요, 너의 뜻을 따름이니,
12 이는 곧 나 여호와가 존재함을 믿고
나에게 순종하며 나를 따르는 자와 같
음이니라.
13 나의 열여섯 권의 법전은 나의 성령이
라 말하면서, 이를 받아 기록하는 나
의 선지자요, 나의 종이요, 나의 아들
너는 인정할 수 없다 하여 너를 비방
하고 욕하는 자는 그 사악한 마음의
뿌리가 있음이니, 그는 나 여호와를
인정하지 아니하려 하며 나 여호와를
따르려 하지 아니함이니라.

14 너희들 인간사에 살아가면서 좋은 친
구에게 친구를 소개해 주었을 때, 소
개해 준 친구를 배제하고 직접 그 친
구와 교류하며, 저를 소개해 준 친구
를 배척하고 험담하고 헐뜯는다 하면
그는 진정한 친구가 아님이니 그를 버
릴 수밖에 없는 이치이니라.
15 내가 나의 성령을 태워 내려보내 이를
기록하여 열여섯 권의 법전을 만든 나
의 선지자를 따르지 아니하며 배척하
는 자, 나에게 직접 제가 무엇을 들으
며 무엇을 얻었다 하는 자, 이는 소개
해 준 사람을 배신하며 배척하는 행위
와 같으니,
16 이를 나 여호와가 어찌 묵과하고 내가
그를 용서하며, 내가 그러한 자에게
어찌하여 내 음성을 들려준다 생각하
는가?
17 일찍이 그러한 자는 싹을 잘라야 함이
니라.
18 사랑함과 용서함도 길이 있고 한계가
있으며, 용서할 것과 용서하지 못할
것이 있느니라.
19 절대 용서하지 말라.
20 그리하여 그가 나를 망령되게 파는 자
가 되었으며, 나를 욕되게 하는 자가
되었음이니라.
21 앞으로 그러한 자 수없이 나올 것이
며, 나의 성전에 와 공부하고 나의 뜻
을 연구하는 착하고 순박한 그들의 마
음에 파장을 이루며 그들을 유혹하는
사탄의 머리가 되고자 하는 자들이니,
아예 그를 용서해서는 아니 될 것이니
그리 알라.
22 이 뜻을 너의 제자들에게 전하여, 맺
고 끊음을 확실히 하도록 그리하라,
선지자야!

1,698 번째 하나님 말씀

2001년 12월 11일 06시 20분

1 사랑하는 선지자야!
2 **"네, 여호와 하나님! 말씀하옵소서."**
3 나의 성전을 찾는 자, 나의 법전을 읽
고 깨우쳐 너를 따라와 공부를 하겠다
하는 자, 너의 제자들 모두의 가슴에
심어 줘야 될 것이 있으니,
4 '나 여호와가 존재함을 믿는 그 자체
가 구원의 길에 들어서는 기본이요,
근본이라' 하였으니, 나 여호와가 존
재함을 확실히 믿는 그 마음부터 먼저
다스리며 그들이 깨우쳐야 할 것이니
이것이 제일이요,
5 나 여호와가 존재하기에 저희들이 죽
어 나에게 와 심판을 받으며, 심판에
따라 지옥과 천당이 있으며, 나에게
올라와 나의 은혜 속에 영원히 나의
낙원에서 사는 영광이 있다는 그것부
터 가슴속에 뿌리를 내리지 못하는 자
는 지나가는 낙엽 떨어지는 모습과 부
는 바람에 저희들의 마음이 흔들림과
같음이니,
6 이를 먼저 심어 줘야 될 것이니 그리
알라.
7 그리고 '나의 법전을 가슴에 안고 정
독하는 자, 반석 위에 일어서서 하늘
에 오르는 찬란한 빛을 보는 영광을
얻게 된다.' 하였음이니, 모든 답은 다
이 두 구절 속에 있건만 너희들은 그
이치를 깨닫지 못하고 그를 시행하지

못함이니,
8 이 두 가지의 뜻을 깨닫지 못하는 자
는 평생을 네 앞에 와 공부한다 하며
나의 법전을 읽고 또 깨우쳐 나의 성
전에 와 공부한다 하여도, 그들의 마
음에 나를 믿음이 너희들의 손바닥을
엎었다 젖혔다 하는 것과 같이 동요됨
이니,
9 이 두 구절을 가슴에 깊이 새기도록
먼저 훈련을 시켜야 될 것이니라.
10 이 뜻을 깊이 깨우치도록 반복 훈련을
시키고 또 시켜야 할 것이니, 이를 명
심하여 시행하도록 해야 될 것이니라.
11 이 두 구절만 깨끗이 깨우치며 확실히
안다 하면 그들은 흔들림이 없을 것이
니라.
12 내가 너에게 일찍이 일깨워 주었느니
라.
13 나의 성전을 찾아와 나의 법전을 공부
하는 자, 수없이 왔다 떠난다 하였음
이니, 수없이 왔다 가는 자, 너에게 등
을 돌리고 가는 그와 같은 모든 나의
피조물 만백성을 볼 때, 네가 가슴 아
파 울지 말지니라.
14 내가 네가 이끌어 가는 그 배를 만들
어 나의 피조물 만백성이 그 험악한
강을 건너 나에게 오르도록 하기 위하
여 내가 일찍이 나의 피조물 만백성에
게 한두 줄의 깨우침을 준 자 있었으
나,
15 그들이 네 앞에 오지 아니하고, 세상
을 다 얻은 것이며 나의 뜻에 따라 시
행하는 자들이라 말하는 자 헤아릴 수
없음이니,
16 네 앞에 와 하늘의 뜻이 무엇이고 내
가 추구하는 것이 무엇이며 내가 너희
들을 인도하고자 하는 것이 어떠한 방
향인가를 깨닫는 자, 한두 줄을 깨달
으면 또한 그들이 네 옆을 떠나게 되
어 있음이니,
17 그들이 바로 한두 줄의 이치를 깨달아
너에게 오지 아니하는 자들과 똑같은
그와 같은 형국이 이루어짐이니라.
18 너는 이와 같이 이루어지는 그 현상
속에서 네가 누구를 미워하며 네 마
음속에서 버리는 마음이 있어서는 아
니 될 것이니,
19 그들이 깨우치고 깨닫고 나의 법전을
가슴에 안고 정독하는 날이 있을 것이
니, 너는 네 마음의 아픔을 너 스스로
인내하며 그들을 기다리는 세월이 필
요함이니 그리 알라.
20 너희들이 말하지 아니하더냐, 한날한
시에 세상에 태어나는 너희 자식들의
그 손가락도 길고 짧다 하지 아니하더
냐?
21 수천 수억의 인구들이 가지고 있는 생
각과 그들이 생각하는 형태가 그 인간
의 숫자만큼 다 다름이니,
22 그것을 네게 맞추려 하면 이루어질 수
없음을 알아야 할 것이니라.
23 그 모두는 다 나의 뜻에 의하여 이루
어지며, 나의 주관 아래 이루어지며,
나의 계획하에 이루어짐이라 너는 굳
건히 믿어야 될 것이며, 너의 제자들
에게 또한 그리 깨우쳐 줘야 할 것이
니라.
24 사랑하는 선지자야!
25 "네, 여호와 하나님! 말씀하옵소서."
26 네 앞에 와 나의 법전이 정녕 나의 뜻

이라 말하는 자, 그리고 나의 성령을
접하여 저희 죽은 생명보다도 더 소중
하고 더 귀하다 말하는 자, 세 명 중에
두 명이 등을 돌리고 떠난다는 것을
항상 너는 알고 있어야 할 것이니라.
27 선지자야, 너와 이곳에 남아 있는 너
의 제자들이 하나 깨우쳐야 할 것이
있음이니, 내가 너희들에게 완벽하라
함이 다 이 모두를 대비함이니라.
28 네가 완벽하지 아니하며 너의 제자들
이 또한 완벽하지 못할 때, 그들은 떠
나면서 너희들의 완벽하지 못함만 보
고 가게 됨이니라.
29 너희들이 백 가지를 아름답게 시행하
며 나의 뜻에 살았다 하여도 그들은
하나의 너희들의 실수를 백으로 보며
너희들의 아름다운 것의 백은 하나로
봄이니, 그 하나라도 인정하지 않으려
하는 것이 그들의 떠나는 마음 자세이
니라.
30 그리하여 네가 완벽해야 되며, 너를
진정 따르는 너의 제자들이 또한 완벽
해야 된다 함이니, 나의 가르침을 네
가 소홀히 생각해서는 아니 될 것이니
라.
31 내가 50이 넘은 너에게 동정을 지켜
나에게 오라 함이니, 그 뜻이 다 여기
에 있음이니라.
32 네가 하루에 몇십 번씩 기도와 묵상을
하며 네가 완벽히 가고자 하며, 네가
완벽히 가지 아니하면 아니 되는 뜻이
여기에 있음이니라.
33 이제는 네가 가야 할 길과 네가 완벽
한 길을 가야 하는 것이 어떠한 것인
가를 너 스스로 깨닫고 있음이니, 그
리 시행해야 될 것이니라.
34 사랑하는 선지자야!
35 "네, 여호와 하나님! 말씀하옵소서."
36 너희들 말에, 남의 집에 가 물건을 훔
치는 자, 그 집의 사정을 아는 자가 그
를 행하기가 쉽다 하는 말이 있음이니,
37 너에게 가장 큰 타격을 주고 너의 생
명을 노리는 자, 네 앞에 와 제자라 엎
드린 자들로부터 시행되는 것이니,
38 이 모두를 네가 넘고 극복하는 길은
네가 완벽한 자가 되어 가는 것이니라.
39 네가 완벽하지 아니할 때, 그와 같은
형태가 이루어짐이니라.
40 속내를 아는 자, 그 속내를 알기에 그
를 공격할 수 있음이니라.
41 그와 같은 자들의 마음과 눈에 네가
완벽하게 보이는 그것만이 너를 지킬
수 있는 유일한 길임을 알라.
42 너의 제자들에게 일깨워 줘야 될 것이
니라.
43 새벽에 찬바람을 가르며 이곳에 와 나
의 음성을 듣는 자, 그들의 자세가 달
라져야 될 것이며, 나의 법전을 오래
읽은 자, 나의 법전을 오래 가슴에 안
은 자, 그들의 행동함이 또한 달라야
할 것이며, 그들의 깨달음이요, 시행
함이 달라야 할 것이니,
44 이와 같이 너희들이 완벽한 모습 속에
서 생활함이 나의 성전을 지키며, 나
의 법전이 세상을 덮는 기초임을 너희
들이 깨달아야 할 것이니 그리 알라.

1,699 번째 하나님 말씀

2001년 12월 11일 19시 05분

1 선지자야!
2 "네, 여호와 하나님! 말씀하옵소서."
3 너의 제자들에게 이르라.
4 천 길 낭떠러지에서 하나의 밧줄을 붙
잡고 아버지와 자식이 같이 매달려 있
다 하자.
5 그 줄이 두 사람을 견딜 수 있는 힘이
없으며, 두 사람이 같이 매달려 있으
면 그 줄이 끊어져 그 부자가 다 죽음
이니,
6 여기서 한 사람이라도 살아야 한다 하
면 너희들은 어찌해야 되겠는가? 밑
에 달려 있는 자식의 그 줄을 끊어 아
비가 살아야 할 것인가,
7 위에 아들이 달려 있고 밑에 아비가
달려 있다 할 때 아비의 그 줄을 끊어
야 될 것인가?
8 이러한 긴박한 상황에서 너희들은 어
찌 택하겠는가, 너희들은 어찌 택하겠
는가?
9 아비는 그 자식의 줄을 끊을 수 있다
생각하는가?
10 아비는 못 끊을 것이니라.
11 그러나 아비가 밑에 달려 있고 자식이
위에 달려 있다 하면 아비는 자식에게
줄을 끊으라 할 것이며, 스스로 손을
놓아 그 생명을 버려 자식을 구하고자
할 것이니라.
12 나 여호와가 바로 이와 같은 마음으로
써 나의 사랑하는 선지자를 통하여 나
의 피조물 만백성 너희들을 구하고자
나의 성령을 태워 열여섯 권의 법전을
내려보내니, 지금의 내 심정이 그와
같음이니라.
13 부자지간에 두 사람 중 하나가 죽어야
할 때, 그 아비가 손을 놓아 스스로 목
숨을 끊는다 하면, 그 목숨을 저버린
다 하면, 그 아비의 생각은 무엇이겠
느냐?
14 자식이 살아나 대를 이어 자기의 몫까
지 대신 살아 주기를 바라는 것이 부
모의 마음일 것이니,
15 내가 이와 같은 마음으로 너희들을 살
리고자 나의 사랑하는 선지자를 통하
여 열여섯 권의 법전을 세상에 내보냄
이니,
16 아비가 밧줄에 매달려 그 생명을 저버
리면서 자식을 살리고자 할 때, 그 밧
줄을 잡고 기어올라가는 자식의 밧줄
을 도끼로 끊는 자가 있다 하면 그 아
비는 죽어서도 그를 잊지 못할 것이며
그 원한을 풀 수가 없음이니,
17 지금 나의 사랑하는 선지자가 가고자
하여 발버둥치는 그 앞에 그를 저주하
고 막는 자, 그를 밀어붙이는 자, 나의
법전을 태우는 자, 나의 법전을 찢어
버리는 자,
18 나의 법전을 듣고 망령되게 말하는 자
는 아비가 죽어 자식을 살리고자 하여
그 자식을 놓고 죽은 아비의 자식이
살고자 하여 매달려 있는 그 밧줄을
끊는 자와 같음이니,
19 그와 같은 사악하고 이해할 수 없는,
혹독하게 그 아들의 생명을 끊는 자에
대한 부모의 심정이 어떠할 것인가를
너희들이 돌이켜 생각해 본다 하면,
20 나의 선지자의 마음에 파장을 이루는

너희들이 어떠한 사람인가 한번 생각
해 봐야 할 것이니라.
21 나 여호와가 나의 피조물 만백성을 구
하고자 나의 성령이요, 나를 태워 내
성령을 나의 선지자의 가슴에 마지막
으로 내린다 하였음이니,
22 내 심정이 자기의 밧줄을 놓아 자식을
살리고자 하는 부모의 마음보다 열배
백배 더 애절한 뜻에서 오늘 내가 열
여섯 권의 법전을 선지자를 통하여 세
상에 내보내니,
23 그를 짓밟는 자, 그를 태우는 자, 선지
자가 매달려 있는 그 줄을 끊는 자에
대한 내 심정이 어떻겠는가?
24 먼저 밧줄을 놓아 죽는 아비가 그 줄
을 끊는 자를 어찌하겠는가?
25 이는 너의 제자들이 생각하고 너의 제
자들이 깨달을 대목이니라.
26 이와 같은 형상을 너의 제자들의 가슴
에 심어 줘야 될 것이니라, 선지자야!
27 사랑하는 선지자야!
28 "네, 여호와 하나님! 말씀하옵소서."
29 아비가 자식을 살리기 위하여 그 밧줄
의 손을 놓고 생명을 저버렸을 때, 그
아들은 어찌해야 되겠는가?
30 제 몸이 갈기갈기 찢어지고 제 손바닥
이 찢어져 살점이 나오고 뼈가 튀어나
와도 그는 살아야 될 것이니라.
31 살아 나가 그 가정의 대를 이어야 할
것이며, 핏줄을 이어야 할 것이며, 죽
어 간 저의 아비를 대신하여 제가 그
몫까지 다해야 할 것이니, 이게 또한
네가 오늘 지고 넘어야 할 책무이니라.
32 사랑하는 선지자야!
33 "네, 여호와 하나님! 말씀하옵소서."
34 그와 같은 길이 네가 가야 할 길이며,
네가 인내해야 할 길이며, 네가 지켜
이루어야 할 길이니라.
35 그러한 네가 좌절하며 너마저 그 생명
의 밧줄을 놓는다 하면, 너는 너의 아
비의 삶을, 너의 아비의 바라는 그 소
망을, 너의 아비가 요구하는, 갈구하
는 그 모두를 저버리는 자가 됨이니라.
36 사랑하는 선지자야!
37 "네, 여호와 하나님! 말씀하옵소서."
38 모든 있는 힘을 다하여 그 밧줄을 잡
고 정상에 올라 죽어 간 아비의 삶까
지 다시 살아야 하는 너의 마음 자세
가 필요함이니라.
39 네가 그와 같은 역경에 와 네 생명을
구했으니, 네가 오로지 하늘을 향하여
하늘의 도리를 따라 하늘에 오를 수
있는 그 깨달음의 길 이외에는 방탕한
생각이나 사악한 생각이나 어떠한 가
지도 놓아두어서는 아니 됨이니라.
40 네가 바른 인생으로 네 아비의 죽음을
대신하여 산다 하면 너는 어떠한 잘못
된 가지도 그를 과감히 잘라 내고 다
스려서 바로 서야 할 것이니라.
41 지금 네가 나 여호와의 뜻에 따라 만
백성을 구원하고 하늘에 오를 수 있는
길은 네 인간의 정에 이끌려서는 아니
될 것이니,
42 모든 잘못된 가지는 네가 미리 잘라
내야 될 것이며,
43 그 잘못되어 썩어져 가는 가지를 그대
로 놔둔다 하면 그 몸체까지 다 썩을
것이니, 썩어져 가는 그 가지를 자름
에 있어서 너는 조금도 주저해서는 아
니 될 것이니라.

44 모든 가지가 다 잘려 나가 하나의 대
롱만 남는다 하더라도, 뿌리와 몸통과
그 대롱이 살아 있으면 다시 봄이 오
며 너희들은 일어설 수 있는 그와 같
은 형국이 이루어질 것이며, 나의 법
전 또한 그와 같이 세상에 퍼져 나의
만백성을 구할 것이니,
45 잘못된 가지는 네가 단죄하여 자르는
데 주저해서는 아니 될 것이니 이를
명심하여 시행하도록 하라, 선지자야!

1,700 번째 하나님 말씀

2001년 12월 12일 06시 05분

1 사랑하는 선지자야!
2 "네, 여호와 하나님! 말씀하옵소서."
3 2천 년이라는 역사가 흐른 지금에 나
의 피조물 만백성이 나의 아들 예수가
정녕 나로부터 명받아 세상에 나간 자
며, 그가 나의 아들이요, 저희들의 죄
를 사하려 세상에 나온 자라 말함이니,
4 오로지 나의 아들 예수가 나의 피조물
만백성을 구하고자 할 때, 모든 나의
뜻을 예수를 통하여 전하였으며, 그들
이 구원을 받음 또한 나의 아들 예수
를 통하여야만 구원을 받을 수 있으며
구원을 받았음이니라.
5 지금 나의 피조물 만백성이 사악한 돌
이킬 수 없는 형국에서 그들을 인도하
여 하늘에 오르는 길이 무엇이며 구원
의 길이 무엇인가를 일깨워 주고자 하
여 나의 성령을 내가 너를 통하여 세
상에 내려보내니,
6 내가 너에게 일러 말하기를, 나의 피
조물 만백성을 구하는 나의 뜻이 너를
통하여 전하여진다 하였으며, 나의 피
조물 만백성이 드리는 그 기도 소리가
너를 통하여야만 하늘에 상달된다 하
였음이니라.
7 그리하여 일찍이 일깨워 주어 나의 피
조물 만백성이 받을 수 있는 모든 은
혜요, 영광의 그 빛이 선지자 너를 통
하여 꿰여 그들에게 전달되어 그들이
은혜를 입는다 하였음이니,
8 이 이치 하나를 그들이 일찍이 깨우친
다 하면 너를 통하지 아니하고 세상에
어떠한 나의 음성을 들을 수 없으며
나의 뜻을 그들이 들을 수 없음을 알
아야 할 것이니라.
9 내가 세상에 선지자는 단 한 명이요,
나의 성령을 태워 전하는 그 뜻을 받
아 만백성을 구하는 자 또한 너 한 명
이라 하였으니,
10 너를 통함이 아니라 저희들이 직접 나
로부터 은혜를 받아 음성을 들으며 나
의 뜻을 듣는다 하는 것은 있을 수도
없는 일이며 그리될 수 없다 하였거늘,
11 이 이치 하나도 깨닫지 못하며 나의
이 뜻을 제대로 새겨듣지 아니하는
자, 나의 사랑하는 선지자를 통하지
않고 세상 이치를 나로부터 듣는다 하
는 자 있으니,
12 나의 선지자 너를 통하지 아니하고 너
로 하여금 저희들이 모든 것을 받아
전하지 아니하며 나로부터 직접 얻고
직접 듣는 자는 이 지구상에 한 명도
있을 수 없음이니라.
13 내가 너희에게 일찍이 일렀느니라.
14 선지자는 단 한 명이라 말하였으니,
두 사람의 선지자가 나의 뜻을 듣는다

하면 이는 통제할 수 없는 위험한 형
국에 이르기에 나의 뜻을 한 사람에게
전하며,
15 그 뜻을 그리 전하는 것도 세월이 흐
른 다음에 그가 천 갈래 만 갈래 갈라
짐이니, 두 사람의 선지자가 있을 수
없으며, 나의 뜻을 받는 자 두 사람이
없다 말하였으니,
16 이와 같은 해괴망측한 행위를 하는
자, 제 죄가 얼마나 무서운가를 알 것
이며, 그러한 행위를 하는 자, 지금의
잘못 가르치는 종교 지도자들보다도
사악한 자가 될 것이니,
17 병들어 썩어져 가는 육신을 잘라야만
몸이 살아갈 수 있음이니, 너는 용서
없이 썩어져 가는 그 부위를 잘라 내
야 할 것이며, 비바람에 꺾인 가지를
잘라 내야만 그 몸통이 삶이니,
18 나의 이 뜻을 네가 알아 엄히 시행해
야 할 것이니라.
19 사악한 뿌리를 지금의 네가 잘라 내지
아니한다 하면 세월이 흐른 다음에 그
를 걷잡을 수 없음이니라.
20 내가 너에게 일러 말하였느니라.
21 천 길 낭떠러지에서 밧줄을 잡고 부자
가 매달려 있으니 그 밧줄이 점점 끊
어져 가 두 사람 중에 한 사람은 손을
놓아야 되는 그런 형국에서 아비가 자
식의 생명을 구하기 위하여 스스로 손
을 놓고 천 길 낭떠러지로 떨어져 그
목숨을 끊는 그보다 백배 천배 더 어
려운 마음에서 내가 서 있음과 같으니,
22 그 아비의 마음보다도 내 마음에 너희
들을 사랑함이 더 강함이니, 그와 같
은 심정으로 나의 선지자를 통하여 나
의 뜻을 전한다 하였음이니,
23 밧줄을 잡고 살고자 발버둥치는 그 줄
을 끊는 자가 얼마나 사악한 자인가?
24 내 선지자 네가 그와 같이 밧줄에 매
달려 아비가 떨어지며 너 혼자 매달렸
음이니, 네가 살아 정상에 올라 바른
길을 깨닫고 인도하라 함이니,
25 매달려 있는 너의 밧줄을 자르는 그와
같은 사악한 자를 내 어찌 용서할 수
있겠는가?
26 그와 같이 사악한 자들이 네 주변에서
떨어져 나가도록 정리를 할 것이니,
27 그들이 정리된 다음에 너희들의 성전
에 변화가 있기 시작할 것이니라.
28 그 사악한 무리들이 은혜를 받을 수
있기에 내가 너희들에게 은혜를 내리
지 아니하였으며, 그들이 있는 자리에
서는 내가 너를 통하여 나의 기도의
음성을 내리지 아니한다 말하였음이
니라.
29 이와 같은 이치를 너희들이 알게 될
것이니 그리 알라.

1,701 번째 하나님 말씀

2001년 12월 12일 06시 30분

1 사랑하는 선지자야!
2 "네, 여호와 하나님! 말씀하옵소서."
3 너희들이 작은 공간에서 세상과 밀폐
되어 너희들이 마실 수 있는 산소가
점점 줄어든다 하면, 공기요, 산소로
인하여 당하는 그 고통이 얼마나 무섭
겠는가?
4 스스로 너희들이 발버둥치다 너희들
의 생명을 저버려야 되는 그와 같은

형국에 이르러서야 공기요, 산소의 소
중함과 위대함을 깨닫는 것이 너희 인
간들이니,
5 내가 선지자를 통하여 너희들에게 일
러 말하기를, 수천 년의 역사가 흐르
며 나의 피조물 만백성이 이 아름다운
지상의 낙원의 소중함과 아름다움을
모르며,
6 그 속에서 자연과 더불어 아름답게 살
다 영원히 구원받는 나의 나라에 올라
오라 너희들에게 그리 외쳤건만,
7 그 하나의 감사함을 모르고 그 나의
뜻의 은혜를 모르며 너희들이 사악한
무리 속에 너희 자신을 던지니,
8 그리하여 너희들이 고통 속에 영원히
사는 나의 나라에서 몸부림치는 그 모
습을 보기가 딱하고 불쌍하여 선지자
를 통하여 나의 법전을 너희들에게 내
려보냄이니라.
9 나의 이 애절한 심정을 종교 지도자
요, 그 밑에서 깨달음을 받는 너희들
이 생각했다 하면 오늘과 같은 사악한
형국이 되지 아니하였을 것이며,
10 나의 법전이 세상에 나가지 아니하였
을 것이라 내가 일깨워 주었으며, 그
리하여 지금 나의 수많은 피조물 만백
성을 구하고자 내가 제3의 시대를 엶
이며,
11 이 시대 다음에는 다른 깨우침이요,
다른 시대가 열리지 아니한다 하여 간
곡히 내가 너희들에게 일렀음이니라.
12 내가 너희들을 구하고자 하는 그 은혜
자체도 너희들이 목숨을 던져 바친다
하여도 그를 갚을 길이 없다 내가 말
하였으며,
13 이 시대에 내가 직접 그를 선지자라
명하여 나의 성령을 태워 나의 선지자
를 통하여 세상에 이 법전이 나왔으
며, 너희들을 깨우치고자 하는 나의
뜻을 끝이 없이 내가 내려보냄이니,
14 너희들은 선지자가 한 시대를 살아가
는 그 시대에 태어났으며 선지자와 동
반자로서 같이 가는 그것 하나로써 너
희들이 선택되며 은혜를 입은 자라 말
하였으니, 그 감사함을 너희들이 또한
깨달아야 할 것이거늘,
15 선지자와 동반하여 한 시대를 살아가
는 자 중에서도 나의 음성을 직접 들
으며, 나의 뜻을 직접 깨달으며, 나의
법전을 읽고 깨우쳐 연구하며, 나의
피조물 만백성을 구원하는 선생으로
서 너희들을 내가 선택한 자라 하였으
니,
16 이 하나의 내가 너희들에게 명한 뜻을
너희들이 가슴에 깊이 새긴다 하면,
나 여호와에게 선택되며 나 여호와가
선택된 너희들을 얼마나 사랑하는가
하는 것을 알고,
17 그리고 너희들이 축복과 영광을 받은
자라 생각하며 진정 감사할 줄 안다
하면,
18 나의 음성을 들어 전하는 나의 종이
요, 나의 선지자를 너희들이 정한 것
이 아니며, 그가 스스로 정한 것이 아
니며,
19 나 여호와가 선지자라 명하였으며, 나
의 종이라 명하였으며, 나의 아들이라
이른 그를 내가 말하기를, 너희들이
그가 가는 길에 길을 쓸어 주며, 그가
가기 위하여 출발할 때 그의 구두끈을

매 주는 그것도 너희들이 있을 수 없
는 영광이라 내가 말하였거늘,
20 그를 보기를 너희들이 길거리에 흩어
져 있는 돌만큼도 보지 아니하려 하
며, 너희들이 먹기 싫어 먹다 버리는
과일껍질만큼도 그를 생각하지 아니
하면서,
21 그 심성을 가진 자가 나 여호와가 존
재하며 내가 하늘에 있다 그와 같이
나를 경배하며 나를 따르는 자라 너희
들이 생각하는가?
22 너희들 인간사에 살아가면서 웃지 못
할 말이 있느니라, 그러나 이것이 진
리일 것이니라.
23 너희들이 아내가 소중하면 아내를 낳
아 길러 준 그 집에 짐승을 매어 놓는
말뚝을 보고도 절을 한다는 말이 있음
이니,
24 너희들이 선지자를 어찌 따르며, 어찌
사랑하며, 어찌 따라가느냐에 따라서
너희들이 반석 위에 일어서서 하늘에
오르는 길을 볼 수 있는 기초임을, 그
것 자체도 깨우치지 아니하며 실행하
지 못하는 너희들이 나 여호와를 경배
한다 일러 말하지 말라.
25 내가 내려보낸 법전은 너희들이 너희
것이요, 너희 양식이요, 하늘에 오르
는 길이며, 나 여호와의 뜻이라 말하
면서,
26 그를 통하여 나의 뜻을 전하는 선지자
는 나를 대신함이며 내가 그에게 임하
여 있으며 내가 그와 같이하고 있거
늘, 그를 욕하고 저주하는 너희들이
나 여호와가 존재한다 말하는 자더냐?
27 그를 바라봄에 너희 눈이 아플 것이
며, 그를 바라봄이 황송하며, 그와 더
불어 있음이 너희들이 세상 것을 다
얻은 것보다 더 소중한 영광이라 생각
하고 그 마음을 다스리며 그 마음이
너희들 가슴에 싹이 틀 때 나의 법전
의 뜻을 알게 될 것이며 나를 보게 됨
이니라.
28 사랑하는 선지자야!
29 "네, 여호와 하나님! 말씀하옵소서."
30 앞에서는 저희 상사를 입이 닳도록 칭
찬하며 동료를 칭찬하나, 돌아서서는
저희 상사의 험담을 하는 데 일등이
요, 동료의 흉을 보는 데 일등인 자는
한 입 가지고 두말을 함이니,
31 너희 말에 무슨 말이 있더냐? 한 입
가지고 두말하는 자는 아비가 둘이라
는 그 부끄럽고 추악한 말을 하는 자
이니, 그러한 자는 살인하는 자보다
더하니 나의 성전에 올 자격이 없음이
며 나의 선지자를 바라볼 수 있는 자
격도 없음이니라.
32 내가 그리하여 나의 선지자의 등에 화
살을 꽂는 자, 나의 음성을 들을 자격
이 없다 하여 내가 선지자를 통하여
기도를 하지 아니하도록 한다 너희들
에게 일렀음이니,
33 생명수를 주나 그는 입에 받아 삼키지
아니하며 더러운 물이라 하며 돌아서
서 뱉음이니,
34 나의 선지자를 욕하는 자, 나의 선지
자가 가고자 하는 길에 돌을 던지는
자, 내가 저희들을 구원할 수 있는 생
수를 저희 입에 넣어 주나 돌아서서
더러운 물이라 뱉는 자와 같음이니,
35 그러한 자가 정리되며 그러한 자를 내

가 골라낸 다음 나의 성전에 영광을
내릴 것이니,
36 그러한 자에게 내가 영광을 내렸을
때, 그는 저희들의 공이요, 저희들의
은혜라 하여 더 큰 것을 저희들 앞에
놓고자 하며,
37 나의 음성을 듣고자 새벽바람에 나의
성전에 와 간곡히 기도하는 너희들에
게는 저희들이 먹다 남은 찌꺼기도 주
지 않으려 하는 것이 그들이니,
38 내가 어찌 이러한 형국에서 너희들에
게 빵을 내리겠는가?
39 다 걸러 내고 솎아 내어 선지자의 마
음이 평온할 때, 내가 그를 통하여 이
성전에 크나큰 영광을 내릴 것이니,
40 나의 이 아픈 마음을 너의 제자들이
눈물로써 받아들여야 될 것이니 그리
알라.
41 내가 너희들을 사랑하고 아낌도 내 사
랑하는 선지자가 있고 나의 종이 있고
나의 아들이 있음이니, 그가 존재하지
아니한 세상에서 너희들을 내가 기억
할 수 없으며 사랑할 수 없음이니라.
42 이를 너희들이 깨우쳐야 될 것이니라.
43 이를 너희들이 알아야 할 것이니라,
이 답답한 백성들아!
44 이 이치를 깨우치는 자만이 나의 성전
에 와 나의 음성을 들을 수 있음을 알
아야 할 것이니,
45 내가 너희들에게 말하였느니라. 번갯
불보다도 빨리 지나가는 너희들의 속
셈을 내가 아느니, 너희들이 변하며
너희들이 가지고 있는 그 생각을 내가
모를 것이라 생각하지 말라.
46 하나도 놓침이 없이 내가 다 알고 있
음이니라.
47 이 무서운 엄연한 사실을 너의 제자들
이 깨우쳐야 할 것이니, 나 여호와의
가슴을 울리지 말라 이르라.

1,702 번째 하나님 말씀

2001년 12월 12일 21시 15분

(강론을 마치며)

1 사랑하는 선지자야!
2 "네, 여호와 하나님! 말씀하옵소서."
3 너의 제자들에게 일러 깨우쳐야 할 것
이 있느니라.
4 구약의 시대와 신약의 시대가 도래하
면서 나의 아들 예수가 너희들의 죄를
보혈로써 사하여 주었다 하여,
5 그리하여 너희들이 성전에 와 기도하
면 구원을 받는다 하는 그 하나의 명
분을 내세워 그들이 지금 지구의 공해
같은 성전이라 하는 것을 짓고, 그 아
름다움과 호화로움이 극에 달하였으
니,
6 어느 제왕 못지않은 그와 같은 권력과
권한을 느끼고 있음이니, 저희들이 부
릴 수 있는 모든 것을 다 부리고 있는
것이 그들의 형태이니라.
7 그들은 지금 어찌 가느냐? 모든 감사
헌금이요, 십일조요, 저희들이 거둬들
일 수 있는 이름을 다 붙여 그 재물을
거둬들이며,
8 나 여호와에게 오를 수 있도록 모든
백성을 인도한다는 자, 그들이 설교를
하고 가르침을 전하고 그에 대한 보답
의 대가로써 재물을 거둬들이니,
9 그들은 주일이요, 또는 새벽 기도요,

하여 저희들이 기도하여 거둬들인 그
재물을 자루에 담아 짊어지고 들어가
제 가족에게 이리 말하느니라.
10 '여봐라, 자식들아, 그리고 부인아! 내
가 오늘 이마만큼 거둬들였음이니, 이
어렵고 불쌍한 백성들은 내가 죽을 때
까지, 내가 말할 수 있을 때까지, 내가
단상에 설 때까지 나에게 이를 바칠
것이니,
11 너희들은 근심 걱정하지 말며 배 두드
리고 편안히 먹고살아라.' 그리 말하
는 것이 그들의 지금의 형태요, 그들
이 처해 있는 형국인 것이니라.
12 나의 선지자가 너희들에게 나의 뜻을
전하며, 나의 뜻을 깨우치며, 하늘에
오르는 진정한 그 길을 보여 주며,
13 나의 피조물 모든 만백성이 진정한 길
이라면 그 모두를 다 던져서라도 그
길을 가고자 갈구하는 그들 중에서 선
택된 너희들을 나의 성전에 모아 나의
선지자가 나의 뜻과 나의 음성을 너희
들에게 전하면서 너희들에게 그와 같
이 재물을 거둬들이는 행위를 하던가?
14 그리고 선지자가 너희들이 갖다 바친
그 재물을 자루에 담아 짊어져 그 자
식과 아내에게 '너희들은 보라, 오늘
아비가 이와 같이 거둬들였느니라, 어
리석은 백성들에게.' 하며 그와 같은
자랑을 하고, 그와 같은 형태를 취하
고 있는가?
15 수천 년의 역사가 흐르며, 나의 사랑
하는 피조물 만백성을 구하고자 하여
단상에서 외치는 그들이 우선은 성전
을 짓고 그 성전을 호화롭게 가꾸고
이루는 것이 그들의 뜻이며,
16 그들은 나의 아들 예수의 보혈로써 은
혜를 받았다 하여 저희들의 성전에 와
고개 숙이고 기도하는 자, 하늘나라에
오를 수 있다는, 그 상상할 수도 없고
형언할 수도 없는, 말도 안 되는 그와
같은 설법으로써 나의 피조물 만백성
을 현혹하여 재물을 거둬들임이니, 그
와 같은 역사가 지금까지 흘러왔음이
니라.
17 그리하여 그 재물을 받아 어깨에 짊어
지고 쩔렁쩔렁 들고 들어가 그들은
그 동전 자루를 흔들면서 그 금화와
은화를 무어라 말하느냐?
18 '하나님의 피조물 어리석은 백성들이
나를 위하여 이리 바쳤으니, 너희들은
세상 근심 걱정하지 말며 너희 뜻대로
배부른 인생을 살아갈 것이니, 너희들
의 팔자야말로 개 팔자라' 그리 말하
는 것이니라.
19 지금의 선지자의 가는 길은 과연 어떠
하며, 너희들이 가는 삶의 길은 어떠
하더냐?
20 그와 같이 금화와 은화의 동전 자루를
달고 흔드는 자, 그 앞에 가 공부하며
깨우쳐 하늘에 오르고자 하는 그들은
예수의 보혈로써 구원을 받았으니 저
희들은 세상에 더 부러운 것이 없고,
더 위대한 것이 없고, 더 높은 것이 없
으며, 저희들보다 더 축복받은 자 없
다 그리 자부하며 살아가고 있음이니,
21 지금 나의 성전에 와 나의 선지자 앞
에 고개 숙여 나의 음성을 듣는 너희
들은 과연 어떠한 자들이냐?
22 너희들이 나 여호와로부터, 나의 아들
로부터 나의 예수의 보혈로써 구원받

았다 그리 자랑하는가?
23 살얼음판을 걸어가는 그와 같은 심정
으로 한 발 한 발 디뎌 가면서 지금 인
생을 살아가고 있는 것이 너희들이 아
니더냐?
24 '오늘의 삶에 내가 여호와의 뜻에 어
긋나 죄를 짓는 것은 아닌가, 하늘로
부터 구원받았다는 여호와 하나님의
그 음성을 들은 내가 하나님으로부터
그 길을 역행하는 것은 아닌가?' 하며,
25 그리고 하늘에 오르는 길을 닦아 만들
어 너희들이 올라왔다 다시 내려가 나
의 피조물 만백성을, 너희들에게 분담
된 그 인원을 끌고 올라온다 하였으니,
26 너희들이 잘못 살면 그 길에서 너희들
이 낙오된다 하였음이니,
27 너희들이 말 한마디 하는 것, 행동 하
나 하는 것, 음식 하나 취하는 것, 과
일 하나를 입에 넣는 것, 그 모두를 살
얼음판에 서 있는 위험하고 조마조마
한 그런 마음으로 하루하루 살아가지
아니하더냐, 나의 백성들아!
28 그들은 저희들이 보지도 못하고 듣지
도 못하며 나의 아들이 무엇을 원하여
그와 같은 고통스러운 속에서 생명을
바쳤는지 저버렸는지도 모르고,
29 나의 아들 예수가 흘린 그 피로써, 보
혈로써 구원을 받았다 하여 저희만이
세상에 더없이 위대한 자라 자만하나,
30 너희들은 하루하루 살아가는 것을 나
의 뜻에 어긋나지는 아니하며 내가 원
하는 것을 지키지 아니함은 없는가,
나 여호와의 마음을 슬프게 하지는 아
니하는가, 나 여호와의 마음에 순종하
지 아니하지는 않는가,
31 나 여호와의 뜻에 너희들이 역행하지
아니하는가 하여 조마조마한 마음으
로써 살아가고 있음이니,
32 그들과 너희들의 차이는 어느 것이 옳
다 생각하느냐?
33 이는 너희들 스스로 답이 나와 있음이
니라.
34 너희들은 하늘에 오르는 그 빛을 보며
하늘에 오르는 그 반석 위에 일어서
하늘에 오르는 길을 한 발 한 발 딛고
올라오고 있음이니,
35 이곳에서 떨어지는 자가 되지 말 것이
며, 미끄러져 넘어지는 자가 되지 말
것이며, 추락하는 자가 되지 말지니라.
36 내가 너희들에게 주옥같은 깨우침을
주었느니라.
37 4분의 3의 인생을 살아 4분의 1의 인
생이 남았다 하였으니, 그 인생을 아
름답게 살아 나에게 오르라 하였음이
니라.
38 너희들이 4분의 3의 잘못 살아 누덕
누덕 지은 그 죄를 4분의 1이 남은 이
시간에 그 용서를 나에게 빌며 착하고
선하게 살아 그 4분의 3보다 4분의 1
을 아름답게 살고 하늘에 오르라 하여
내가 간곡히 너희들에게 일깨워 주었
거늘,
39 그 뜻을 어찌하여 너희들은 가슴속에
깊이 새기며 나의 뜻을 그리 깊이 연
구하여 깨닫고자 하지 아니하는가?
40 나 여호와의 뜻에 어긋남이요, 나 여
호와가 원하는 것에 너희들이 순종하
지 아니하며 나에게 죄를 지음이 아닌
가 하여 작은 죄를 짓지 아니하려 노
력하며, 거짓 하지 아니하려 노력하

며, 발을 디디면 꺼질 것 같은 살얼음
판을 걸어가면서 조심조심 살아가는
너희들과,
41 '나는 예수의 보혈로써 구원받았으니
천상에 올라간다.' 하여 천방지축 소
리 지르며 살아가는 그들의 삶을 너희
들이 비춰 볼 때,
42 너희 스스로 어떠한 길이 진정한 하늘
에 오르는 길인가를 알 것이니,
43 그리하여 나의 음성을 듣고 전하는 선
지자를 너희들의 몸과 같이 생각하라
함이 여기에 있느니라.
44 오로지 모든 은혜와 영광이 그와 너희
들과 더불어 있음이니, 이를 깊이 깨
우쳐 실행하도록 해야 할 것이니라.

1,703 번째 하나님 말씀

2001년 12월 13일 06시 05분

1 사랑하는 선지자야!
2 "네, 여호와 하나님! 말씀하옵소서."
3 네가 선과 악이라는 것이 있다 하면
선이라는 것에서 악이라는 것에까지
발이 넘어가지 못하도록 네 마음을 선
이라는 끈으로 꽉꽉 묶어 놓고 네 몸
을 묶어 놓으며,
4 그리하여 네가 선의 속에서만 행동하
며 선의 속에서만 살아갈 수 있는 그
와 같은 길이 있다 하면 그와 같이 살
아가고자 하는 네 마음이 갸륵하고도
갸륵하도다.
5 세상사 부딪치고 얽히는 생활 속에서
네가 그 속을 살아가지 아니하고 그곳
을 가지 아니하고 나의 성전에서만 살
아가기 위하여 네가 네 몸을 쇠사슬로
묶어 놓고 싶은 그 마음이,
6 그게 곧 순종이요, 네가 천사가 되어
가는 길인 것이니라.
7 선지자를 따르는 제자와 만백성은 나
의 법전을 읽는 그 속에서 그가 어찌
변하여 갈 것이며, 어찌 성장할 것이
며, 어떠한 길을 간다는 것을 어찌 생
각을 못 하는가?
8 나 여호와가 그를 선지자요, 나의 종
이요, 나의 아들이라 명하였으니, 그
가 어찌 변하여 갈 사람이라는 것을
어찌 그리도 깨닫지 못하며, 오늘의
그의 모습에 너희들은 갑론을박을 하
고자 하는가?
9 어찌하여 너희들은 '전지전능한 여호
와 하나님'이라 하며, '세상 모두를 다
창조하시고 주관하시는 어버이'라 하
면서,
10 그 전지전능한 너희들의 어버이라는
나 여호와가 선정하여 선지자라 명한
나의 종이요, 나의 아들이라 일컫는
자를, 너희들 누구도 갈 수 없는 그 길
을 가지 못할 사람을 내가 선정하였다
생각하며 내가 명하였다 생각하는가?
11 너희들의 그 마음 자세부터 바로잡고
선지자를 봐야 할 것이니,
12 구원을 받고자 모두를 다 바쳐 갈구하
는 자들이 지금 얼마나 많이 있더냐?
13 하늘에 오르고자, 영원히 사는 나의
에덴동산에 오는 그 구원을 받고자 너
희들이 지금 얼마나 갈구하는가?
14 배운 자, 못 배운 자, 가진 자, 갖지 않
은 자가 구원을 받고자 하는 그 생각
은 누구나 다 같음이요, 갈구하는 것
도, 열망하는 그 마음도 또한 다 같음

이니,
15 그 구원의 길에 너희들을 안내하는 자
요, 인도하는 자요, 구원의 길을 너희
들에게 가르치며 그를 전하는 나의 선
지자가, 내가 명한 나의 선지자가 과
연 그 길을 갈 수 없는 자라 너희들이
생각하는가?
16 그러한 생각을 하는 그 자체가 나를
부정하는 마음이 너희들 마음속에 있
음이니,
17 너희들은 아름답고 맛있게 생긴 과일
이라 하여 외형이 아름답고 곱게 생긴
그 과일을 보고 먹어 보기 전에 그 맛
을 평가하는 것과 같으니,
18 먹어 봐야만 그 맛을 안다는 그 간단
한 진리를 행하지 못하며 생각하지 못
함이니라.
19 너희들에게 그 구원의 생수를 직접 전
해 주는 선지자가, 너희들이 그리도
갈망하는 구원의 길을 인도하는 자가,
그리고 그 길을 깨우치는 자가 어떠한
자인가를 너희들이 어찌하여 그리도
생각을 못 하는가?
20 그것부터 너희들이 눈을 떠야 할 것이
니라.
21 거기에서 너희들이 그 마음을 너희들
자신 속에 굳건히 가질 때, 이 성전의
아름다움이요, 나 여호와가 존재함을
너희들이 깊이 깨달을 것이니,
22 그를 깨닫는 자가 구원의 길에 들어선
다는 그 엄연한 사실을 너희들은 오늘
깊이 마음에 새겨야 할 것이니라.
23 내가 너희들에게 일러 말하였느니라.
24 내가 육신의 형체를 갖고 있지 아니함
이며 내가 너희들과 직접 대화할 수
없기에 나를 대행하는 자를 명하여 내
려보냈다 하면,
25 나의 선지자가 나의 음성을 들어 전하
여 너희들을 깨우치며 그가 죽어서 나
에게 올 때까지는 나를 대신함이니,
26 어찌하여 이 뜻을 그리도 모르고 그와
같이 위대함을 너희들이 생각지 못하
는가?
27 내가 너희들에게 일렀느니라. 지금 나
여호와가 직접 내려가 너희들을 구원
하고자 하여 내가 부르짖는다 하여도,
너희들이 나를 큰 사탄이라 하여 저주
하며, 예수보다 더 고통스런 방법으로
나를 박해할 것이라 말하였음이니,
28 나의 선지자요, 나의 종이라 하여 나
의 성령을 태워 기록한 이 열여섯 권
의 나의 뜻을 접하는 너희들이, 엄연
한 증거요, 증표인 나의 열여섯 권의
법전이 있거늘,
29 이를 보고도 너희들이 굳게 그와 같은
마음을 갖지 못함은, 예수가 재림하여
너희들에게 등장하며 나 여호와가 세
상에 내려간다 하여도 가장 잔인한 방
법으로 박해할 자들이 너희들인 것이
니라.
30 바로 열여섯 권이 너희들을 내가 하늘
에 오르는 길에 들어서게 하고자 하는
입문이며 그것이 내가 내린 증표이니
라. 이를 너희들이 알아야 할 것이니
라.
31 새벽에 단잠을 이루지 아니하고 나의
성전에 와 선지자가 나의 피조물 만백
성에게 전하기 위하여 나의 음성을 기
록하는 이 시간에 선지자의 그 음성을
듣는 너희들은 효자요, 효녀요, 효부

요, 그 비석을 인간사에서 세워 마땅
한 자들이니라.
32 추운 겨울 밤, 새벽에 단잠을 깨는 노
부모를 위하여 장작불을 지펴 방을 따
뜻하게 하는 그 정성스런 자식들과 너
희들이 같음이니,
33 아무리 공명을 얻은 자식이라 하여도,
아무리 권좌에 있는 그 자식이라도 추
운 밤 방이 식어 살이 저려 오는 부모
에게 따뜻한 불을 지펴 주는 그 자식
의 효성과 효심만 못할 것이니,
34 아무리 못나고 병든 부모라 하여도 장
작불을 때 방 따뜻하게 지펴 주는 그
자식은 부모를 버리지 아니할 것이니,
너희들이 그와 같은 자이니라.
35 부모에게 따뜻한 불을 지펴 주는 효성
스런 자식은 그 효도를 묵묵히 실행하
면 되나,
36 내가 추구하는 뜻이요, 내가 너희들에
게 이르고자 하는 뜻이며 너희들이 하
늘에 오르고자 하는 그 길을 인도하는
나의 성령의 나의 뜻을 듣는 너희들은
만백성을 이끌어야 하는 대명이 있음
이니,
37 너희들이 인도자가 되어야 될 것이니,
그것이 너희들이 다른 점인 것이니라.
38 너희들의 마음과 같이 나의 선지자를
따르는 그 제자들의 마음이 같이 갈
때, 이가 곧 하나가 됨이요,
39 그 힘 속에서 나의 피조물 만백성을
구하는 길이 열릴 것이니라.

1,704 번째 하나님 말씀

2001년 12월 14일 06시 10분

1 사랑하는 선지자야!
2 "네, 여호와 하나님! 말씀하옵소서."
3 너희들의 인생의 삶에는 두 가지의 길
이 있음이니, 인생의 초년에 고생을
하나 말년에 편안한 자가 있으며, 그
와 반대의 현상으로 살아가는 인생이
있음이니라.
4 너희 인생의 전반에 행복한 자가 후반
에 불행하며, 후반에 행복한 자가 전
반에 불행한 일이 있고,
5 그와 같은 역사의 삶 속에서 너희들
개인이 살아가는 그와 같은 삶이 너희
들 인생의 삶인 것이니라.
6 전반에 불행한 자와 전반에 행복한
자, 후반에 불행한 자와 후반에 행복
한 자, 이와 같이 엮어지는 삶을 마치
는 것이 너희들이니,
7 그 굴레를 또한 벗어날 수 없음이 너
희들의 삶이니라.
8 그러나 나의 성전을 찾아와 나의 법전
을 공부하며 나의 음성을 듣는 자, 인
생의 전반에 행복하며 후반에 불행한
삶을 살도록 세상에 운명을 갖고 나온
자도,
9 나의 법전을 접하며 나의 성전에 와
선지자가 너희들에게 전하는 그 음성
을 듣는 자는 불행한 후반의 삶을 행
복하게 바꿔 가는 그와 같은 현명한
선택을 스스로 한 자라는 것을 너희는
모를 것이니라.
10 전반에 행복한 인생이요, 후반에 불행
한 그 인생에 나의 법전을 접하며 나

의 성전을 찾는 자, 후반에 행복한 인
생을 살아가는 것이 보장되어 있으며,
그것이 너희들에게 변화되는 은혜이
거늘,
11 그 은혜의 감사함과 그를 선택한 너희
들의 그 영광과 축복을 아무도 생각해
보는 자가 없음이니,
12 그와 같은 은혜와 은총을 받을 수 없
는 자가 이곳에 와 너희들과 같이 있
으면 그 마음의 생각함이 다름이니,
13 그들은 저 자신의 육신의 편안함을 위
하여 추하고 더러운 생각과 말과 행동
을 하게 됨이니,
14 내가 그들에게 영광과 은혜를 내릴 수
없다 하였음이니라.
15 노후에 불행한 운명을 가진 자나 행복
한 운명을 가진 자나 나의 성전에 와
나의 법전을 읽으며 나의 음성을 듣는
자는 다 노후에 은혜와 영광이 있으며,
16 그 영광의 연장선상에 너희들이 그리
도 갈구하고 원하는 구원의 길에 들어
서는 그와 같은 축복을 같이 받게 되
어 있음이니 그보다도 더 큰 은혜와
영광이 없거늘,
17 이 은혜와 영광의 축복을 감사하기는
커녕 선지자를 비방하는 자, 나의 법
전을 태우는 자, 나의 법전을 짓밟는
자, 그들이 얼마나 저희들 자신이 불
행한 길을 선택하는 것인가를 깨닫지
못하는 너의 제자들에게 귀를 열어 줘
야 할 것이니라.
18 귀가 닫혀 있는 자들의 귀를 열어 줘
야 할 것이니,
19 사랑하는 선지자야!
20 "네, 여호와 하나님! 말씀하옵소서."
21 정녕 너를 따르는 너의 제자요, 너를
따르는 나의 백성들은 영광과 은혜 속
에서 살아갈 수 있는 자들이거늘,
22 이곳까지 와서도 그 인간의 마음의 속
성을 버리지 못하는 자가 있다 하면
내 마음이 얼마나 아프겠는가?
23 나의 사랑하는 피조물 만백성을 구하
기 위하여 내가 너에게 나의 성령을
내려보내어 그들을 깨우치고자 함이
니,
24 나의 성전에까지 와 나의 법전을 접하
며 나의 음성을 듣는 그들이 정녕 깨
우치지 못한다 하면, 나 여호와의 마
음이 얼마나 답답하겠는가?
25 이제 저희들이 차려 놓은 밥상에서 수
저만 들면 되는 것을, 그를 팽개치고
돌아서는 나의 피조물들이 있다 하면
그 백성이 얼마나 불행한 자인가?
26 그가 불행하기 전에 그를 바라보는 나
여호와의 마음이 한없이 아픔이니, 이
것이 나의 심정이니라.
27 사랑하는 선지자야!
28 "네, 여호와 하나님! 말씀하옵소서."
29 네 앞에 와 네 생명을 거둬 가는 자보
다도 나의 법전을 저버리는 죄가 더
무서움을 너의 제자들에게 일깨워 줘
야 될 것이니라.
30 너를 해하는 자는 네 한 생명을 거둬
가나 나의 성령의 뜻인 나의 법전을
잘못 깨우치며 이를 비방하고 짓밟는
자는 나의 피조물 만백성의 귀를 막으
며 눈을 막음이니,
31 나의 법전을 각색하는 자, 제 마음대
로 해석하는 자, 나의 법전의 뜻이요,
나의 가르침을 제 마음대로 해석하는

자, 제 마음대로 기록하는 자, 내가 선
지자를 통하여 나의 모두를 태워 내리
는 나의 성령을 저의 것으로 만드는
자, 제 뜻대로 각색하는 자,
32 그는 나의 피조물 만백성을 구원의 길
에서 사탄의 길로 인도하는 그와 같은
사악한 무리들이니, 그 죄 용서할 수
없음을 네가 깨우쳐야 할 것이니, 이
를 잊지 말고 행하도록 하라.
33 내가 나의 법전을 한 자도 고치지 말
며, 한 자의 너의 생각까지도 기록하
지 말라 하였음이니,
34 나의 법전을 각색하여 저의 것으로 만
드는 자, 그 행위가 얼마나 사악한 무
리의 행동인가를 일깨워 줘야 할 것이
니라.

1,705 번째 하나님 말씀

2001년 12월 14일 21시 20분

(강론을 마치며)

1 사랑하는 선지자야!
2 "네, 여호와 하나님! 말씀하옵소서."
3 너의 제자들에게 일러 일깨워 줘야 할
것이니라.
4 너희들이 인생의 4분의 3을 죄 속에
서 살아왔으니, 남은 4분의 1의 인생
을 다듬고 아름답게 살아 하늘에 오르
는 길을 보라 하였음이니라.
5 너희들은 지금까지 살아온 인생사에
서 너희들이 살아오면서 서 있는 그
위치가 너희들의 삶이요, 너희들이 얻
은 영화요, 너희들이 얻은 축복이라
그리 너희들을 돌이켜 너희 자신들을
돌아다보라.
6 너희 자신들을 돌이켜 보며, 나 여호
와가 나의 선지자를 통하여 너희 만백
성을 구하기 위하여 열여섯 권의 법전
을 세상에 내보냈으니,
7 그 후부터 너희들이 나의 법전을 읽고
나의 성전에 와 공부를 하며 나의 선
지자를 통하여 나의 성령을 태워 내려
보내는 주옥같은 하늘에 오르는 그 길
을 듣고 깨우친 시간이 과연 몇십 년
이라 너희들이 말할 수 있는가?
8 너희들이 지금까지 살아온 세월 속에
서 너희들이 현재의 그 위치에 도래하
였으며, 너희들의 모든 욕심과 욕망을
버리지 못하고 발버둥치고 노력해 온
그 결과가 오늘에 너희들이 서 있는
현 위치이거늘,
9 너희들은 나의 선지자를 통하여 나의
음성을 들으며 나의 법전을 접하여 하
늘에 오르는 정통의 길에 들어선 그
하나의 축복으로써도 너희들이 무엇
과도 바꿀 수 없는 은혜와 은총을 입
었거늘,
10 너희들이 나의 법전 열여섯 권을 한두
번을 읽었다 하여 너희들에게 은혜와
축복이 내려지지 아니하며 너희들의
생활에 변화가 오지 아니하는가 하여
기다린다 하면, 이는 사악한 욕심이
앞서 있음이니라.
11 너희들은 어찌하여 간단한 이 이치 하
나를 깨우치지를 못하는가?
12 너희들이 지금까지 살아온 인생이요,
너희들이 능력껏 노력하여 선 자리가
지금의 너희들의 위치라 말한다 하면,
13 그 위치에서 너희들이 나의 법전을 나
의 성전에 와 공부하고 나의 선지자를

통하여 내리는 나의 음성을 들은 시간
이 몇 분의 일이 되며, 얼마나 너희들
이 나에게 바쳤다 생각할 수 있는가?
14 너희들이 얼마나 나를 위하여 바쳤기
에 너희들이 지금에 부귀와 영화를 더
얻으려 하며, 너희들의 육신의 편안함
을 더 얻으려 하며, 너희 자신이 남들
앞에 서고자 하는가?
15 너희들이 편안하고자 하며, 나로부터
은혜를 받고자 한다 하면, 이러한 거
래는 이 세상에 어디에도 있을 수 없
음이거늘, 너희들은 어찌하여 너희 자
신의 부끄러움을 모르는가?
16 내가 너희들에게 일러 말하였느니라.
17 겉과 속의 마음이 같으며, 죄를 짓지
아니하고 살며, 남을 시기하지 아니하
고 질투하지 아니하며 천사와 같은 마
음을 가지라 하였으니,
18 다만, 너희들이 그와 같은 마음으로
변하는 시간이 짧고 긴 것에 관계없이
너희들이 그와 같이 변화된다 하면 내
가 너희들에게 은혜를 내린다 하였으
나,
19 너희들은 그것도 시행하지 아니하였
고 그와 같은 뜻을 이루지도 아니하였
으며 나의 뜻을 순종하지 아니하였거
늘,
20 너희들은 어찌하여 나에게 무엇을 얻
고자 하며 원하기만 하는가?
21 너희들은 여기서 가슴에 손을 얹고 다
시 한 번 깊이 깨우침이 있어야 할 것
이니라.
22 지금의 너희들, 제자들의 마음가짐이
어떠하더냐?
23 너희들이 나의 법전을 몇 년을 공부했
으며, 나의 성령으로 내리는 나의 뜻
을 나의 선지자를 통하여 들은 그 시
간이 몇 시간이나 되며 몇십 년이 흘
렀는가?
24 1년이라는 그 짧은 세월도 흐르지 못
하였으니, 50년을 산 사람이면 50분
의 1을 나에게 바치고 나서 너희들이
무엇인가를 얻고자 이루고자 하였으
며,
25 몇 개월이라는 시간도 너희들이 나의
성령에 따라 공부하지 아니하였으며,
나의 법전에 들어 있는 그 깊은 뜻 하
나도 제대로 깨우치지 못하는 속에서
너희들이 각자 동서남북으로 고무줄
을 당기고 가고자 함이니,
26 이는 선지자를 놓고 너희들이 팔다리
를 찢고자 하는 그와 같은 형국이니라.
27 나의 선지자의 팔다리를 찢고자 하여
당기고 끌어당기는 너희들 앞에, 나의
선지자에게 그와 같은 고통을 주는 너
희들 앞에 내가 무엇을 내릴 수 있다
말하는가?
28 너희들이 선지자의 팔다리를 당겨서
찢고 할퀴고 하는 것이 아니라 힘을
합하여서 선지자의 팔다리를 높이 들
어 그를 받쳐도 내가 너희들에게 어떠
한 뜻을 이루어 줄까 말까 하거늘,
29 오늘의 너희들의 작태가 어떠하며 너
희들의 형태가 어떠하던가?
30 너희들이 나의 법전을 얼마나 공부했
으며, 너희들이 나를 위하여 얼마나
시간을 바쳤으며, 너희들이 변하고자
얼마나 노력하였는가?
31 그리고 내가 너희들에게 명한 것을 너
희들은 과연 얼마나 지켰는가?

32 너희들이 나의 법전을 많이 읽고, 나
에게 와 공부를 많이 하고 적게 함을
따지고자 함은 아니니라.
33 다만 나는 너희들에게 말하고자 하노
라, 너희들이 마음자리를 어찌 가졌느
냐가 소중함을.
34 내가 너희들의 마음이 변함에 따라서
너희들에게 은혜를 내리고자 하였으
나, 너희들은 그것 또한 나에게 실천
함이 없었음이니라.
35 너희들 자신을 돌이켜 보는 시간을 가
져야 할 것이니라.
36 그리고 마음을 하나로 엮어야 될 것이
니라.
37 회오리를 이루어 하나의 기둥을 이루
듯이 너희들이 선지자를 향하여 그와
같은 마음이 이루어질 때, 그 뜻이 하
늘에 닿음이니라.
38 내가 선지자에게 일러 말하였느니라.
39 너희들이 인생사의 초년에 고생하다
가 말년에 부귀영화를 누리는 자가 있
으며, 초년에 부귀영화의 편안한 삶을
살다 노후에 시련과 고통 속에서 살아
가는 자가 있으니, 그와 같은 삶을 살
아가는 것이 너희 인생이라 말하였으
니,
40 나의 법전을 접하며 나의 성전에 와
공부하며 내가 선지자를 통하여 내리
는 나의 이 성령을 너희들이 귀담아듣
는 그것으로써 너희들의 노후에는 행
복만이 있다 내가 말하였으며,
41 너희들의 노후에 너희들 말로 길거리
에 쓰러져 죽어 갈 그러한 운명을 아
름다운 삶을 살아갈 수 있도록, 여기
에 오는 그것으로써 내가 다 혜택을
내렸다 하였음이니, 그것 하나로써도
너희들이 모두를 다 던져야 할 것이거
늘,
42 너희들은 노후에 편안한 자, 노후에
힘들고 어렵게 살아가야 하는 자, 그
들을 다 영광되고 보람된 삶으로써 내
가 인도한다 하였으며,
43 너희들에게 그와 같은 은혜를 내린다
하였으며, 그 은혜를 받고 깨우친 자,
그 길로 바로 하늘에 오르는 길의 영
광을 얻게 된다 내가 말하였으니,
44 너희들보다 더 영광된 자가 없다 하였
거늘, 너희들의 마음자리가 어디에 있
는가? 너희들의 생각이 과연 어디에
있는가? 너희들이 지금 서 있는 위치
가 어디에 있는 것인가?
45 너희들이 말하는 365일이라는 날짜가
지나기도 전에 너희들이 물고 뜯고 헤
어지고 뭉쳐짐이 이루어지고 있음이
니, 이것이 너희들의 각자 마음의 형
태이니라.
46 나의 선지자가 너희들에게 가르치는
지도자로서 무너질 것 같고 허술하고
남루한 것 같으나, 그는 내가 지키고
있음이니,
47 이는 변할 수 없으며 쓰러지지 아니함
을 너희들이 알아야 할 것이니라.
48 나의 법전은 세상이 변화한다 해도 존
재한다 하였듯이, 나의 선지자를 통하
여 내가 이루고자 하는 그 뜻은 누구
도 대적할 수 없음이니, 너희들이 그
를 알아야 할 것이니라.
49 그리하여 너희들의 마음이 하나로 갈
때 모든 것이 이루어질 것이니,
50 너희들이 나의 법전을 얼마나 읽었으

며, 나의 뜻을 얼마나 들었으며, 나의
성전에 와 고개 숙여 기도한 시간이
과연 얼마나 되기에 그리 조바심하며,
선지자를 원망하는 눈으로 바라보는
가?
51 너희들의 그 마음부터 고쳐야 할 것이
니, 이를 깊이 깨달아 시행하도록 하
라.

1,706 번째 하나님 말씀

2001년 12월 15일 06시 10분

1 사랑하는 선지자야!
2 "네, 여호와 하나님! 말씀하옵소서."
3 나의 성전에 와 나의 음성을 들으며
나의 법전을 공부하는 자, 수없이 왔
다 간다 말하였음이니,
4 떠나는 사람에 대하여 네가 마음 아파
하지 말며 울지 말지니라.
5 나의 성전에 와 나의 법전을 공부하며
너를 통하여 내리는 나의 주옥같은 그
음성을 듣는 자 중에 네 옆을 떠나고
자 하는 자, 나의 품 속에서 벗어나고
자 하는 자는 제1계명인 다른 신들을
저희들 앞에 두고자 함이니, 그 계명
을 거역하는 자들이니,
6 떠나는 자를 위하여 네가 슬퍼해서는
아니 될 것이니 그리 알라.
7 나보다 더 무엇인가를 저희가 사랑하
며, 나보다도 무엇인가를 더 소중히
하며, 나보다도 더 무엇인가 귀한 것
이 있다 생각하여 저희들의 육신의 안
일을 먼저 생각함이니,
8 그게 바로 나 외에 다른 신을 저희들
에게 있게 하고자 함이니라. 그것은
인간사의 욕심이니,
9 나 외에 다른 신을 저희들에게 두고자
하지 아니하면 나의 성전에 발길을 끊
지 아니할 것이며, 네 앞에 와 고개를
돌리지 아니하고, 발길을 돌려 떠나지
아니할 것이니,
10 굴러가는 진주를 줍겠다 하여 네 앞에
서 달려 내려가는 자, 금화와 은화의
쩔렁거리는 그 소리에 내 음성을, 너
를 통하여 들리는 내 목소리를 소중히
여기지 아니하는 자,
11 다 그가 나 외에 다른 신을 저희들에
게 두고자 하는 자이니, 첫째의 계명
을 거역하는 그들에 대하여 네가 마음
아파 울지 말지니라.
12 사랑하는 선지자야!
13 "네, 여호와 하나님! 말씀하옵소서."
14 나의 성전에 와 네 앞에 모인 너의 제
자들 또한 나의 법전을 공부하는 자,
다 한 형제요, '우리'라 말하여 하나로
가라 내가 하였으니,
15 그를 파괴하는 자, 그를 지키지 아니
하는 자가 떠남으로 인하여 남아 있는
너의 제자들 또한 마음 다스림을 단단
히 할 것이며, 그들이 깨우침이 있으
며 얻을 것이 있으니,
16 부질없는 자 백 명보다 뜻과 생각을
같이하는 자 열 명이 더 위대함을 너
는 알아야 할 것이니라.
17 나의 성전에 와 앉아 나의 음성을 들
으며 법전을 공부하는 자, 다른 신을
섬기고자 하는 마음이 가슴속에 있다
하면,
18 자기 자신을 네 앞에 와 속이고자 하
는 자는 네 앞에서 쓰러져 기어가지

아니하도록 하는 것만도 은혜이니, 그
들이 무서움을 알아야 할 것이니, 너
는 슬퍼하여 울지 말지니라.
19 사랑하는 선지자야!
20 "네, 여호와 하나님! 말씀하옵소서."
21 너 자신이 굳게 자리를 잡아야 함이니
라.
22 그와 같은 일로 네가 마음 아파해서는
아니 될 것이니, 너 자신의 마음을 다
스리며, 다른 신을 제 가슴에 두고자
하는 자를 위하여 그 누구도 마음의
동요가 있어서는 아니 될 것이니,
23 이와 같은 형국을 너의 제자들에게 일
깨워 줘, 너희들이 하나의 마음이 되
어 나를 향하여 오르는 그 마음의 다
짐을 굳건히 할 수 있도록 그리 깨우
쳐 가르쳐야 할 것이니 그리 알라.
24 오늘 내가 너희들에게 내리는 이 깨우
침을 너희 스스로 생각하며 판단할 수
있는 마음자리를 잡도록 그리 할지니
라.

1,707 번째 하나님 말씀

2001년 12월 16일 06시 10분

1 사랑하는 선지자야!
2 "네, 여호와 하나님! 말씀하옵소서."
3 세상사 너희들이 살아가면서 모든 것
은 변화되고 변화된다 하나, 나의 뜻
이요, 나의 성령을 내려보내 기록한
나의 법전 열여섯 권의 그 내용과 너
를 통하여 이 세상에 내려보내는 나의
모든 뜻은 영원히 변하지 아니함이니,
4 영원히 변하지 아니하는 나의 뜻은 너
희들이 이 세상에서 지우려 해도 지울
수 없음이니라.
5 너의 제자들에게 일러야 할 것이니라.
6 내가 너희들에게 일러 말하기를, 속이
차고 알이 찬 곡식은 고개를 숙인다
하였으니, 이는 바람에도 흔들리지 아
니하고 날아가지 아니하나, 가벼운 쭉
정이는 조금만 부는 바람에도 날아감
이니,
7 너희들은 세상사에 살아감에 있어서
나의 정답을 들으며 너희들만이 정통
의 그 길을 가고 있으니 너희들의 마
음에 동요가 한 점이라도 있어서는 아
니 됨이니라.
8 깊고 깊은 물은 어떠한 바람과 풍화
작용에도 흔들리지 아니하며 고요히
흐르고 그 자리를 지킴이니,
9 너의 제자들이 그러한 형태로 가지 아
니한다 하면 나의 하늘에 오르는 그
문턱에서 한 발을 넘은 자가 두 발을
넘지 못하고 물러남이니, 이와 같은
형국에 도래함이니라.
10 그리고 내가 너희들에게 일렀느니라.
11 내가 너희들의 이름을 낙원에 걸었다
하며, 너희들을 구원하였으며 모든 나
의 피조물 만백성이 살다 와 심판을
받는 그 강을 넘어 너희들은 심판을
받지 아니하고 나에게 오른다 하였음
이니,
12 그러나 내가 너희들에게 말하였느니
라.
13 나의 법전을 듣고 공부하고 선지자를
통하여 내리는 나의 음성을 들으며 나
의 성전에 와 나 여호와에게 기도하여
내가 그의 명패를 낙원에 건 사람이
등 돌리고 돌아서며, 나의 계명을 지

키지 아니하고, 나의 선지자의 가는
길에 파장을 이루며,
14 나 여호와에게 등을 돌리고 나에게 침
을 뱉는다면 그 명패를 지옥 불로 내
가 집어던지니, 그는 지옥 불에 들어
가 그 명패를 꺼내 와야 할 것이라 내
가 너희들에게 말하였으니,
15 그 타고 남은 명패는 찾을 수 없으며,
그는 거기서 명패를 찾지 못하니 그
타는 불 속에서 그가 나올 수 없음이
니,
16 이와 같이 너희들에게 그 엄연한 사실
을 일깨워 주었거늘, 너희들은 나의
이 명령을, 나의 뜻을 그리 소홀히 듣
고 너희 생활에 깨달음을 얻지 아니함
이니,
17 이 나의 아픈 가슴을 어찌하여야 하겠
는가?
18 내가 너희들에게 이르기를, 내가 가장
사랑하고 예쁜 모습으로 만든 너희들
이, 그리고 사탄과 싸워 이길 수 있는
지혜와 능력을 준 너희들이 아름답게
살다, 그리고 나의 계명을 지키고 살
다 나에게 오르라 하였으나,
19 너희들이 그를 지키지 아니하고 나에
게 와 벌을 받는 그것이 너무나 가슴
이 아파 너희들을 구원하고자 내가 마
지막으로 나의 법전을 내린다 하였으
니,
20 나의 법전을 가슴에 안고 정독하여 내
가 열어 주는 그 문 앞에, 문턱에 한
발을 들여 놓는 그 순간까지 온 자가
그대로 불바다로 떨어지는 그 모습을
보는 것은 나의 마음이 더 아픈 것이
니,
21 너희들이 4분의 3을 살아 4분의 1밖
에 남지 않은 그 인생의 모두를 나에
게 바침으로 하여 너희들이 4분의 3
을 산 인생의 지은 죄를 다 용서하여
준다 하였거늘,
22 이와 같은 은혜와 은총의 그 나의 음
성을 너희들은 듣는 둥 마는 둥 하면
서 잊어버리고 살아감이니, 이 일을
어찌하여야 하겠는가, 선지자야!
23 내가 너희들에게 일렀느니라.
24 너희들이 50평생을 살아온 그 인생을
죄를 짓고 험악한 그 세월 속에 살아
와 너희들이 나의 법전을 접하며, 나
의 뜻을 따르며,
25 내가 선지자를 통하여 내리는 그 주옥
같은 나의 말을, 나의 성령의 그 뜻을
365일도 접하지 못한 너희들이 무엇
을 얻고자, 50년의 살아온 그 역사보
다 더 큰 것을 얻고자 구하고자 한다
하면,
26 너희들은 지나친 욕심이 아닌가 하는
것을 내가 너희들에게 일깨워 주어 너
희들 자신의 마음을 다스리며 부끄러
움을 느끼게 하였거늘,
27 너희들은 한쪽 귀로 듣고 한쪽 귀로
흘려보내는 그와 같은 심성으로 나의
성전에 나와 내가 선지자를 통하여 내
리는 그 뜻을 듣고 잊어버리고 지나간
다 하면,
28 이 세상 나의 계명을 지키며 나의 뜻
에 사는 자, 아무도 있을 수 없음이니
라.
29 나의 성전에 와 직접 나의 음성을 듣
는 너희들이 그 모두를 지키지 못한다
하면,

30 선지자를 통하여 내리는 나의 음성을
듣지도 못하며 기억하지도 못하는 자
들이 어찌 구원의 길에 오를 수 있으
며, 하늘을 향하는 길을 그들이 스스
로 찾아올 수 있다 하는가?
31 아무도 이해하며 깨우쳐 하늘에 오르
는 자가 없을 것이니라.
32 내가 너희들에게 일렀느니라.
33 아무리 비대한 단체요, 아무리 큰 힘
을 가지고 있는 것도 그 힘을 모으지
아니하면 백사장의 모래처럼 무너진
다 하였으니,
34 그러나 아무리 나약하고 힘이 없는 너
희들이라 하여도 마음을 하나로 모았
을 때, 그것은 위대한 힘을 발휘할 수
있다 하여,
35 회오리바람이 일듯이 그와 같이 너희
들의 마음을 모으고 단결하여 나의 피
조물 만백성을 인도하는 바람기둥과
불기둥이 되라 하였거늘,
36 너희들 자신이 불기둥을 이루지 못하
며 회오리바람처럼 너희들이 한마음
으로 이루지 못함이니,
37 나 여호와의 이 심정을 너희들이 생각
해 보며 돌아다본 적이 있는가?
38 오로지 나의 뜻이라 하여 실행하고 실
천할 수 있는 우매하고 강직한 나의
선지자를 선택하여, 수천 년 역사를
기다린 오늘에 와 그를 통하여 나의
주옥같은 음성을 내려보내니,
39 그것을 듣고 접하는 너희들이야말로
무엇이 두려운 것이 있으며, 무엇이
소중한 것이 있으며, 무엇이 아까운
것이 있기에 다른 신을 너희들 앞에
두고자 하는 그와 같은 행위를 하는
것인가?
40 무엇이 너희들에게 소중하며, 무엇이
더 귀한 것이 있으며, 무엇을 위하여
너희들이 그 사악한 마음을 버리지 못
하고 있는 것인가?
41 무슨 욕심이 있으며, 무엇을 더 취하
고자 할 게 있으며, 무슨 부귀와 영화
를 누리고자 하는 것이 있기에 나의
선지자의 가는 길에 파장을 이루며,
나의 음성을 내려 마지막으로 너희들
을 구하기 위해 내려보낸 나의 성령의
이 뜻을 저버리는 사악한 행위를 하고
있는 것인가?
42 너의 제자들에게 일러 깨우쳐야 할 것
이니라, 선지자를 통하여 하나님의 음
성을 직접 들으며 그 말씀을 직접 접
하여 깨우쳐 온 너희가, 그중에 등을
돌리고 있는 자가 생긴다 하면,
43 지금의 수십억 인생을 너희가 어찌 구
할 것이며, 그 대대손손 살아와 지나
가는 너희들의 그 많은 후손들에게 어
찌 거울이 되며 그들을 인도할 수 있
는 너희들이 될 수 있는 것인가를.
44 사랑하는 선지자야!
45 "네, 여호와 하나님! 말씀하옵소서."
46 내가 나의 가슴의 모두를 태워 나의
성령을 내려보내며, 두 번 다시 이와
같은 역사가 이룰 수 없으며 이게 마
지막이라는 것을 수없이 부르짖었으
니,
47 나의 마지막 뜻이라는 것을 접하는 너
희들이 어찌해야 되는 것인가?
48 너희들이 남아 있는 그 인생을 나를
위하여 초개와 같이 던진다 한들, 그
리도 억울하고 그리도 손해 간다 생각

하는가?
49 선지자를 축으로 하여 너희들이 하나
가 되지 아니하면 아니 되느니라.
50 내가 너희들은 죽은 자이며 육신이 없
다 하였느니라.
51 내가 너희들에게 일러 너희들은 지금
육신이 없으며, 너희들은 정신세계에,
나의 나라에 와 살고 있다 하였음이니,
52 나의 법전을 전하며 매일 내가 내리는
나의 성령을 선지자를 통하여 듣는 너
희들은 과연 어느 시대의 사람이라 생
각하느냐?
53 너희들 제자 중에 말하였느니라.
54 '나는 천상에서 공부를 하고 있으며,
하나님 밑에서 공부를 하며, 하나님의
뜻을 미리 듣고 있다, 육신은 이곳에
있으나 내가 지금 하늘나라의 공부를
하며 하나님의 뜻을 배우고 있다.' 하
고 말하였으니, 그 말이 맞느니라.
55 그의 깨우침이 맞느니라.
56 너희는 지금 육신은 지상에 있으나 천
상의 공부를 하고 있으며, 천상의 이
치를 깨우치며, 하늘의 뜻을 배우며,
하늘의 뜻에 따라서 행하고자 하는 자
들이라는 것을 어찌 그리도 모르는가?
57 무엇을 너희들의 손에 쥐여 주며 무
엇을 너희들에게 깨우쳐 주어야 너희
들이 알 수 있다 말하는가?
58 나 여호와가 내리는 나의 성령의 그
뜻은 너희들이 죽어 와도 변하지 아니
함이니, 이를 너희들이 지금 접하고
있음이니,
59 너희들은 내가 심판의 강을 건너 내
옆에 올 수 있는 자들이라 말하였으
며, 너희들 이름을 낙원에 걸어 놓았
다 하였음이니,
60 너희들은 곧 무엇이더냐? 너희들은
하늘나라에 와서 지금 있는 것이니라.
61 곧, 너희들이 천사가 되는 것이며, 너
희들이 천사이니라.
62 바로 너희들이 천사임을 알아야 할 것
이니라.
63 천사가 따로 없음이니라.
64 너희들이 나의 법전이요, 나의 뜻을
행하고 지킴으로 인하여 너희들이 곧
천사들인 것이니라.
65 천사가 되어야 할 너희들 속에서 사탄
이요, 사악한 자가 생김이니, 이 세상
많은 나의 피조물들이 어찌하여 천사
가 될 수 있으며, 하늘에 오르는 길에
오를 수 있다 생각하는가?
66 너희들 몸을 끓는 용광로에 집어던져
다 녹이는 역사를 이루어야 될 것이
니라.
67 하나의 쇠를 녹여 너희들이 만들고자
하는 기계를 만들어 내듯이,
68 너희들은 천사이니 너희들을 다 태워
서 나 여호와가 추구하는 하늘에 오르
는 길에 만백성을 인도하는 데 그 기
계요, 그 지표요, 그 가르침이요, 그
근본이 되는 데 너희들 자신을 모두
끓는 용광로 속에 던져 녹여야 될 것
이니,
69 그리하여 너희들이 하늘에 오르는 그
지표로써, 그 기계로써, 그 형체로써
너희들을 만들어 낸다 생각하여 너희
자신을 던져야 하니,
70 너희 자신들이 존재하지 아니하는 너
희들이 하늘나라에 이미 임하였으니,
71 너희들의 육신을 던져 그를 녹여 하나

의 형체를 만들어 나의 피조물 만백성
이 그를 보고 하늘에 오를 수 있는 그
와 같은 역사를 이루라 하였음이니,
그것이 무엇이더냐?
72 지상에서 에덴동산의 낙원을 이루는
데 너희들의 모두를 다 던지라 함이니
라.
73 너희들에게 재물이 무엇이 필요하며,
재산이 무엇이 필요하며, 명예가 무엇
이 필요하며, 더 편하고자 하는 육신
이 무엇이 필요하며, 떨어진 옷을 걸
치면 어떠하며,
74 너희들이 지나가는 강아지가 먹다 버
린 그 죽을 주워서 먹는다 하면 너희
들이 무엇이 부끄럽고 당당치 못하더
냐?
75 가난한 자요, 힘없는 너희들을 모아
나의 뜻에 따라 행하라 하였으니, 권
력 있는 자, 가진 자에게 선지자 앞에
와 나의 뜻을 이루고 만들라 하면 과
연 그들은 어찌하겠느냐?
76 '미친놈 헛소리한다.' 하며 침 뱉고 돌
아설 것이니,
77 너희들은 나로부터 선택된 자이며 너
희들은 천사이니라.
78 너희들이 지금 천사이거늘, 그 천사의
날개를 부러뜨려 지옥으로 떨어지는
그와 같은 행위를 하고자 하는 자들이
있으니,
79 내가 내리는 나의 성령의 뜻을 깨우쳐
살을 만들고 뼈를 붙여 너희 것으로
만들라 하였으니, 나의 흘러가는 그
음성을 깊이 새기는 깊이 있는 나의
피조물 백성으로 변해야 할 것이며,
80 이것이 선지자를 따르는 제자들이 해
야 할 것이며 깨달아야 할 기본이며
근본임을 알아야 할 것이니라.

1,708 번째 하나님 말씀

2001년 12월 16일 12시 10분

(강론을 마치며)

1 사랑하는 선지자야!
2 "네, 여호와 하나님! 말씀하옵소서."
3 너의 제자들에게 이르라.
4 바람이 부는 것도, 낙엽이 떨어지는
것도 세상의 모든 조화는 나의 주관하
에 이루어진다 하였으며,
5 깊은 물 속의 물고기요, 고산의 식물
이요, 짐승들의 살아가는 그 모든 형
태가 다 나의 주관하에 돌아간다 하였
으니,
6 오늘 너희들이 나의 성전에 와 나의
법전을 접하면서 너희들은 화산이 폭
발하는 것보다도, 핵이라는 것이 폭발
하여 지구의 일부를 떨어뜨리는 것보
다도 더 무섭고도 험한 말을 듣고 있
음이니라.
7 너희들이 듣기는 무서운 것이며 남들
이 듣기는 험한 이야기이니, 오늘에
너희들이 공부한 이 대목이 화산이 터
져 한 지역을 다 들어 엎는 것이며,
8 지구의 반쪽이 쪼개지는 것보다도 더
무섭고 악랄한 방법으로써 너희들을
제거하고자 하는 자들에게 경고성의
발언을 던졌음이니라.
9 나의 피조물 만백성이 6천 년이라는
그 세월 속에 그 수많은 종교의 믿음
속에서 그들이 믿고 하늘에 올라와 구
원을 받고자 발버둥치며 살아왔던 자

들과,

10 지금도 저희들이 구원을 받았다 말하며 저희들만이 예수의 보혈로써 구원을 받았다 하여 당당하게 살아가고자 하는 자들,

11 또한, 단상에 서서 지도자가 가르치기를 성서는 한 구절도 틀린 점이 없고 한 마디도 오류가 없으며 잘못된 것이 없다 하는 그들 속에,

12 지금 너희들에게 말하기를 이는 모두를 다 덮어 두며, 한 시대가 잘못되었으며, 잘못 가르쳤으며, 그 모두를 다 덮고 나의 법전으로써 나의 피조물 만백성을 심판하는 그 기준을 삼는다 말하였으며,

13 지금까지 너희들이 깨우쳐 왔던 그 성서를 덮어야 된다는 오늘의 그 가르침은 화산이라는 것이 폭발하여 지구의 반이 떨어져 나가는 것보다도 더 무섭고 더 어려운 뜻이니,

14 그를 내가 지금 너희들에게 일깨워 주었음이니라.

15 너희들이 마음가짐을 어찌해야 되겠는가?

16 너희들이 인간사 살아가는 그 속에서 백지장이라는 것도 같이 들면 가볍다 말하는 뜻이 있으니,

17 그 화산보다도 더 무서운, 노도와 같은 것이 선지자의 가슴을 향하여 밀려올 때, 과연 누가 선지자를 지켜야 될 것이며, 그와 같이 갈 수 있는 자들이라 생각하는가?

18 수천 년 동안 온 종교 지도자들이 와서 선지자를 보호하겠는가, 나 여호와의 뜻을 모르는 자들이 선지자와 같이 가고자 하겠는가?

19 누가 화산보다도 무섭게 미는 그 사악한 무리들을 막아 주며 견디고 갈 수 있는 자들이던가?

20 오로지 너희들뿐이니라.

21 지금 나의 성전에 와 나의 법전을 읽고 있는 너희들뿐이니, 너희들이 화산이 밀려오는 그것을 무섭다 하여 하나가 빠지고 둘이 빠지면 그 성곽이 무너지게 되며,

22 너희들이 한 자리를 비움으로 인해서 그 틈으로 하여금 화살촉이 선지자를 맞추어 이 세상에서 숨을 끊게 만드는 그 결과를 초래함이니, 너희 하나하나가 서 있는 그 자리가 얼마나 소중한가를 알겠는가?

23 내가 너희들에게 일깨워 말하였느니라.

24 하나가 되라 말하였음이니, 내가 너희들에게 하나가 되라 함은 수만 가지의 깊은 뜻이 있음이니라.

25 너희들의 마음이 하나가 되어 너희들이 선지자 앞에 일렬로 서며 선지자를 보호할 때, 그 어떠한 화살도 그를 뚫을 수가 없음이니,

26 제가 먼저 그 화살을 맞겠다고 나설 수 있는 자들이 있겠는가?

27 너희들의 마음이 하나가 되어 나의 사랑하는 선지자를 보필하며 나의 법전을 지킬 때, 이는 지탱할 수 있음이니라.

28 나의 아들 예수를 핍박하며 그와 같이 처참한 말로로 마치도록 한 그것도 그 제자들의 뜻이 하나가 되지 아니하였기 때문이니,

29 오늘의 너희들이 그와 같은 형국을 다
시 밟아야 하겠는가?
30 내가 너희들에게 일렀느니라.
31 40이라는 너희들 생명이 80에 비하면
반을 살았음이니, 나머지 인생에 남아
있는 삶을 나를 위하여 모두를 다 바
치라 하여 내가 너희들을 선택하였음
이니,
32 너희들이 나에게 선택된 그 소중함과
귀함과 그리 쓰임을 너희들이 다시 한
번 생각해 봐야 될 것이니라.
33 마음이 하나가 되어야 될 것이니라.
34 화산이 폭발하여 지구가 쪼개지는 것
보다도 더 무서운, 노도와 같은 것이
밀려올 것이니, 너희들의 마음자리가
하나가 되지 아니하면 그를 막을 수
없음이니라.
35 나의 주옥같은 법전이 세상에 나가 나
의 피조물 만백성을 구하고자 그들이
읽고 깨우쳐도,
36 나의 법전을 들고 '나를 따르라!' 하고
외치며 앞에 가는 자가 없으면 그 법
전은 그대로 사장됨이니, 그는 빛을
볼 수가 없음이니라.
37 이 대명을 이루어야 할 자가 너희들
이니라.
38 내가 너희들에게 일렀느니라.
39 너희는 육신이 없으며 천사라 일렀으
니, 너희들의 마음이 하나가 되었을
때 그 천사의 벽을 어떠한 사탄의 화
살촉도 감히 뚫을 수 없으며, 너희들
또한 상함이 없을 것이니라.
40 너희들의 마음이 하나가 아니 되어 너
희들이 갈기갈기 찢어지며 사탄의 활
촉에 맞아 너희들의 생명을 끊는 그와
같은 길을 너희들이 선택할 것인가,
41 나 여호와를 향하는 한마음으로써 너
희들이 하나가 되어, 감히 사탄이 너
희들을 향하여 활촉을 쏜다 해도 그
화살이 부러져 떨어지는 그와 같은 너
희들의 믿음의 세계를 갈 것인가, 이
제는 선택할 때가 왔음이니라.
42 너희들은 깊이 새겨야 할 것이니라.
43 나의 법전 속에 너희들에게 일러 이것
이 마지막이며, 제3의 시대며, 다음의
시대는 없다는 것을 수백 번, 수천 번
강조하였으니,
44 그것이 얼마나 중요하고 소중하면 내
가 그리 나의 법전에 기록하였다 너희
들은 생각하는가?
45 다시 한 번 너희들에게 전하노라.
46 이 법전이 나의 피조물 만백성을 심판
하는 기준의 책으로서, 마지막임을 알
아야 될 것이니라.
47 너희들이 하나 더 깨우쳐야 될 것이니
라.
48 나의 성서가 어렵고 까다로워 너희들
이 지금까지 잘못 깨달아 왔던 것을
하나하나 내가 베일을 벗겨 누구나 다
읽고 깨우칠 수 있도록 이리 만들었으
니,
49 이 법전보다 더 쉬운 책이, 더 간단한
나의 법전이 세상에 나올 수 있다 너
희들은 생각하는가?
50 이것 하나만 봐도 이것이 마지막이며,
두 번 다시 나의 성령이 내려가 너희
들을 깨우치고자 하는 길이 없으며,
이 제3의 시대가 마지막이라는 그 뜻
을 깊이 깨우쳐야 할 것이니라.
51 지금 내가 선지자를 통하여 글을 아는

자가 읽고 하늘에 오르는 길을 깨우쳐
그들이 실행하여 심판을 받을 수 있는
기회를 똑같이 주었음이니,
52 이것보다 더 간단하고 더 쉬운 책이
나오기를 원한다 하면 이는 아무런 가
치가 없는 종이쪽밖에는 되지 아니할
것이니라.
53 나의 이 법전보다 더 쉬운 것이 나오
기를 바라지 말라.
54 더 간단하고 더 쉬운 깨우침이 나올
수 없음이니라.
55 이것이 나의 법전임을 너희들이 깊이
새겨야 될 것이니, 마음이 하나가 되
어야 될 것이니라.
56 너희는 너와 내가 아니니라.
57 그리고 너희들은 명예요, 재물이요,
어떤 부귀와 영화도 너희 앞에 쌓으려
하지 말라.
58 너희는 다 하나인 것을….
59 내가 너희들에게 먹고사는 것이 없도
록 하였더냐, 너희들이 입을 것이 없
더냐?
60 너희들이 떨어진 옷을 걸치면 어떠하
며, 남들이 못 먹는 죽을 먹으며 살면
어떠하더냐?
61 내가 오늘 아침에 너의 제자들에게 일
렀느니라.
62 너희들이 강아지가 먹다 버리는 그 죽
을 먹으면 어떠냐는 그 애절한 심정을
너희들은 오늘 새벽에 들었을 것이니
라.
63 사랑하는 나의 선지자의 제자 너희들
은 들어야 할 것이니라.
64 무섭게 내리쏟는 화산의 그 불덩어리
를 너희들이 막아야 될 것이니라.
65 누구도 너희들을 위하여 막아 줄 자가
없음이니라.
66 이게 너희들이 가지고 있는 첫째의 대
명임을 잊지 말라.

1,709 번째 하나님 말씀

2001년 12월 17일 09시

1 사랑하는 선지자야!
2 "네, 여호와 하나님! 말씀하옵소서."
3 네가 변하여 가는 것은 남에게 보여
주기 위함도 아니요, 남에게 자랑을
하고자 함도 아니요, 남들이 너를 보
고 있기에 네가 너 자신을 다스려 나
에게 오르는 그 길을 가고자 함도 아
니니라.
4 너는 나로부터 선택되어 나의 피조물
만백성을 구하는 대명을 받은 자로서
네가 가야 할 길을 너 스스로 묵묵히
가면 되는 것이니,
5 남들이 너를 놓고 무어라 말하든 너는
개의치 말며 너 자신을 다스려 나가도
록 그리 노력하면 될 것이니라.
6 오늘보다도 내일의 네 마음이 더 비어
가는 그 모습으로 너를 다스려 가야
할 것이니,
7 네가 남들이 갈 수 없는 길을 잘 가고
있음이니라.
8 내가 알고 있으며, 내가 바라보고 있
으며, 사탄과 모든 사악한 무리들이
다 보고 있음이니, 너는 너 스스로 잘
가고 있음이니라.
9 사랑하는 선지자야!
10 "네, 여호와 하나님! 말씀하옵소서."
11 네가 원하는 것이 무엇이며, 네가 바

라는 것이 무엇이며, 네가 가고자 하
는 것이 무엇인지를 내가 다 알고 있
음이니,
12 네가 변하는 모습만큼 내가 상을 내릴
것이며, 너를 내가 기억하고 있음을
잊지 말라, 선지자야!
13 너희들 말에 비 온 다음에 땅이 굳어
진다는 말이 있듯이, 이제는 하나의
태풍이 지나간 다음에 또 너의 제자들
의 마음가짐이 더 굳어지고 단단함이
니,
14 그게 곧 너의 재산이요, 너의 힘이며,
나의 법전을 세상에 전할 수 있는 길
인 것이니라.
15 이제는 네가 누군지를 알게 될 것이며
많은 나의 피조물 만백성이 너를 찾을
것이니, 두려워하지 말며 불안해하지
말라.
16 오로지 네가 남들이 보든 말든, 남들
이 뭐라 생각하든, 나의 뜻에 따라 시
행하며 나의 법전대로 살아가는 그 삶
을 살아가는 데 최선을 다하도록 하
라, 선지자야!

1,710 번째 하나님 말씀

2001년 12월 18일 06시 30분

1 내 사랑하는 선지자야!
2 "네, 여호와 하나님! 말씀하옵소서."
3 나의 아들 예수가 세상에 나와 너희들
을 구원하고자 하여 그가 그 고통의
길을 견디며 숨을 거둔 그 후 몇천 년
의 역사가 지금까지 흘러왔음이니라.
4 자기 자식의 목숨을 버려 가면서 나의
피조물 만백성 너희들을 구원하고자
하였던 나의 마음이 어떠한 것이며,
5 또한, 너희들을 얼마나 내가 사랑하고
있음인가를, 너희들은 나의 심정을 어
떻게 생각하는가?
6 너희들은 너희들의 소중한 자식을 남
을 위하여 불 속에 집어던질 수 있겠
는가?
7 너희 육신의 자식과 부모의 그 관계에
너희 후손이라는 그 자식을 만인을 위
하여 불 속에 던질 수 있는가? 너희들
은 그리할 수 없느니라.
8 너희들은 그러한 심성을 갖고 있으면
서, 그것도 나의 피조물 만백성 너희
들을 구하기 위하여 그 고통 속에서
숨을 거두게 한 나의 아들을 버리는
나의 마음을 너희들은 어찌 생각하는
가?
9 너희들은 예수는 그와 같이 고통스럽
게 죽어 갔으나 그는 나 여호와의 아
들이요, 내가 존재하기에 고통 없이
죽어 갔을 것이라 그리 생각하는 자는
없는가?
10 너희들을 위하여 그 육신을 가진 예수
가 육신의 고통을 다 겪으며 죽어 온
그 형상을, 그는 나 여호와의 아들이
기에 그와 같이 너희들처럼 고통을 겪
지 아니하였다 그리 너희 마음을 위안
하고 달래는 자는 없는가?
11 이것이 너희들의 마음자리는 아닌가
다시 한 번 너희들이 깨우쳐 돌이켜
봐야 할 것이니라.
12 내가 너희들에게 일렀느니라.
13 선과 악이 싸워서 선을 선택하고 악을
저버릴 수 있는 것은 예수의 죽음의
고통보다도 더한 것을 견디는 그 독한

마음자리를 잡지 아니하면 선이 이길
수 있는 길을 택할 수 없다 말하였느
니라.
14 그와 같이 나의 아들을 버려 너희들을
구원하고자 하였으나,
15 오늘의 종교 지도자들이 잘못 가르치
며, 또한 그 밑에서 배우고 깨우치는
너희 자신이 편안하고 안락한 방법으
로써만 합리화하여 나에게 오르고자
하여 눈물의 기도를 드리는 자 수없이
있음이니,
16 잘못 가고 있는 이 형국을 위하여 이
제는 나의 아들이 고통스럽게 생명을
저버리며 너희들을 구원하고자 했던
일을 실패로 생각하여,
17 내가 마지막 나의 가슴에 불을 지펴
그 고통보다도 더 진한 아픔에서 너희
들을 구원하고자 나의 법전을 세상에
내려보냄이니,
18 지금 나의 법전을 읽고 깨닫고 나의
성전에 와 새벽 기도를 하며 공부하는
너희들은 지금 어찌 생각하는가?
19 나의 모든 성령을 태워서 나의 사랑하
는 선지자를 통하여 너희들이 눈으로
보고 읽을 수 있는 열여섯 권의 법전
이라 하여 내려보냈으니,
20 나의 아들 예수가 그와 같이 죽어 갈
때, 나의 아들이기 때문에 나 여호와
가 그에게 고통을 주지 아니하였을 것
이라는 그러한 생각을 하는 그들과 너
희들이 한 치도 틀림이 없음이니,
21 너희들은 나의 법전이 세상에 내려왔
으니, 이 법전이 세상에 전해지는 것
은 여호와 하나님의 몫이라 그리 말하
고 있음이니,
22 이는 나의 아들 예수를 나의 아들이기
때문에 그 고통 속에서 고통의 시련이
없이 죽도록 하였을 것이라는 그러한
너희 나름대로 해석하는 자들과 다름
이 없음이니라.
23 나의 가슴을 태워 선지자를 통하여 만
백성을 구원하도록 내가 선택하여 나
의 법전을 읽고 깨우쳐 공부를 한 너
희들이 세상 만백성 나의 피조물들의
손에 이 법전을 전해 주는 것은 여호
와 하나님의 몫이라 그리 생각한다 하
면, 이는 아니니라.
24 내가 나의 성령을 태워 나의 선지자를
통하여 만백성을 구원하고자 법전을
세상에 내보냈음이니,
25 먼저 접하고 깨우친 너희들이 어찌하
여 이 법전을 들고 동분서주 뛰지 아
니하며,
26 너희들의 모든 생업을 전폐하며 너희
들의 생명을 바쳐서 모두를 다 던져
나의 법전을 전하여 세상에 만백성을
구하는 데 그리도 게을리하고 있는가?
27 너희들의 모두를 다 바쳐 나의 법전을
세상에 전하여 만백성을 구하는 길을
먼저 선택해야 될 것인가, 누릴 것 다
누리며 편안한 마음으로 나 여호와의
권능으로써 세상에 이 법전을 전하는
길을 선택하는 것이 옳은 것인가?
28 너희들 제자 중에는 이와 같은 것을
깨우치는 자 하나 없으며 생각하는 자
가 없으니,
29 나의 아들이 그리 죽는 모습을 보면서
나의 가슴 아픈 그 심정을 짓밟고 모
르는 체하는 그들과 너희들이 한 치도
틀림이 없음이니라.

30 나의 성령이요, 나의 뜻을 내려보내는
나의 법전을 접한 너희들이 이를 세상
에 전하는 데 너희들의 발이 붓도록
뛰어야 될 것이며, 목숨을 다 바쳐 이
법전을 전하여 세상에 봄바람처럼 전
해지도록 하는 것이 너희들의 몫이거
늘,
31 너희들이 '이 모두는 여호와 하나님이
맡은 하나님의 몫'이라 생각한다면 너
희들은 어떠한 심성에서 그와 같은 말
을 하는가?
32 이와 같은 뜻을 너의 제자들이 깨우쳐
야 할 것이니, 오늘 새벽 나의 성전에
와 나의 성령을 듣는 너희들은 이와
같은 깨우침을 너희들의 동료에게 일
깨워 너희들의 손발이 부르트도록 나
의 법전을 들고 전국 방방곡곡에 전하
는 그 속에서 내가 너희들에게 은혜와
축복과 영광을 내릴 것이니,
33 너희들은 가만히 앉아서 나에게 은혜
와 영광을 받고자 하는, 나의 아들 예
수가 그 고통을 그대로 느끼며 죽는
그걸 보고 그는 고통 속에 죽지 아니
하였을 것이라는 안일한 방법으로 저
희들의 마음의 위안을 얻고자 하는 그
사악한 자들과 너희들이 차별화되어
야 될 것이니,
34 이를 명심하여 실행하도록 깨우쳐 주
라.

1,711 번째 하나님 말씀

2001년 12월 19일 06시 10분

1 사랑하는 선지자야!
2 "네, 여호와 하나님! 말씀하옵소서."
3 너희들 인생사에 살아가면서 이와 같
은 말이 있느니라.
4 '정녕 눈물 젖은 빵을 먹어 보지 아니
한 자는 그 빵의 소중함을 모른다.'는
말이 있음이니,
5 자기가 어렵고 힘든 역경을 견디고 이
겨 보지 아니한 자는 남들이 겪고 있
는 그 힘들고 어려운 역경을 모른다는
말이니,
6 내가 너에게 일찍이 일깨워 한 마리의
헤매는 양을 구하는 그 뜻은 무리 속
에 떨어져 사자나 힘센 짐승에게 먹히
기 직전에 그가 살아와 무리 속에 들
어오면 그 무리를 떠나지 않는 것이라
는 그 깨우침을 알려 주었으니,
7 너를 따르는 너의 제자들이요, 나의
피조물 만백성 또한 나 여호와가 존재
함을 깨우치며 찾고자 많은 인내와 역
경의 세월 속에서 살아온 자는 나의
성령이요, 나의 이 법전의 소중함을
알고 있으나,
8 한 길의 믿음이요, 한 곳에 조용히 믿
음이라는 것을 향하여 10년, 20년을
갈고 닦은 자는 나의 성령의 이 뜻을
깨닫지 못하며 소중함을 모름이니라.
9 무엇인가를 깨달아 하늘에 오르고자
하여 갈구하여 수없는 시련과 고통을
겪고 지금 나의 성전에 와 나의 성령
의 음성을 듣는 자는, 이는 진정한 나
여호와의 뜻이며 나 여호와가 제3의
시대를 열고 가고자 하는 뜻을 뼈저리
게 알고 있음이나,
10 그렇지 아니한 자들은 오늘의 이 위대
한 영광의 은혜와 은총을 모름이니,
11 이게 또한 너희들의 깨닫고 깨닫지 못

한 점의 차이가 있음이니라.
12 사랑하는 선지자야!
13 "네, 여호와 하나님! 말씀하옵소서."
14 너의 제자들에게 일러야 할 것이니라.
15 너희들의 마음 자세가 먼저라는 것을
항상 일깨워 줘야 될 것이니라.
16 너희 스스로 먼저 행함이 아니요, 나
로부터 무엇인가를 받으며 나로부터
어떠한 기적을 먼저 이루고자 하는 것
이 너희 인간들의 생각이니,
17 이는 있을 수가 없음이라는 것을 깨우
쳐야 될 것이니라.
18 하늘에 오르는 그 갈급함을 위하여 자
기 생명을 버리고자 하는 자는 나의
성령의 이 뜻의 소중함을 알며 나의
사랑하는 선지자의 소중함이며 선지
자가 어떠한 자라는 것을 깨닫고 있으
나,
19 그렇지 아니하는 자는 선지자로부터
완벽함을 갈구하며 신선과 같은 저희
들의 상상의 선지자가 되기를 원하는
것이니,
20 이 또한 닭이 먼저냐 계란이 먼저냐
하여 선지자의 소중함과 나의 성령의
소중함을 뼛속 깊이 먼저 새기고 깨닫
느냐, 저희들이 은혜와 축복을 먼저
받는 것을 원하며 기적을 먼저 보기를
원하느냐 하는 그 차이이니,
21 많은 곳에 가 나에게 오르고자 갈급하
여 생명을 버리고자 하는 자는 나의
법전의 소중함과 나의 음성의 소중함
과 나의 사랑하는 선지자의 소중함을
먼저 알고 있음이니,
22 그들은 믿음이 우선 앞으로 가는 것이
니라.
23 그러나 나를 향하여 믿음을 향하여 오
는 것이 아니라 기적이요, 나의 선지
자로부터 어떠한 영광된 축복을 이루
고자 하는 그러한 자는 또한 차이가
있음이니,
24 한자리에 앉아 나의 성령을 듣고 나의
법전을 공부하는 사람들도 그와 같이
천태만상의 생각에 젖어 있음이니, 이
것이 너희들의 마음이니라.
25 나의 법전이 나의 뜻이요, 선지자를
통하는 음성이 나의 음성이라는 그것
하나만 깊이 깨우치며, 그것 하나 듣
는 것으로써 너희들의 생명보다도 더
소중함을 먼저 깨닫는 자,
26 그와 같은 너희들의 모임이 되었을
때, 하늘의 모든 상과 은혜가 너희들
에게 내려질 것이거늘,
27 세상에 두려운 것이 무엇이며 세상에
무서운 것이 무엇이 있더냐?
28 내가 너에게 일렀느니라.
29 내가 너희들에게 깨우침의 길을 눈을
뜨게 하며 귀로 듣게 하였으며, 나의
법전을 세상에 내보내 나의 피조물 만
백성을 구하고자 하였으니,
30 이 법전이 세상을 덮는 것은 여호와의
뜻이며 여호와의 권능에 의하여 이루
어진다 하는 그 소리를 하는 자는 아
니 된다 말하였느니라.
31 내가 너희들에게 나의 성령이요, 하늘
에 오르는 빛이요, 나의 피조물 만백
성을 구하기 위한 나의 법전을 내려보
냈으니,
32 세상에 나의 피조물 만백성을 구하는
것은 이를 읽고 깨우친 자, 너희들 몫
이지 나의 몫이 아니니라.

33 너희들이 지도자요, 목회자요, 인도자
이기 때문에 그는 너희들의 몫이라는
것을 잊어서는 아니 될 것이거늘,
34 너희들 말로 손도 안 대고 코를 푸는
그와 같은 형국의 마음을 갖는다는 것
은 너희들의 욕심이니라.
35 이와 같은 간단한 이치 하나도 깨우치
지 못하니, 나의 계명을 지키지 아니
하며 예수의 보혈로써 구원을 받았다
하여 저희는 구원을 받아 하늘나라에
오른다 부르짖는 그들보다도 더 어리
석은 자가 너희들이니,
36 오늘의 너희들의 깨우침과 너희들의
마음 자세를 바로잡아야 할 것이니라,
선지자야!
37 사랑하는 선지자야!
38 "네, 여호와 하나님! 말씀하옵소서."
39 나의 법전을 읽고 정독하는 자, 그 뜻
이 너무나 간단하고 쉽다 말하나, 그
열여섯 권을 정독하는 그 속에서 나의
가르침의 깊은 뜻을 깨우칠 수 있음이
니,
40 나의 법전을 읽는 자, 가슴에 안고 정
독하여 정성을 다하여 읽도록 그리하
라.
41 나의 법전을 가슴에 안고 정독하며 자
기의 생명보다 더 소중히 하는 자는
어떠한 중병에서도 구원을 받을 것이
며, 그는 기적을 이룰 수 있음이니라.
42 나의 법전을 제 생명보다 더 소중히
하는 자는 나의 법전이 제 생명을 구
함이요,
43 나의 법전을 그저 흘러가는 이야기꾼
의 책이라 생각하는 자는 구원을 받을
수 없으며, 제 생명보다 소중하게 생
각하지 아니하는 자는 제 생명을 구할
수 없음이니,
44 나의 법전을 가슴에 안고 정독하는
자, 그의 가슴에 있는 병을 내가 다 쓸
어 줌은 나의 법전에서 이루어지는 기
적이니라.
45 이 간단한 이치를 너희들이 깨우쳐야
될 것이니라.
46 너희들이 선지자 앞에 와 무엇을 구하
고자, 무엇을 이루고자 하나, 선지자
가 또한 너희들의 마음의 점수를 알고
있음이니, 그가 나에게 기도를 드리지
아니함을 너희들이 못 깨우치고 있음
이니,
47 너희들이 중병에 걸려 있다 하여 너희
들의 소원을 빌며 너희들의 아픈 자식
의 병을 고치고자 하나 선지자가 그
자식의 병을 고치기 전에 그 부모의
마음의 점수를 알고 있음이니, 선지자
가 나에게 기도를 드리지 못함을,
48 너희들은 그 간단한 이치 하나도 바라
보지 못함이니,
49 오늘 내가 새벽 기도에 나의 성전에
와 나 여호와의 뜻을 갈구하며 나의
뜻에 따라 하늘에 오르고자 하는 너희
들에게 나의 이 천기를 깨우쳐 줌이니
그리 알라.
50 너희들의 점수를 선지자가 알고 있음
을 알아야 할 것이니라.
51 그 점수가 낮은 자, 선지자가 그를 위
하여 기도를 하지 아니하며 선지자가
그를 위하여 기도를 못 하고 있음이니,
52 너희들의 마음자리가 중요함을 깊이
깨달아야 할 것이니 그리 알라.

1,712 번째 하나님 말씀

2001년 12월 19일 21시 20분

(강론을 마치며)

1 사랑하는 선지자야!
2 "네, 여호와 하나님! 말씀하옵소서."
3 선지자요, 예언자요, 모두를 깨우쳐
하늘에 오르는 나의 피조물 만백성을
인도한다는 사람들이 수없이 이 세상
에 왔다 갔음이니,
4 나 여호와가 수천 년의 역사가 흐른
이 시점에 그 많은 세월의 역사 속에
제1과 제2의 시대를 덮으며 제3의 시
대를 연다 하는,
5 나의 성령의 모두를 다 내 가슴에 불
을 지펴 태우는 그와 같은 마음으로
나의 법전의 열여섯 권을 세상에 내보
내 나의 피조물 만백성이 하늘에 오르
는 바른길을 깨우칠 수 있도록, 내가
다시 너희들을 구원하고자 하는 이 뜻
에 너희들이 오늘 나의 성전에 모여
와 있음이니,
6 나 여호와는 열여섯 권의 나의 성령을
가슴에 불을 지펴 타는 그 아픔으로써
내려보냈음이니,
7 이 나의 열여섯 권의 법전이 세상에
전해져 나의 피조물 만백성을 구원하
고 못 구원하는 것은 나의 뜻이 아니
라 너희들의 몫이라 너희들이 생각해
야 될 것이니라.
8 하늘과 땅의 법도가 엄연히 다르며,
하늘의 낙원과 너희들의 지상의 삶이
다르며, 너희들이 겪고 체험하는 것이
하늘과 땅이 다름이니,
9 너희들과 천사들과의 삶이 다르며, 생
활이 다르며, 엮어 가는 세월 속에 너
희들이 변천하는 것이 또한 다른 것이
니라.
10 내가 일찍이 나의 선지자를 통하여 나
의 법전을 세상에 내려보낼 때, 천사
와 모든 사탄들이 다 웃었으며, 나를
도운 자 하나 없다 말하였음이니라.
11 너희들이 사는 인간사의 법도와 내가
있는 하늘나라의 법도가 엄연히 다르
며, 모두가 다 하나가 될 수 없는 그러
한 형태에서 이루어져 가고 있음이니,
12 내가 나의 선지자를 통하여 나의 가슴
에 불을 지피는 그 아픔 속에서 열여
섯 권의 법전을 이 성전에 만들어 놓
았으며,
13 최초로 와 나의 법전을 읽고 깨우치는
너희들이 바로 누구이던가?
14 하늘에서 내려보낼 수 있는 나의 법전
은 내가 선지자를 통하여 열여섯 권의
책으로 너희 가슴에 안겨 주었음이니,
이는 나의 임무요, 나의 책임이니라.
15 그러나 법도가 다른 인간 사회에서 사
는 너희들이 열여섯 권의 법전, 나의
성령을 가지고 만백성을 깨우쳐 하늘
에 오르는 그 한 선을 넘게 하는 것은
너희들의 몫이니라.
16 이는 너희들이 선지자를 위시하여 마
음과 뜻이 하나로 되어 그 무서운 힘
을 발휘할 때, 그를 아무도 감당할 수
없음이니라.
17 내가 너희들에게 일러 말하였느니라.
18 내가 너희들을 세상에 내보낼 때, 사
탄과 너희들에게 똑같은 능력과 권능
을 주었으며, 똑같이 싸워서 견줄 수
있는 힘을 주었다 하였음이니,

19 지금 너희들이 앉아 있는 그 머릿수만
큼 천사가 여기 와 앉아 있음이니, 너
희들이 모여 있는 그 천사의 숫자가
사탄의 그 무엇이 두렵다 말할 수 있
겠는가?
20 그러하기에 나의 법전이 세상에 전해
져 만백성이 하늘에 오르는 빛을 볼
수 있고 없는 것은 너희들의 몫이라
하였음이니라.
21 너희들은 천사이어야 되느니라.
22 너희들은 천사이니라.
23 너희들은 천사이기 때문에 너희들은
천사가 되어야 되는 것이니라.
24 지금 나의 법전을 읽고 깨우치며 나의
음성을 듣고 나에게 뜻을 받아 내가
육성하고 기른 나의 피조물 만백성이
각처에서 저희 나름대로 소집단을 이
루고 있으며,
25 그들이 나의 법전을 읽고 깨우쳐 나의
성전, 나의 선지자 앞에 와 경배할 날
이 있을 것이니,
26 그들이 노도와 같이 밀려올 때 너희들
이 다스려진 천사가 되지 아니하였다
면 이 법전이 있는 성전이 무너지게
됨이니라.
27 너희들이 천사가 되어 있을 때 이 성
전이 지탱할 수 있으며 나의 법전이
지탱할 수 있음이라는 것을 너희들이
알아야 될 것이니라.
28 어찌하여 하늘과 법도가 엄연히 다른
이 세상에서 하늘에 있는 천사가 내려
와 너희들을 도와주기를 바라는가?
29 하늘에는 하늘의 천사가 있어 그 소임
을 다하고 있으며,
30 이 지상에서 나로부터 선택된 선지자
와 너희들은 지상의 천사로서 너희들
이 할 대명과 너희들이 할 임무와 너
희들이 할 사업이 있음이니, 이는 너
희들의 몫이니라.
31 너희들이 죽어 내 앞에 왔을 때 오늘
선지자를 통하여 너희들에게 내리는
이 대명의 뜻을 알게 될 것이니,
32 너희가 천사가 되어 나의 피조물 만백
성을 얼마만큼 천사로 만드느냐에 따
라서 이 지구상의 모든 나의 피조물
만백성이 천사가 되고 못 되는 것이
달렸음이니라.
33 너희들이 먼저 진정한 천사가 되어 나
의 피조물 만백성을 천사가 되도록 인
도하여 너희 수하에 둔다 하면 그 작
은 천사들이 수없는 능력을 발휘할 것
이거늘,
34 지상에 있는 너희들은 나의 천사요,
나의 명을 받은 천사들이니, 지상의
모든 일은 너희들 스스로 이루고 해결
해야 될 것이니라.
35 그 속에서 너희들이 노력한 만큼 나의
상장이 너희들 앞에 내려질 것이니,
너희들의 이름이 기록되어 상장과 상
품이요, 은혜와 은총이 내려가게 됨이
니,
36 이를 명심하여 너희들이 깨닫고 먼저
시행해야 될 것이니, 이를 기억하여
시행하도록 하라.
37 길이 있음이니라.

1,713 번째 하나님 말씀

2001년 12월 20일 06시 10분

1 사랑하는 선지자야!

2 "네, 여호와 하나님! 말씀하옵소서."
3 내 사랑하는 너의 제자요, 나의 백성
들에게 일깨워 주도록 해야 할 것이니
라.
4 내가 구약과 신약의 그 성서 중에 아
무도 손을 대지 아니하였으며 가장 귀
중한 구절이 무엇이라 말했더냐?
5 요한복음에 기록되었다 하였느니라.
6 너는 보혜사로서 네 뜻대로 말하지 아
니하고 듣는 것만을 말하며 그를 시행
함이니,
7 또 너를 따르는 자, 그들의 장래를 알
려 주며 그들의 미래를 네가 알려 준
다 하였음이니,
8 이것이 선지자로서 네가 해야 할 책무
이며 네가 그리 시행하도록 되어 있거
늘,
9 너로부터 기적을 원하며, 너로부터 병
든 자 일어서게 하는 그런 기적을 바
라고 원함은,
10 이는 저희들이 나의 계명을 어찌 지키
느냐에 달렸으며 그게 우선임을 너의
제자들이 알아야 할 것이니라.
11 나의 선지자 너를 믿으며, 나에 대한
믿음과, 나의 법전과 내가 내린 계명
을 갈구하는 자 외에는 누구도 너로부
터 기적을 얻을 수 없음이니,
12 기적을 행하고 행하지 아니함은 나의
뜻이며 나의 주관이니라.
13 저희 자신이 계명을 어찌 지키고 저희
들이 어찌 살아가며 저희들이 행하고
순종하는 것이 어디에 있는가 가슴에
손을 얹고 먼저 저희 자신을 비춰 봐
야 할 것이니,
14 이를 나의 사랑하는 피조물에게 깨우
쳐 줘야 할 것이니라.
15 나의 성서에 기록되었듯이 선지자 너
는 네 직분과 네 임무가 있어 그를 충
실히 시행하고 있음이니, 그 이상의
은혜와 축복을 받는 것은 저희들에게
달렸음이니라.
16 지나가는 예수의 흔들리는 그 옷자락
에 손을 대 병을 고치며 앉은뱅이가
일어섰다 하면, 그들의 마음에 얼마나
갈구했겠는가?
17 선지자를 통하여 나의 성령의 내 가슴
에 불을 지펴 나의 법전의 뜻을 내리
니, 이를 접하고 공부하는 너희들의
마음이 어디에 있으며,
18 예수의 옷자락을 만져 그 병을 고칠
수 있다고 매달리는 그 사람의 믿음과
너희들의 믿음의 한계가 어떠한가 너
희들 스스로 자신을 비춰 봐야 할 것
이니,
19 내가 너희들이 갈구하고 원하는 것이
무엇인가를 알고 있으며, 내가 너희들
의 마음의 뜻에 따라 상을 내릴 것이
니,
20 이는 내가 선지자를 통하여 행하고자
함이니라.
21 너희들은 지금 병든 자도 아니요, 눈
먼 자도 아니요, 앉은뱅이도 아니요,
문둥병자나 환자도 아님이니라.
22 나는 오로지 너희들이 원하는 것을 너
희들의 마음의 점수에 의하여 상을 내
릴 것이니,
23 앉은뱅이가 선지자에게 와 고치고자
갈구하는 마음이 얼마나 있었으며 나
의 법전을 얼마나 그들이 정독하였는
가?

24 나의 법전을 열 번 백 번을 읽는다 하
여도, 한 번을 읽더라도 가슴에 안고
정독하는 자, 그에게 영광이 있을 것
이며 그를 내가 인도하고자 함이니,
25 이 이치를 너희들이 깨달아야 할 것이
니라.
26 모두는 너희들의 마음에 달렸으며, 너
희들이 나의 법전을 얼마나 가슴속에
깊이 새기며, 나의 법전의 뜻에 따라
얼마나 행하고 순종하며 실행하느냐
에 따라서 내가 상을 내릴 것이니라.
27 너희들은 육신을 쓰지 못하는 바보요,
병신이 없으며, 내가 너희들에게 기적
을 이루어야 할 너희들의 급함이 없
으니,
28 내가 우리 선장의 불편한 몸을 다스려
준다 하였으니, 그것은 반드시 이루어
짐을 너희들이 알아야 할 것이니라.
29 내가 약속하면 반드시 이루어짐이니
라.
30 내가 너희들에게 약속함은 너희들이
그 약속에 따라 너희들의 마음이 그와
같이 전진하는 속도가 빠르기를 원하
여 내가 천기를 너희들에게 알려 줌이
니,
31 너희들이 행하는 이면의 생활이 어떠
한가를 깨달아야 할 것이니라.
32 바늘구멍만 한 작은 실수가 없을 때
낙타가 바늘구멍을 통과할 수 있는 기
적을 이룰 수 있다 하였느니라.
33 너희들이 그와 같은 마음이 되었을
때, 어떠한 기적인들 이루지 못하겠는
가?
34 너희들이 못 이룸이 없으며 너희들이
은혜를 받지 못함이 없음이니라.
35 내가 은혜요, 은총을 내림은 깨끗한
빈 그릇에 생수를 내림이라 하였으니,
36 오물이 붙어 있는 그릇에 생수를 내리
지 못함이니, 나의 안타까운 마음을
너희들이 안다 하면 너희들 스스로 먼
저 깨달음이 있어야 할 것이니라.
37 앉은뱅이로서 일어서지 못하는 자, 세
상에 쩔렁거리는 금화와 은화에 그 귀
가 쫑긋하고 바로 서며 그 소리에는
저희들의 생명을 다하여 갈구하며 취
하고자 하나 나의 법전을 가슴에 안고
그와 같이 정독하는 자 어디에 있는가?
38 너희들이 갈구하는 마음에 따라 내가
너희들에게 이루어 줌이니, 너희들은
재물이요, 권력을 갈구함이 아니라 깨
달음을 갈구함이니라.
39 나의 뜻이요, 나의 성령의 명에 따라
그리 가고자 갈구하는 것만이 두드리
는 것이요, 너희들이 매달리는 것이니
라.
40 이 이치를 깨달아야 할 것이니라.
41 평온한 마음속에 깨달음이 우선이니,
내가 너희들에게 은혜와 상을 내리고
자 하나 너희들이 받을 수 없다 말하
였음이니, 이 뜻을 깊이 깨우쳐야 할
것임을 알라.

1,714 번째 하나님 말씀

2001년 12월 20일

1 내가 너희들에게 일러 말하기를, 너희
는 다시 태어난 생명이라 하였으며,
다시 태어난 아이처럼 천사와 같이 살
라 명하였음이니라.
2 내가 구약과 신약을 덮으며 제3의 시

대를 옮으로 인하여 나의 성령의 뜻을
제일 먼저 접한 자들이며 하늘에 오르
는 길이 무엇인가를 깨닫는 너희들이,
3 지금 밖에서 생활하는, 인간 세속에서
살아가는 너희들의 모습을 보고, 나의
법전을 갖고 연구한 자는 과연 천사와
같다는 말을 들을 수 있게 그리 너희
들이 행동을 하고 있는가?
4 너희들이 나의 법전 한 권을 전할 때
받아들이지 아니하고 이해하지 못하
며 거부한다 하였음이니,
5 그 속에는 너희들이 인간의 탈을 벗지
못하였으며 너희 얼굴에 시기와 질투
와 욕심과 오만함이 있기 때문이니라.
6 전하는 너희들이 천사와 같이 변하여,
그가 보기를 너희들을 천사와 같이 볼
수 있다 하면, 천사가 주는 나의 법전
을 감히 누가 거절하며 그를 마다하겠
는가?
7 마음을 비워야 할 것이니라.
8 말 못 하는 고산의 식물들도 저희들을
아끼고 아끼지 아니함을 안다 말하였
음이니, 말 못 하는 미물들도 저희를
아끼고 아끼지 아니함을 아느니,
9 사탄과 똑같은 지혜와 능력을 가진 인
간, 나의 피조물 만백성이 너희들에게
접근했을 때, 너희들이 그 아름다운
마음이 아니면 받을 수 없음이니,
10 너희 모습이 천사와 같이 변하여져 있
다면 너희가 전하는 그 선물을 소중히
생각하여 가슴에 안고 받을 것이니,
11 이것이 너희들의 잘못됨이며, 너희들
이 깨닫지 못하며 변하지 아니하였음
이니, 너희들 자신의 욕심과 질투와
시기와 오만함이 그냥 있기 때문이니,
12 그를 씻어 내고 전한다 하면 나의 법
전을 너희들에게서 전해 받는 자가 거
부함이 없음이니,
13 아직도 너희들의 깨달음이, 너희들의
변함이 부족함을 먼저 알아야 될 것이
며, 이와 같은 것을 너희들이 깨달아
야 할 것이니라.

1,715 번째 하나님 말씀

2001년 12월 21일 06시 15분

1 사랑하는 선지자야!
2 "네, 여호와 하나님! 말씀하옵소서."
3 너희들이 살아가면서 순종이라는 것
과, 실행하는 것과, 말과 행동이 일치
된다는 것이 얼마나 힘들고 어려운 길
인가를 내가 너에게 일찍 일깨워 주었
노라.
4 형장에서 목숨이 이슬로 사라져 가는
그 순간까지도 지조를 지킬 수 있는
그와 같은 독한 마음만이 선과 악의
기로에서 선을 택할 수 있는 길이라
하였으니,
5 너희들이 선의 길을 택하고 행함이 얼
마나 힘들고 어려운 것인가를 너희 스
스로 이제는 깨우치고 있을 것이니라.
6 선과 악의 그 선택의 길에서 악을 저
버리고 선을 구하는 길을 행하지 아니
한다면 천 년을 너희들이 나에게 기도
를 드려도 그 기도 소리가 단 한 번도
들리지 아니한다 하였음이니, 너희들
의 마음 자세의 가짐이 얼마나 소중한
가를 알아야 할 것이니라.
7 이제는 나의 법전을 읽고 깨우치는 자
들, 그리고 나로부터 명을 받은 자들

이 준동하기 시작할 것이니, 네가 지
금 있는 이 성전이 만백성으로 붐비기
시작할 것이니,
8 그 많은 사람들 속에서 너희들의 자세
가 어떠해야 하는 것인가?
9 내가 너희들은 천사가 되어야 되며,
나의 피조물 만백성을 인도하는 너희
들이 천사라 하였으니,
10 그 대중의 무리 속에 서 있는 너희들
이 빛이 나며 달라야 할 것이니, 이는
너희들의 마음가짐에 달렸음이니라.
11 모든 대중의 무리 속에 있을 때 너희
들의 빛이 보이지 아니하며 너희들이
보이지 아니하면, 인도자인 너희들을
찾을 수 없고 너희들을 따를 수 없음
이니라.
12 많은 미물들이 집단으로 살면서 그 자
식이 어미를 찾으며 어미가 자식을 찾
는 그 능력이 있듯이, 너희들은 천사
가 되어 그 빛이 비치어져야 함이니라.
13 많은 미물의 그 집단 속에서 어미와
자식이 저희들만의 느낌이 있으며 저
희들만이 아는 비법이 있으니, 그리하
여 어미를 찾고 어미가 자식을 찾아
생존의 길을 갈 수 있도록 하듯이,
14 나의 피조물 만백성을 인도하는 너희
들은 천사가 되어야 할 것이며, 너희
들만이 발할 수 있는 그 비밀의 빛이
있어야 할 것이니, 그 빛을 보고 나의
피조물 만백성 중에 너희들을 따를 자
는 너희들을 따르게 됨이니라.
15 그 빛을 발하지 못한다 하면 그 많은
미물 속에서 제 새끼를 찾지 못하는
어리석은 어미와 같으니, 그 새끼의
생명은 어찌 되겠는가?
16 너희들이 천사가 되어 빛을 발함으로
그 빛을 보고 너희들을 따라야 할 나
의 피조물 만백성이 있음이니,
17 너희들은 이미 천사가 되어 그들을 구
원할 수 있는 대명을 받은 자들이나,
18 너희들이 깨우치지 못하며 너희들이
빛을 발하지 못한다면 너희들 각자의
그 천사의 아름다운 빛을 보고 나를
따라야 하는 나의 피조물 만백성은 그
길을 따르지 못함이니, 그들은 바로
무엇이더냐?
19 많은 미물의 집단 속에서 어미가 새끼
를 찾지 못하여 그 새끼가 죽어 가는
형국이 될 것이니, 그리하여 너희들에
게 인간사의 천사가 되라 하였음이니
라.
20 사랑하는 선지자야!
21 "네, 여호와 하나님! 말씀하옵소서."
22 너와 너의 제자들이 한 점의 부끄러움
이 없는 삶을 살아가는 것만이 그곳에
서 찬란한 너희들 각자가 가지고 있는
그 빛이 발산하게 되어 있음이니, 이
점을 명심하여 시행하도록 해야 될 것
이니라.
23 형장의 이슬로 사라지는 그 사람이 자
기의 지조를 굽히지 않고 지키며 목숨
을 내놓는 것보다 더 지독하고 더 강
한, 선을 향하는 너희들의 믿음이 구
원의 길이라는 것을 잊지 말라.
24 너희들이 목숨을 내놓고 선을 지키려
한다면 못 지킬 선의 행함이 어디에
있겠는가?
25 그 속에서 너희들이 너희들만이 가지
고 있는 천사의 특성의 빛을 발하게
됨이니,

26 그리하여 나의 피조물 만백성이 너희
들을 따르며 구원의 길을 받을 수 있
음이니라.
27 너희들이 변하지 못하며 너희들이 인
간의 천사가 되지 못할 때, 너희들을
따르고자 정해져 있는 많은 생명들이
구원의 길을 받지 못하며 지옥으로 쓰
러져 감이니, 그 죄가 얼마나 무서운
가를 알아야 될 것이니라.
28 너희들로 하여금 그 많은 생명이 구원
을 받지 못한다 하면,
29 너희 인간사에 한 사람이 살인을 해도
살인자요, 남의 생명을 버리는 자는
그 죄를 용서할 수 없으며 그것이 너
희 인간사의 살아가는 법칙이거늘,
30 내가 너희들로 하여금 수많은 나의 피
조물 만백성을 구하고자 하나, 너희들
이 선과 악의 그 기로에서 너희 자신
을 지키지 못하여 그 많은 생명을 지
옥 불로 버린다 하면, 그 죄는 다 너희
들의 몫임을 잊지 말라 깨우쳐 주라.

1,716 번째 하나님 말씀

2001년 12월 21일 21시 20분

(강론을 마치며)

1 사랑하는 선지자야!
2 "네, 여호와 하나님! 말씀하옵소서."
3 내가 너에게 일러 말하기를, 하늘에는
천사가 있어 그 천사가 나를 보필한다
하였음이며, 지상에서는 너희들이 천
사요, 지상의 대임을 맡아 너희들이
나의 뜻을 이루어야 할 대명이 있다
하였음이니,
4 너희들은 너희 자신을 다스려야 되는
그 고충과 너희들 스스로 그 싸움의
역경을 이겨야 되는 것이 하나가 있고,
5 또한, 나의 피조물 만백성에게 너희들
이 기본이 되는 모범을 보이는 삶을
살아야 하는 것이 너희들의 두 번째의
고통이며,
6 너희들이 지금까지 살아왔던 모든 인
생의 삶과 인간관계를 다시 한 번 정
립하여 너희들이 하늘에 오르는 길을
볼 수 있는 그 노력이 또한 세 번째이
며,
7 또한, 너희들은 나의 법전을 받아 세
상에 전하며 나의 피조물 만백성을 구
원하는 네 번째 임무가 또 하나 같이
있음이니,
8 이 모두를 너희들이 지고 감은 태산을
지고 가는 것보다도 더 어렵고 힘든
너희들의 노고가 있음이니라.
9 너희 자신을 다스려야 되며, 나의 피
조물 만백성을 구원해야 되며, 나의
피조물 만백성에게 나의 법전을 전하
여 그들이 읽고 깨우치도록 해야 되는
육신을 가진 너희들로서 너희들이 이
루는 그 대업은 태산을 짊어지고 가는
것보다도 더 무거운 짐을 지고 가는
것이니라.
10 그리하여 내가 너희들이 죽어 심판을
받지 아니하고 나의 낙원 에덴동산에
너희들의 이름을 걸어 놓았다 하였음
이니,
11 이와 같이 내가 너희들에게 말한 그
어렵고 힘든 길을 너희들이 이기고 견
디고 나가야 되기 때문에 너희들의 이
름을 낙원에 걸어 놓았음이라 하였으
며, 너희들이 나에게 와 심판을 받지

아니하고 그 강을 건넌다 말하였음이
니라.
12 비록 너희들이 지금의 이 자리에 서서
나의 법전을 읽고 나의 음성을 듣고
기도하며 나의 성전에 와 앉은 너희들
각자를 돌아다보면 초라하고 힘이 없
는 것 같으나,
13 나는 너희 한 사람을 놓고 세상의 어
떠한 것과도 바꾸지 아니할 만큼 너희
들을 사랑하고 소중히 생각함이니, 너
희들의 이름을 내가 기억하고 있음이
니라.
14 내가 너희들에게 일렀느니라.
15 선지자를 따라 너희들이 나의 법전을
세상에 전하여 나의 뜻을, 지상의 낙
원의 꿈을 이룬다 하는 것은 세상을
얻음과 같은 크나큰 영광과 은혜가 너
희들에게 있다 하였음이니라.
16 나는 그와 같은 은혜와 영광을 너희들
에게 내리고자 하며, 너희들이 이룰
것이라 생각하며, 너희들은 꼭 이루게
되어 있음이니, 그 은혜와 영광을 누
릴 날이 머지않았음이니,
17 오로지 이 모두는 다 선지자를 통하여
너희들이 하나의 마음이 되어, 너와
내가 아니요, '우리'라는, 하나의 몸체
라는 마음을 갖는 데에서 그 위대한
힘을 발휘할 수 있음을 잊지 말라.
18 지금 나의 성전에 있는 이 아름다운
법전을 세상에 너희들이 다 전해야 될
것이니라.
19 전하라. 그리고 난 다음에 너희들에게
은혜와 영광이 있을 것임이니라.
20 전하라 하면 전하면 되는 것이니라.
21 내가 선지자에게 일러 말하지 아니하
였더냐?
22 빙산을 맨손으로 오르라 하면 네가 한
자를 오르든 두 자를 오르든 그 빙산
을 오를 때, 내가 그 빙산의 얼음을 1
초도 안 되어서 녹여 선지자의 발 앞
에 놓을 수 있다 말하지 아니하였더냐?
23 너희들은 명하면 따르라. 그리고 실천
하면 이루어질 것이니라.
24 내가 존재하며, 너희와 같이하며, 너
희들이 나의 피조물 만백성을 구하는
승자라는 것을 알 것이며,
25 너희들의 이름 석 자의 그 빛에 의하
여 수십억의 인구가 그 이름 앞에 모
인다는 것을 잊지 말라.
26 이를 꼭 기억하여 너희들이 얼마나 소
중한, 나에게 선택된 백성인가를 너희
스스로 깨달아야 할 것이니, 이를 잊
지 말고 명심하여 행하도록 그리하라.

1,717 번째 하나님 말씀

2001년 12월 22일 06시 15분

1 사랑하는 선지자야!
2 "네, 여호와 하나님! 말씀하옵소서."
3 내가 너에게 일러 말하기를, 나의 피
조물 그 수십억 중에 한 사람이 정녕
깨달아 나의 뜻에 따라 시행하고 사는
자가 있다 하면 너희들이 사는 이 모
든 것을 다 주고 바꿔도 아깝지 않다
하였음이니,
4 내가 오늘 너의 제자들을 보며 나의
마음의 기쁨이 한량없음이니, 첫째는
네가 바로 서고자 함이요, 네가 바늘
구멍만 한 어떠한 과오도 범하지 아니
하고 살려고 하는 네 그 굳은 마음의

변화에 내가 감사하며 나의 마음이 기
쁘기 한량없으며,
5 또한, 너의 제자들이 너와 같이 따르
고자 나 여호와가 존재함을 믿으며,
나의 음성을 듣는 것을 기쁨으로 생각
하며 나의 법전을 접하여 저희들의 가
슴에 안고 정독하며 변해 가는 그들의
모습이 있음이니, 나 여호와의 기쁨이
이루 말할 수 없음이니라, 선지자야!
6 내가 너희들의 변하는 그 모습을 보
며, 그 마음자리를 보며, 아담과 이브
와 같은 내가 최초로 만든 그들의 순
수한 삶의 그 시대와 같은 때로 돌아
가고자 하는 너의 제자들이 있음이니,
나 여호와의 마음이 기쁘기 한량없음
이니라.
7 내가 그러한 너희들에게 어찌 상을 내
리지 아니하며 은혜를 내리지 아니하
겠는가?
8 사랑하는 선지자야!
9 "네, 여호와 하나님! 말씀하옵소서."
10 조금만 더 네 마음을 굳히라.
11 내가 너에게 이르지 않았더냐? 하얗
고 깨끗한 마음으로만 지탱할 수 없음
이니, 그 마음이 다져지고 다져져 굳
어졌을 때 그가 하늘에 오르는 길이
며, 너희들이 사탄의 어떠한 유혹에도
견딜 수 있는 그와 같은 형상이라 하
였으며, 그리하여 하얗고 고운 그 마
음을 굳히라 하였음이니,
12 이제는 네가 단단히 네 마음을 굳히며
어떠한 상황에서도 흔들리지 아니하
는, 바로 서는 네 마음의 자리가 필요
함이니라.
13 조금만 더 다져지라.
14 조금만 더 굳어지라, 선지자야!
15 또한, 너의 제자들에게 이르라.
16 하얀 마음으로 굳어져 가는 너희들이
조금만 더 단단해지며 더 굳어지라 하
는 나의 간곡한 이 뜻을 전하여, 내가
너희들에게 내리고자 하는 이 은혜와
상을 다 내릴 수 있도록 조금만 더 굳
어지라 이르라.
17 모든 영광의 은혜와 은총이 너희들에
게 있음이니, 이를 받는 너희들이 되
도록 하여야 할 것이니라.

1,718 번째 하나님 말씀

2001년 12월 23일 06시 05분

1 사랑하는 선지자야!
2 "네, 여호와 하나님! 말씀하옵소서."
3 내가 너희들에게 일러 말하기를, 너희
들이 지상의 천사라, 인간사의 천사라
말하였으니, 내가 그리 말할 수 있는
너의 제자들을 보며 나 여호와의 마음
이 얼마나 기쁜 것인가를 너희들은 알
아야 할 것이니라.
4 나의 피조물 만백성에게 세상에 나가
살라 하는 것은 사랑을 베풀고 서로
나누며 살기를 바라는 것이거늘, 지금
의 너희들이 살아가는 그 형태가 어떠
한가 너희들은 생활 속에서 하나하나
짚어 깨닫고 보고 느껴야 할 것이니라.
5 사랑을 베풀며 살다 영원히 사는 나의
나라에 오르라 한 나의 피조물 만백성
이 지금 살아가는 형태가 어떠하더냐?
6 너희들이 생각할 수 없을 만큼 사랑이
라는 것을 모르고 지금 나의 피조물
만백성이 살아가고 있음이니,

7 남을 위하여 양보하는 마음, 남을 위
하여 자기가 봉사하는 마음, 남을 위
하여 자기가 조금 더 양보할 수 있는
마음,
8 이와 같은 마음을 갖고 사는 나의 피
조물들을 바라볼 수 없으며 찾아볼 수
없는 그와 같은 형국의 시대가 되었음
이니, 지금 너희들이 그와 같이 험악
하고 무섭고 더러운 세상에서 살아가
고 있음이니라.
9 어린아이를 한 팔에 안고 있는 여인을
위하여 너희들이 모두를 양보할 수 있
는 마음 자세가 없으며, 병자나 노약
자에게 양보하며 그를 도울 수 있는
마음이 없음이니,
10 자기 자신만을 바라며 자기 자신만을
위하여 살아가는 그 험악하고 추한 세
상에서 너희들이 살아가고 있음이니
라.
11 그러한 형태가 너희들의 눈에 보일 것
이며, 나의 성전에 찾아오는 너희들은
그러하지 아니할 것이니,
12 내가 그리하여 너희들을 천사라 이르
며, 그와 같은 삶을 살아가는 너희들
이 있으니 내가 그 기쁨을 말할 수 없
다 말함이니라.
13 나의 성전에 와 나의 법전을 공부하며
선지자로부터 나의 음성을 듣는 너희
들은 지금 살아가는 지상의 낙원에서
이루어지고 돌아가는 그 형태를 하나
하나 상세히 봐야 할 것이며, 그것이
너희 눈과 마음에 보일 것이니라.
14 어린아이를 안고 있는 사람에게 자리
하나 양보하지 못하고 손잡이 하나 양
보하지 아니하는 것이 지금의 너희들
의 자손들이니라.
15 지금의 세대에 너희 자손들이 그와 같
이 삭막하고 사악하며 사랑을 모르고
살고 있음이니, 이와 같은 시대의 세
월이 흐른다 하면 어떠한 형국이 이루
어지겠는가?
16 조금 더 세월이 흐른 다음에 노약자를
젊은이들이 발길로 찰 것이며, 힘없는
노약자를 사람이라 생각하지 아니하
고 인간의 대우도 하지 아니하는 그러
한 너희들의 후손들이 살아가는 형태
가 이루어질 것이니라.
17 너희들은 지금 물의 소중함을 모르며
공기의 소중함을 모르니 물의 전쟁이
요, 공기의 전쟁이 이루어진다 하면
너희들은 믿지 않을 것이지만,
18 이와 같이 사악한 너희들의 삶을 살아
간다 하면 나 여호와가 너희들의 삶에
목을 조르는 수밖에 없음이니,
19 나의 이 아픈 마음을 너희들이 알아야
할 것이니라.
20 그리고 그와 같은 나의 마음을 달래며
내 마음의 뜻에 따라 나의 피조물 만
백성을 정화하는 것은 너희들뿐이니
라.
21 내가 지금 너희들에게 말하는, 나이
많은 노약자를 발길질하고 밀어붙이
며 인간으로 대우하지 않는 시대가 온
다 하면 너희들은 지금 믿지 않을 것
이니라.
22 양보며 미덕이며 사랑을 모르는 나의
피조물 너희들이 앞으로 백 년, 천 년
이 흐른 다음에 어찌 변화되겠는가?
23 그와 같은 사악한 세상에서, 추하고
더러운 세상 속에 너희들이 살고 있음

이니,
24 그 속에서 양보하고 용서하며 사랑하
는 마음을 갖고 살아가고자 하는, 나
로부터 선택되어 나의 법전을 읽고 깨
우치는 너희들이 얼마나 소중한 자들
인가?
25 시간이 없음이니라.
26 그리하여 나의 성전에 있는 이 법전을
만백성을 위하여 다 뿌리고 전하라 함
이니, 이것만이 그들을 정화시킬 수
있는 길임을 알아야 할 것이니라.
27 너희 주변에 나의 피조물 만백성이 살
아가는 그 형태를 보라.
28 그들이 사랑이 있는가, 베풂이 있는
가, 나눔이 있는가, 봉사함이 있는가,
그리고 희생함이 있는가?
29 이와 같이 나의 피조물 만백성이 변화
되어 그들이 그 고통 속에 영원히 사
는 나의 나라에 와 견디는 그 죄의 대
가는 너희들이 상상을 할 수 없음이니
라.
30 사랑하는 선지자야!
31 "네, 여호와 하나님! 말씀하옵소서."
32 험악하고 더러운 이 세상 속에 너희들
이 묻혀 살아가고 있음이니, 그 속에
서 그 더러움을 묻히지 않으며 때를
벗고자 하는 너희들이 얼마나 소중한
나의 백성인가를, 이 험악해져 가는
나의 지상 낙원을 정화하고 다스릴 것
은 나의 법전밖에 없음이니,
33 이를 전하고 깨우쳐 만백성을 인도하
는 너희들의 주어진 임무가 얼마나 소
중한가를 너희들이 알아야 할 것이니,
34 너희들이 나의 법전을 세상에 전하는
것보다 더 소중함이 없으며 더 귀함이
없는 것을 알아야 할 것이니라.
35 너의 제자들에게 이르라.
36 마음대로 육신을 쓸 수 없는 자, 생각
을 잘 할 수 없는 자, 마음대로 걷고
달릴 수 없는 그러한 사람들을 보면서
그것 하나만으로도 너희들이 얼마나
선택되어 있는 백성인가를 알고 감사
할 줄을 알며,
37 또 영원히 사는 나의 나라에 오를 수
있는 길에 들어서 있는 너희들이 얼마
나 영광이며 감사한 것인가를 너희 마
음속에 진정 깨우쳐야 할 것이라 이르
라.
38 그리하면 너희들이 해야 할 길이 무엇
인가를 알며, 너희들이 해야 할 일이
무엇이며 가야 할 길이 무엇인가를 알
게 됨이니라.
39 사랑하는 선지자야!
40 "네, 여호와 하나님! 말씀하옵소서."
41 네가 죄악의 씨를 뿌리며 살아가지 아
니하고자 하며 너 스스로 변해 가는
그 모습을 너는 알듯이, 그리고 인내
하고 견딜 수 있으니,
42 너희들은 지혜라는 것을 갖고 있기 때
문에 실천할 수 있음을 너의 제자들에
게 깨우쳐 줘야 할 것이며, 손에 네가
쥐여 주어야 될 것을 잊지 말라.
43 그들도 할 수 있음을, 그들도 지킬 수
있음을, 그를 지키고 그를 바라볼 수
있을 때 너희들의 대명이 무엇이며 너
희들의 삶의 소중함이 어디에 있는가
를 알게 될 것이니,
44 이 더럽고 혼탁한 세상 속에 살아가는
너희들이 세상을 바라보는 그 눈이 뜨
여져 있음이니, 그를 실천하여 그들을

일깨워서 하늘에 오르는 길로 인도하
는 것이 무엇인가를 너희들이 알아야
할 것이니라.

1,719 번째 하나님 말씀

2001년 12월 23일 12시 05분

(강론을 마치며)

1 사랑하는 선지자야!
2 "네, 여호와 하나님! 말씀하옵소서."
3 너희들은 인간사에서 나라와 나라, 국
가와 국가 간에 전쟁이라는 것을 수없
이 치러 왔음이니라.
4 백 번이라는 전쟁을 치르게 되어 있는
양국에서 아흔아홉 번을 이겼다 하여
도, 아흔아홉 번을 지다가 마지막 백
번째 전쟁에서 이기는 자가 승자가 아
니더냐?
5 백 번의 싸움 중에서 아흔아홉 번을
이긴 자가 마지막 백 번째 싸움에서
진다 하면 지난날의 아흔아홉 번은 다
물거품이요, 마지막의 승자가 승자가
되게 됨이니, 그가 모두를 취하게 됨
이니라.
6 내가 너희들에게 일깨워 말하였느니
라.
7 모든 승자는 너희들이라 말하였음이
니, 너희들은 어찌하여 나의 이 뜻을
깊이 새기지 못하는가?
8 나는 말하였느니라.
9 너희들이 아름답게 짓는 그 성전이라
는 곳의 문을 내가 닫을 것이며 거기
에 거미라는 그 미물이 줄을 친다 내
가 너희들에게 일러 주었으니, 이는
엄연한 사실이며 그와 같이 변화되는
걸 너희들이 의심치 말라.
10 내가 너희들에게 일렀느니라.
11 모든 최후의 승자는 너희들이라 말하
였음이니라.
12 아흔아홉 번의 전쟁에서 이긴 자가 마
지막 전쟁에서 패하면 그는 아흔아홉
번의 승리한 것만큼 패했을 때 그 아
픔이 클 것이니라.
13 지금 나의 성전에 와 나의 선지자를
통하여 내리는 나의 음성을 가슴속에
새기며 법전을 가슴에 안고 공부하는
나의 피조물 만백성 너희들이 최후의
우승자라 내가 너희들에게 말하였음
이니,
14 인간사에서 아흔아홉 번을 패하여 고
통을 겪다가 한 번의 마지막 전쟁에서
이기는 영광을 얻는 것보다도 백배 천
배 더 위대한 것이 나 여호와가 인도
하는 나의 백성으로서,
15 하늘에 오르는 길을 선택하여 오를 수
있는 너희들이 얼마나 위대한 승자인
가를 알아야 될 것이니라.
16 내가 너희들에게 명하여 일렀느니라.
최후의 승자는 너희들이라 하였으니,
두려워하지 말며 겁먹지 말라.
17 아흔아홉 번의 전쟁 속에서 패배를 맛
본 그 국가와 민족과 백성은 얼마나
고달프고 힘든 길의 역경을 걸어왔겠
는가?
18 그러나 그들은 마지막 최후의 승자가
되었음이니라.
19 너희들은 아흔아홉 번의 전쟁에서 패
하는 백성보다도 더 어렵고 힘든 그
시련과 역경을 겪고 나갔을 때 그보다
천배 만배 더 위대한 영광을 얻게 되

어 있음이니,
20 아흔아홉 번의 전쟁에서 패하는 그 백
성의 시련보다 너희들이 더 어렵고 힘
든 그 시련과 고난을 겪는다 하여도
너희들은 나 여호와를 원망하지 말라.
21 너희들이 최후의 승자이니라.
22 너희들은 자신을 가져야 될 것이니라.
그리고 너희들이 최후의 승자라는 것
을 잠시도 잊어서는 안 될 것이니라.
23 인간 전쟁에서 마지막 최후의 승리가
안겨 주는 것이 얼마나 그들에게 쾌락
과 영광이 뒤따르겠는가?
24 그보다 백배 더 위대한 영광을 너희들
이 취하며 승자가 되게 됨이니, 얼마
나 너희들은 행복한 자들이더냐?
25 죽고 사는 그 전쟁 속에 본인이 살 수
있는 사람이며 본인이 승자라는 것을
알면서 싸우는 그 민족은 얼마나 행복
하고 위대한 자들인가, 그리고 그들은
얼마나 기쁨인가?
26 승과 패를 모르고 싸우는 병사들과,
승리하고 저희가 죽지 아니하며 승자
라는 것을 알고 싸우는 자들의 마음자
리는 얼마나 차이가 있겠는가?
27 죽고 사는 그 기로에서 삶을 느끼는
것이니라.
28 어떠한 사악한 무리의 어떠한 역경이
든, 어떠한 핍박을 너희들이 받든, 어
떠한 고난을 겪든, 최후의 승자는 너
희들이라 하였음이니,
29 너희들은 승리한다는 것을 알면서 싸
워 가는 자들이니, 너희보다 더한 영
광과 기쁨이 어디에 있겠는가?
30 이 이치를 너희들이 깨우쳐야 할 것이
며, 너희들은 하나의 마음이 되어 나
의 뜻을 이루고 전하는 데 조금도 소
홀함이 없어야 할 것이니라.
31 오로지 최후의 승자는 너희들이니라.
32 그 기쁨을 너희들이 느낄 때가 있을
것이니, 내가 나의 법전이 세상을 덮
는 것이 너희들의 열 손가락인 그 숫
자, 10년 안에 이루어진다 하였음이니,
33 너희들은 인내하고 기다리며 노력하
는 마음을 게을리하지 말라, 사랑하는
나의 백성들아!

1,720 번째 하나님 말씀

2001년 12월 24일 10시 30분

1 사랑하는 선지자야!
2 "네, 여호와 하나님! 말씀하옵소서."
3 세상사 수십억 인구 중에 수천 년의
세월이 흐르면서 너는 최초로 나에게
선택된 나의 선지자요, 나의 아들이니,
4 감히 누구도 선택될 수 없는 그 길을
네가 가고 있음이니, 너 자신이 얼마
나 힘들고 어려운 길을 가야 하는가?
5 만백성 중에서 선택된 그것 하나만큼
네가 시련의 고통스런 길을 가야 함이
니, 감히 누구도 지키고 넘을 수 없는
길을 가야 함이니라, 선지자야!
6 내가 너에게 일러 법전에 내려 너에게
지키라 하는 그 모든 뜻이 곧, 그게 계
명이니라.
7 내가 직접 너에게 명한 모든 것은 내
가 너에게 내리니 네가 지키며 살아가
야 할 계명이니, 그 또한 남들이 지킬
수 없는 길을 너는 지키고 가야 하느
니라.
8 내가 그와 같이 너에게 지키라 함은

거기에 따른 깊은 뜻과 내가 행하고자
하는 그 의미가 거기에 부여되어 있으
며 그리 가야만 되는 것이기에 내가
너에게 내렸음을 네가 깨우쳐,
9 나의 법전을 읽는 그 속에서 내가 너
에게 지키라 명한 것을 하나하나 끄집
어 내어 그를 네 생활에 적용하여 그
리 살아가도록 해야 할 것이니라, 선
지자야! 다 그 뜻이 있음이니라.
10 내가 너를 92살이라는 너희들의 숫자
속에 살다 하늘에 오르라 하였음이니,
네가 내가 명하는 모든 뜻을 지키지
아니한다면 그를 시행할 수 없으며 너
자신을 그리 지킬 수 없음이니라.
11 오로지 네가 그 나이를 살 수 있음은
내가 지키라 명한 것을 지키고 사는
길밖에 없으며, 그것만이 네가 그 나
이를 지킬 수 있음이니,
12 이는 곧 나의 뜻이요, 나의 법전이 세
상에 빛을 발하게 되는 기초이니,
13 수천 년 역사가 흐른 뒤에 네가 그를
지키지 못하였다 하면 나의 피조물 만
백성은 네가 내가 너에게 그리 갈 수
있도록 명한 것을 지키지 아니하여 죄
를 지었음을 모를 것이니라.
14 다 너에게 내린 뜻이 있음이니, 너는
그를 지키고 그리 시행하고 살아가야
할 것이니라, 선지자야!
15 나의 뜻대로 그리 시행하라.
16 그리하여 많은 나의 피조물 만백성이
'선생은 그리 시행합니까?' 하고 물었
을 때, 그리 지키고 있다고 당당히 말
할 수 있는 네가 되어야 함이니라.
17 내가 너를 사랑하노라.
18 나의 피조물 만백성이 흔들려 가며 사
악한 이와 같은 형국에서 그들을 지금
바로잡지 아니하면 잡을 수가 없음이
니,
19 나의 뜻을 뼈를 깎는 그 아픔의 인내
속에서 너 스스로 지켜 가 사랑하는
나의 선지자요, 나의 아들로서 한 점
의 부끄럼이 없는 삶을 살아와 네가
내 옆에 오를 수 있는 그 영광을 버리
지 말라.

1,721 번째 하나님 말씀

2001년 12월 25일 08시 50분

1 사랑하는 선지자야!
2 "네, 여호와 하나님! 말씀하옵소서."
3 이제는 네가 바로 서야 함이니라.
4 인간사 인간관계의 그 생활 모두를 다
접어 둬야 함이니, 천 가지 만 가지 네
가 살아가는 생활 속에서 인간사의 인
간관계를 먼저 생각하고 계산해서는
아니 되느니라.
5 모두를 다 버려야 되느니라.
6 오로지 묵상과 기도만을 하여 행하라
내가 하였으며, 묵상과 기도의 나의
뜻에 의하여 내가 바다를 맨발로 가라
면 너는 가야 할 것이며, 불바다 위에
맨발로 서라면 너는 서야 할 것이니,
7 인간으로서는 생각할 수도 없으며 황
당무계한 일이라 하더라도 내가 명하
는 것을 너는 그대로 시행하고 지켜야
되느니라.
8 네가 지키고 따라야 할 모든 계명을
내가 내림에 있어서 그를 네가 시행하
고 지키는 것이 기본이요, 으뜸이니,
9 그것만이 나의 피조물 만백성을 구할

수 있는 빛을 발할 수 있는 너로 변하
는 모습인 것이니라.
10 불바다를 맨발로 가라 하면 가는 것이
너이거늘, 인간사의 살아가는 모든 육
신의 관계를 다 저버리고 오로지 묵상
과 기도에 의하여 네 인생을 살아가도
록 하라 함을 네가 잠시도 소홀히 해
서는 아니 되며 그를 잊고 살아서는
아니 됨이니라.
11 인간사 관계의 생각을 버려야 되느니
라.
12 인간사의 생각을 버리지 못하고 그를
정립하지 못하면 네가 벗어날 수 없으
며, 선지자가 될 수 없으며 천사가 될
수 없음이니라.
13 인간사의 생각을 하지 말아야 할 것이
니라.
14 나의 이 뜻을 깊이 새겨 시행하도록
하라.
15 모든 것을 인간사로서 생각을 하며 인
간사에 접목한다면 너는 깨우침이 있
는 것이 아니요, 선지자도 아니요, 나
의 종도 아니요, 나의 아들도 아님이
니, 그저 하나의 인간일 뿐인 것이니
라.
16 그리 하여 네가 어찌 똑같은 인간, 나
의 피조물 만백성을 구하는 선봉장이
될 수 있겠는가?
17 너는 그리 가서는 아니 됨이니라.
18 인간사에 만나서 즐겁고 행복하며 너
희들이 희비애락 하는 그와 같은 속에
서 네가 생각해서는 아니 됨이니,
19 오로지 침묵과 묵상과 기도로써 너 자
신을 다스려 행동해야 할 것이니라.
20 모든 너의 제자들 또한 인간사의 고리
로써 너를 생각하면 아니 되는 것이니
라.
21 인간이기에 배가 고프니 한 끼의 식사
를 같이하고자 하며, 인간이기 때문에
움직임이 필요하기 때문에 네가 움직
이도록 해야 될 것이며, 인간이기 때
문에 네가 재물이 필요하여 재물을 바
쳐야 하며 너에게 재물을 무상으로 줘
야 된다는 그러한 생각들을 해서는 아
니 됨이니,
22 모두는 나의 뜻에 의하여 이루어짐이
니, 너의 제자들 또한 나의 뜻에 의하
여 선지자가 움직이는 대로 따라오면
될 것이니라.
23 인간사의 생각으로써 선지자에게 접
하지 말라 이르라.
24 인간관계의 생각으로써 선지자에게
접하지 말라 이르라.
25 내가 바다로 가라 하면 바다로 가라
하는 뜻이 있으며, 불바다 속을 맨발
로 가라 하면 가라 하는 뜻이 있음이
니, 그저 행하면 되는 것이며,
26 너희 생각으로써 된다 안 된다 생각하
지 말며 너희 뜻으로써 된다 안 된다
판정하지 말라.
27 이 이치를 깊이 깨우쳐야 할 것이니라.
28 그리하여 너는 기도와 묵상으로써만
움직여야 될 것이며, 인간사의 생각으
로써 먼저 앞서 생각하면 아니 되고
행동하면 아니 된다 하였음이니, 기도
와 묵상에 의하여 답을 얻어 행동하라
는 뜻이 여기 있음을 깊이 깨우쳐 행
하도록 하라.

1,722 번째 하나님 말씀

2001년 12월 26일 06시 10분

1 사랑하는 선지자야!
2 "네, 여호와 하나님! 말씀하옵소서."
3 너의 제자들과 너를 따르는 나의 피조
물 만백성에게 네가 전해야 할 것이니
라.
4 '나 여호와가 존재함을 믿는 그 자체
가 구원의 길에 들어섬이요, 나의 법
전을 가슴에 안고 정독하는 자, 반석
위에 일어서서 하늘에 오르는 빛을 본
다.' 하였음이니,
5 너희들이 하늘에 오를 수 있는 빛을
본다는 그 영광 자체가 인간들이 넘을
수 없는 선을 넘고자 함이니, 그보다
더 크고 큰 은혜와 영광이 없음을 알
아야 할 것이니라.
6 수천 년 역사가 흐르는 그 세월 속에
구약의 시대에 살던 나의 백성들은 그
들 나름대로 그때의 그 환경과 처해
있는 위치에서 믿음을 갈구하여 하늘
에 오르고자 하였으며,
7 신약의 시대에 임하여 살던 나의 피조
물 만백성 또한 그 시대의 삶과 환경
에 의하여 그들이 기도하고 경배하며
하늘에 오르고자 하였음이니라.
8 그러나 구약의 시대에 있는 나의 피조
물 만백성이 잘못 깨우치고 잘못 감으
로 인하여 신약의 시대가 열렸다 하였
음이니,
9 또한, 신약의 시대에 사는 나의 피조
물 만백성이 하늘에 오르는 길을 바로
보지 못하여, 그들이 순종하고 시행함
에 있어서 자신들의 육신의 사리사욕
을 버리지 못하여 지금의 이와 같은
형국에 이르러,
10 내가 구약과 신약을 덮고 새로운 시대
를 열기 위하여 그 기나긴 세월 속에
서 나의 선지자를 기다렸으며, 너를
세상에 내보내 나의 성령을 직접 받아
만백성이 스스로 깨우쳐 하늘에 오를
수 있는 이 법전을 만들어 내려보냄이
니,
11 이 시대에 사는 나의 피조물 만백성
너희들이 예수의 시대에 사는 백성들
보다도 더 선택된 자들이라는 것을 너
희들이 깊이 깨달으며 나에게 감사해
야 할 것이니라.
12 또한, 지금 나의 성전에 와 나의 법전
을 읽고 깨우쳐 하늘에 오르는 길이
무엇인가를 깨닫고 있는 선택된 너의
제자들과 너를 따르는 모든 백성들은
그 감사함과 그 위대한 선택에 대하여,
13 저희들이 무엇 하나 걸치지 아니한 몸
이라 하여도, 무엇 하나 쥐고 있는 것
이 없는 몸이라 하여도 축복의 감사의
기도를 드리는 데 모두를 다 바쳐야
하는 그와 같은 형국이며,
14 내가 수천 년의 역사가 흘러온 지금에
와 너희들을 선택하여 나의 법전을 읽
게 하며 나의 선지자의 제자로 선택된
너희들의 대명이 얼마나 소중하고 위
대한 것인가를 너희들이 깊이 깨우쳐
야 할 것이니라.
15 나의 법전이 아무리 아름다운 뜻이고
나의 피조물 만백성을 구하고자 하는
나의 뜻이 담겨 있다 하여도, 그 또한
나의 선지자 혼자 이 세상 만백성을
구하기 위하여 이끌어 갈 수 없음이니,

16 그를 보좌하며 그의 뜻에 따라 나의
법전을 세상에 전하여 나의 피조물 만
백성 너희들의 대대손손 후손을 깨우
치고 일깨우는 것은,
17 그리고 하늘에 오르는 길로 인도하며
그들이 하늘에 오르는 길을 볼 수 있
는 나의 법전을 가슴에 안고 정독하여
하늘에 오르는 길의 빛을 볼 수 있도
록 함은 너희들의 몫이며 너희들이 해
야 할 일인 것이니라.
18 내가 이를 위하여 너희들에게 수차 나
의 뜻을 전하였으나, 너의 제자들, 또
한 너를 따르는 백성들이 저 스스로
앞에 있는 밥그릇을 큰 것을 놓는 것
만을 생각하며 저 자신의 육신의 안일
과 편안만을 먼저 생각함이니,
19 지금 너희들이 그러한 꿈속에서 헤맬
때가 아니니라.
20 내가 너희들에게 일렀느니라. 잘못 가
르치는 종교 지도자들이 그 죄를 면할
길이 없으며, 그 사악한 죄의 대가는
죽어 하늘에 와야 알 수 있다 하였으
나,
21 나의 성령을 들으며 나의 법전을 읽고
깨우친 너희들 자신이 그들과 같은 너
희들의 육신의 아프고 쓰림을 먼저 생
각한다 하면 너희들은 더욱더 그 죄가
무섭다 말하였음이니,
22 너희들이 너희 육신의 편안함과 너희
들의 아프고 쓰림을 먼저 생각하는 자
가 있다 하면 과연 그가 나로부터 축
복을 받을 수 있으며 구원의 길에 들
어설 수 있다 생각하는가?
23 사랑하는 선지자야!
24 "네, 여호와 하나님! 말씀하옵소서."
25 너의 제자들과 너를 따르는 만백성에
게 이르라.
26 그들이 고대광실에서 부귀영화를 누
린다 하면 과연 이 새벽잠을 자지 않
고 나의 성전에 와 기도를 드리며 나
의 음성을 듣고자 올 수 있는 자가 몇
이나 있으며,
27 나의 법전을 가슴에 안고 정독하여 반
석 위에 일어서서 하늘에 오르는 그
힘들고 어려운 길을 선택하여 갈 수
있는 자가 몇 사람이나 있는가 물어봐
야 할 것이니라.
28 그들의 생활이 변하여 부귀영화가 눈
앞에 있으며 권력과 능력을 가지고 있
을 때, 너의 제자들 또한 오늘과 같은
마음이 변하지 아니할 수 있는가를 그
들에게 물어봐야 할 것이니라.
29 부귀와 영화를 누리며 권력이라는 것
을 누리고 있을 때, 그리하여도 나의
성전에 와 기도하는 마음과 나의 성령
을 태워 내려보내는 나의 뜻을 듣기를
저희들의 생명보다도 더 소중히 하는
그 마음이 변하지 아니할 수 있는 자
있다 하면, 그에게 내가 축복을 내릴
것이며 그의 마음을 거둬들일 것이니
라.
30 또한, 그는 시련과 고통을 겪지 않아
야 할 것이니라.
31 내가 작은 은혜와 영광을 내렸을 때
나로부터 멀어지며 나의 법전을 읽고
깨우치는 그 길은 멀어지는 것이 너의
제자들이요, 너를 따르는 백성들이 가
지고 있는 마음의 형태이니,
32 이 마음을 다스리는 것부터 너희들이
먼저 행해야 할 것인 것을,

33 너희들은 내가 은혜와 은총을 내려 주
며 축복을 내려 주기만을 바라고 있으
며 기적을 이루어 주기를 바라고 있음
이니,
34 기적을 바라는 자, 그리고 축복을 바
라는 자, 육신의 편안한 부귀와 영화
를 얻음으로써 믿음을 선택하고자 하
는 자, 기적을 봄으로써, 기적을 이루
는 것을 체험함으로써 내가 존재함을
믿으며 나 여호와가 있으며 나로부터
심판을 받는 깨달음을 얻는 자,
35 그 마음의 기적의 한계가 흔들리면 그
또한 등 돌려 돌아서며 그 스스로 무
너지는 길을 가고 있음이니,
36 40년을 광야에 허덕이던 모세가 이끄
는 그 백성들이 그 많은 기적과 능력
을 보면서도 결국은 그들 마음속에 무
엇을 이루었던가?
37 그들은 우상을 섬겼음이니라.
38 40년의 그 세월 속에서 많은 기적과
은혜와 영광과 은총을 받은 그들이 한
순간에 그와 같이 마음이 돌아섬이니,
39 기적과 능력을 너희들에게 주어 다스
린다 하여 너희 마음이 나 여호와를
향하는 한 길만을 간다고 믿을 수 있
겠는가?
40 오늘에 나 여호와에게 오르고자 갈구
하는 너희들의 그 마음이 부귀와 영화
가 있을 때 믿음에 더 전진하며 나에
게 더 가까이 올 수 있다 하면 내가 너
희들에게 보이지 못할 기적이 없으며
내리지 못할 영광이 없거늘,
41 40년이라는 그 광야 속에서 살아온,
그 기적과 은혜 속에 견디고 버텨 온
나의 백성들이 배부르고 등 따뜻할 때
한 것이 무엇이더냐? 저희들의 육신
이 좀더 편안했을 때 그들이 행했던
행동은 무엇이던가?
42 너희 또한 그들과 한 치도 차이가 없
음이니, 너희 스스로 일어나게 하고자
함이니라.
43 너희 스스로 깨우치게 하고자 함이니
라.
44 너희 스스로 나의 법전을 전하며 너희
들의 뜻을 이루었을 때 너희들은 그
마음이 변하지 아니하며, 그 뜻이 흔
들리지 아니하며, 어떠한 사탄과 마귀
의 유혹에도, 금화와 은화와 부귀영화
요, 권력 앞에도 너희 마음이 변하지
아니하는 것이니라.
45 너희들의 손발이 저리도록 나의 법전
을 나의 피조물 만백성에게 전하여 그
들의 깨우침을 직접 너희들이 보고 느
낄 때 모세의 그 시대와 같은, 그 백성
과 같은 사악한 형국이 이루어지지 아
니함이니,
46 내가 두 번 다시 그러한 일을 이루지
아니하기 위하여 너희들을 담금질하
고 있음이니라.
47 너희 스스로 일어서라 함이니라.
48 수천 년 역사가 흐른 다음에 너희들의
대대손손 그 많은 나의 피조물 만백성
을 하늘에 오르게 하고자, 오를 수 있
는 길을 바로 보며 오는 길을 열어 주
고자 함이니,
49 오늘에 너희들이 스스로 일어서야 될
것이며, 스스로 모두를 짊고 일어나
너희 스스로 다 해결해야 할 것이니라.
50 또한, 나의 피조물 만백성이 나의 법
전이 나의 성령을 태워 보낸 진정한

나 여호와 하나님의 말씀이라 느끼도
록 너희 스스로 노력할 때, 너희들의
마음이 변함이 없을 것이니,
51 나의 이 깊은 뜻을 너의 제자들에게
일러야 할 것이니라.

1,723 번째 하나님 말씀

2001년 12월 26일 21시 05분

(강론을 마치며)

1 사랑하는 선지자야!
2 "네, 여호와 하나님! 말씀하옵소서."
3 너의 제자들에게 일러 일깨워 주라.
4 구약의 시대의 수천 년 역사와 신약의
시대의 그 수천 년 역사가 흐르는 동
안에 너희들이 성서를 깨우치고 공부
한 그 속에서는 너희들이 상상할 수
없는 기적과 은혜 속에서 역사가 이루
어졌으며,
5 또한, 그와 같은 역사 속에서 신약이
라는 시대가 이루어지며 나의 사랑하
는 아들 예수가 나의 피조물 만백성을
구하는 그 죄를 등에 지고 또 그가 어
떠한 고통 속에서 인생을 마감했는가
를 너희들이 잘 알고 있음이니라.
6 그리하여 그 후부터 2천 년이라는 기
나긴 역사가 흘러온 지금 이 시점에
나의 사랑하는 피조물 만백성 너희들
의 형태는 과연 어찌 되어 있으며, 너
희들이 와 있는 자리는 어떠한 자리이
더냐?
7 너희들의 지금의 형태로써 나 여호와
의 백성으로서 나의 뜻에 따라 살아왔
다 말할 수 있으며, 나에게 오를 수 있
는, 구원을 받을 수 있는 너희들의 삶
이 지금 지속되고 있다 너희들은 생각
할 수 있겠는가?
8 너희들이 열 가지 십계명을 나눠서 지
키는 것을 하나하나 짚고 넘어가 볼
때, 너희들은 과연 나의 뜻에 의하여
살아가고 있으며 나의 뜻에 순종하며
삶을 살아온다 생각하는가?
9 지금 나의 피조물 만백성이 수천 년
역사 동안 흘러오면서 너희들에게 기
적을 보였으며, 너희들에게 보여서는
안 되는 나의 아들의 그 고통스러운
죽음에까지도 너희들이 상상하며 그
를 보았음이니,
10 그 모두는 무엇 때문에 그리되었다 너
희들은 생각하는가?
11 사랑이니라. 용서이니라. 그리고 나눔
과 베풂이니라.
12 내가 너희들에게 일깨워 가르치기를
무엇이라 말하였더냐? 베풂과 사랑이
라는 것은 하나를 받았을 때 둘을 주
는 것이라 내가 너희들에게 말하였으
며 그리 실천하라 하였음이니라.
13 그러나 지금 종교 지도자요, 하늘에
오르고자 저희들만이 구원을 받으며
하늘에 오를 수 있으며 구원을 받았다
말하는 그들이 내가 너희들에게 일깨
워 시행하고 지키고 하늘에 오를 수
있는 그 뜻의 사랑이라 하는 것을 과
연 어찌 실천하며 지켜 가고 있는가?
14 성서를 들고 눈물의 기도를 드리며 저
희는 하늘에 오르며 구원을 받았다 하
여 하늘나라에 오를 수 있다 말하는
그들 자신들에게 그들은 나의 모든 뜻
인 사랑의 실천을 어찌하고 있는가 물
어보라.

15 사랑은 그저 베풂이 아니니라.
16 사랑을 실천하고 베푸는 자는 하나를
받았을 때 그 배로 갚을 수 있는 마음
가짐이 사랑의 근본이요, 기본이라 내
가 말하였음이니라.
17 과연 너희들은 어찌 사랑을 베풀며 살
아가고 있는가?
18 너희들은 남에게 베풀 수 없을 때 받
지 아니하는 겸손한 마음이라도 가지
고 살아가고 있는 것인가?
19 너희들은 남들에게 받은 것만큼이라
도 되돌려 줄 수 있는 마음을 가지고
있는가?
20 너희들이 받은 것의 배를 주는 것이
나 여호와에게 오를 수 있으며, 너희
들이 베푸는 사랑의 기본이요, 근본이
요, 기초라 말하였거늘,
21 너희들은 받은 것만큼도 돌려주기를
꺼려하며, 받은 것만큼 돌려주는 그
자체도 실행하지 못하고 있지 아니한
가 다시 한 번 생각해 봐야 할 것이니
라.
22 내가 기초요, 근본이라는 배로 줄 수
있는 그것이 사랑이라 하였음이니라.
23 내가 너희들에게 배로 베푸는 것이 사
랑이라 하였으니,
24 배로 베푸는 자, 구원을 받아 하늘에
오름이 아니니라. 배로 베풀 수 있는
그것이 하늘에 오를 수 있는 찬란한
빛을 보는 영광의 기초를 얻게 됨이니
라.
25 너희들은 살아가면서 십계명 다음에
하나의 계명이 더 있음을 알아야 할
것이니라.
26 십계명을 지키는 자가 하나의 계명을
더 얻게 됨이니, 그 계명이 무엇이더
냐?
27 십계명을 철저히 지키고 사는 자, 인
간의 삶을 벗어남이니, 그다음이 바로
하늘에 오를 수 있는 길을 보게 됨이
니라.
28 하늘에 오르는 길을 보게 되는 영광을
얻게 됨이니라.
29 이것을 얻는 자만이 십계명을 지킨 자
요, 인간의 그 한계를 벗어나는 영광
의 길에 들어서게 됨이니,
30 너희들이 바로 사랑을 베푸는 것이,
받은 것을 배로 베풀어 줄 수 있는 그
마음이 하늘에 오르는 영광의 그 빛을
바라보는 기초가 됨이니라.
31 그것이 기본이니라. 근본이니라.
32 그 기초와 근본 속에서 너희들이 하늘
에 오를 수 있는 길과 지옥으로 갈 수
있는 그 기로에 서게 됨이니, 이와 같
이 어렵고 힘든 길이라는 것을 너희들
이 깨우쳐야 할 것이니라.
33 오늘 너의 제자들에게 이르라.
34 너희들이 과연 육신의 삶의 인간관계
에서 내가 갈구하는 그 사랑을 얼마만
큼 실천하며 얼마만큼 몸소 행하고 있
는가?
35 너희들은 들으라.
36 나의 성전에 와 내가 직접 나의 선지
자를 통하여 내리는 성령의 나의 뜻
을, 음성을 들으며 나의 법전을 연구
하는 너희들은 지금 꿈의 세계에 올라
와 있으며,
37 인간의 육신의 한계를 벗어나 반석 위
에 서서 하늘에 오르는 빛을 보는 영
광의 그 자리에 서 있는 자들이라는

것을 깨달아야 할 것이니라.
38 이 세상 나의 피조물 만백성 중에 십
계명을 가장 많이 암송하며, 가장 많
이 지키며, 가장 많이 깊이 깨달으며
깊이 너희들이 실행하고자 함이니,
39 내가 너희들에게 하나의 계명을 더 내
렸음이니, 이것이 바로 열한 번째 계
명인 '하늘에 오르는 빛을 보게 되는
영광'을 보는 그 자리에 너희들이 서
있음이니, 지금 너희들은 나의 나라,
천상의 나라에 와 존재하고 있음을 알
아야 할 것이니,
40 열한 번째의 계명을 받아 하늘에 오르
는 길을 바라보며 그 반석 위에 서 있
는 너희들의 삶을 이제는 한 점의 부
끄러움이 없도록 너희 스스로 그리 다
스려 나가며,
41 베풀고 나누며 사랑을 실천하는 데 게
을리해서는 아니 됨을 깊이 명심하여
새겨 두어야 할 것이니라.

1,724 번째 하나님 말씀

2001년 12월 27일 06시 17분

1 사랑하는 선지자야!
2 "네, 여호와 하나님! 말씀하옵소서."
3 너희들에게 축복되고 영광된 날이 있
음이니라.
4 너희들이 나로부터 한 생명을 받아 세
상에 나가니, 그것이 너희들의 잘못
살아온 과거의 삶과 현재의 삶과 미래
의 삶을 아름답게 살아 나에게 오를
수 있는 크나큰 은혜와 영광을 입은
것이요,
5 그리하여 너희들이 어찌 살았느냐에
따라서 그 삶에 대한 대가를 나에게
와 치름이니, 그것이 너희들이 벗어날
수 없는 길인 것이니라.
6 그러한 나의 피조물 만백성 중에 너희
들은 그 죄의 대가와 죄의 심판을 받
지 아니하며, 하늘에 올라와 내 앞에
와 받는 그 심판의 죄에 대한 대가를
지금 너희들이 받고 있음이니,
7 너희들이 영원히 사는 나의 나라에 와
너희들의 이름이 기록됨이니, 너희들
은 육신에서 죽었다 다시 살아나는 것
이 아니라 영원히 사는 나의 나라에
와 영원히 살 수 있는 그 태어남을 받
은 자들이니,
8 너희들이 그 얼마나 영광되며 축복된
자들인가?
9 이는 너희만의 영광이요, 축복이라 너
희들이 그리 생각하나,
10 내가 그리 너희들을 명하고 구원할 수
있도록 너희들이 선택되며 너희들이
삶을 바로 살아가고자 하여 나의 성전
에 와 나의 법전을 열고 공부하는 너
희들의 그 가상함과 아름다움을 볼 때,
11 모든 지상과 하늘나라의 영광과 축복
이 너희들과 같이하고 있음이니, 이
황홀한 축복의 삶을 너희들이 알아야
할 것이며,
12 너희들이 나의 은혜와 나의 축복 속에
서 지금 살아가고 있음이니, 나의 영
광과 나의 주관하에 나의 축복 속에서
죽어 와 심판을 받지 아니하고 낙원에
이름이 기록된 너희들이 살아가고 있
는 그 모습을 내가 바라봄은 너희들이
구원을 받은 것보다도 내가 더 기쁘며,
13 나 자신의 마음과 나 여호와의 마음의

행복함은 너희들이 알지 못할 것이니,
너희들이 얼마나 소중하고 귀한 나의
백성이요, 나의 아들과 딸들이더냐?
14 너희들은 정녕 너희들이 구원을 받은
그 축복의 영광보다도 나의 기쁨이 더
함이라 하였음이니, 이와 같은 나의
뜻을 너희들이 깨닫고 알고 있어야 할
것이니라.
15 이제 너희는 들어야 할 것이니라.
16 너희들이 구원을 받은 기쁨이요, 영광
의 그 행복함보다도, 구원을 받을 수
있으며 영원히 사는 나의 나라에 오를
수 있는 너희들의 마음 자세와 너희들
이 선택되어 나의 계명을 지키며 살려
하는 그 모습을 바라보는 나 여호와의
기쁨이 더하다 하였음이니,
17 너희들은 나의 이 기쁘고 축복된 마음
에 나의 눈에 눈물이 나오는 그러한
행동을 하지 말 것이며,
18 너희들로부터 얻고 있는 나의 이 기쁜
마음에 상처를 내지 아니하는 그와 같
은 하나의 깊은 깨달음에 너희들의 삶
의 소중함이 있음을 알아야 할 것이니
라.
19 너희들이 구원을 받은 그 기쁨보다도
나 여호와의 기쁨이 더 큼이니, 나의
이 기쁨이 슬픔으로 돌아서는 그와 같
은 죄를 너희들이 짓지 말라 내가 너
희들에게 간곡히 부탁함이니,
20 오늘 이 자리에서 너희들의 마음 자세
를 굳혀야 할 것이며, 나 여호와의 계
명에 따라 살아감에 하나의 소홀함이
있어서는 아니 될 것이며,
21 나의 법전에 의하여 살아가는 너희들
이 삶에 있어서 한 치의 소홀함이 있
어서도 아니 될 것이니라.
22 나 여호와의 기쁨에 나 여호와의 마음
을 슬프게 하지 아니하는 나의 소중한
아들과 딸들인 나의 자식이 너희들임
이니, 너희들은 효성스러운 자식에서
불효하는 자식으로 돌아서지 말라.
23 이것이 나 여호와가 간곡하게 바라는
것이니, 나의 뜻을 너희들이 깊이 가
슴에 새겨 행해야 할 것이니라.
24 이를 명심하여 행하도록 하라.

1,725 번째 하나님 말씀

2001년 12월 27일 06시 25분

1 사랑하는 선지자야!
2 "네, 여호와 하나님!"
3 오늘 내가 너에게 일러 명하기를, 너
희들이 구원의 세계와 영원히 사는 생
명을 연장을 받아 너희들이 행복하고
기쁜 그 마음보다 너희를 바라보는 나
여호와의 마음이 더 기쁘다 하였으니,
4 이와 같이 효성스러운 나의 아들과 딸
들에게 내가 은혜와 은총을 내리지 아
니한다 함은 나 여호와가 존재하지 아
니함이니라.
5 그를 너희들에게 내릴 것이며, 나 여
호와가 존재함을 너희들이 깨닫게 할
것임이니, 너희들은 두려워하지 말며
괴로워하지 말라.
6 내가 오늘 선지자 너를 통하여 명하나
니, 나의 기쁨이 형용할 수 없으며, 나
의 이 행복한 마음을 너희들로부터 얻
음이니, 내가 너희들 하나하나의 그
이름 위에 상을 내릴 것이니,
7 하늘의 낙원에 걸려 있는 너희들의 명

패 위에 내가 내릴 상을 기록함이니,
너희가 곧 지상에서 그리 받을 것이니
라.
8 너희들의 기쁨보다도 나의 기쁨이 더
크다 명하는 나의 이 성령의 뜻을 듣
고 기록하는 너희들은 오늘의 너희들
의 그 마음자리가 얼마나 황홀하며 행
복하던가? 그 마음을 영원히 간직하
고 살라.
9 그리 사는 자, 그 이름 위에 내가 내릴
상을 기록하여 놓을 것이니, 그것을
너희들이 지상에서 받음이니라.
10 이것이 곧, 나 여호와가 존재함이니
그리 알라.

1,726 번째 하나님 말씀

2001년 12월 28일 06시 20분

1 사랑하는 선지자야!
2 "네, 여호와 하나님! 말씀하옵소서."
3 내가 이 세상에 너를 존재하게 함이
하나의 겨자씨를 뿌린 것과 같다 말하
였음이니,
4 이 지구상의 나의 피조물 만백성이 누
구로부터 이 세상에 나와 육의 형태를
이루고 있으며,
5 누구의 은혜와 은총에 의하여 저희들
이 지금 내가 만든 이 낙원에서 존속
해 가며 저희들의 육신을 유지해 가
며, 그 속에서 희비애락을 겪고 인내
하고 즐기며 살아가는지,
6 그 모두가 누구의 은혜와 은총에 의하
여 이루어지는지를 지금 망각하여 가
고 있음이니,
7 그들이 모두를 다 잊어버리고 가고 있
음이니라.
8 그리하여 나의 은혜에 의하여, 나의
은총에 의하여 지금 저희들의 육이 존
재하며, 저희들이 내가 만든 이 지구
상에 존재하고 살아가며 내가 내린 모
든 동식물에 의하여 저희들의 생명을
유지하고 살아가고 있건만,
9 그들의 자만함과 오만함이 이제는 너
희들이 말하는 하늘을 찌르는 것보다
더함이니,
10 이제 나의 피조물 만백성이 구약의 시
대를 부정하며 모세의 기적이나 내가
이루었던 그 모두가 다 허상이라 말하
는 자가 세상에 나오기 시작하며 그를
따르는 자들이 있을 것이며,
11 지금의 만들어지고 이루어진 그 종파
보다도 더 많은 인간들이 그 깃발 아
래 모이고자 하며 그를 부르짖고자 하
는 자들의 심성의 마음이 태동하고 있
음이니라.
12 그들은 또한 나의 아들 예수가 세상에
태어나 저희들을 구원하고자 그 고통
스럽고 힘든 길을 걸어온 그것마저도
이제는 부정하기 시작할 것이며,
13 그리하여 또한 구약과 신약이라는 그
성서를 부정하고 그를 인정하지 아니
하며 그 모두가 잘못되었다 하여 부르
짖는 자 밑에 나의 은혜에 의하여 세
상에 태어난 나의 피조물 만백성이 손
뼉 치고 아우성치며 모여들기 시작하
는 시대가 열림이니,
14 광야의 은혜 속에서 모세가 나로부터
계명을 받고자 하는 그 시간에 그 백
성들이 우상을 섬긴 것보다도 더한 폭
도와 같은 자들이,

15 구약과 신약을 부정하며, 모든 나의
기적을 다 부정하며, 지금 저희들이
나의 은혜에 의하여 살아감을 부정하
며 그를 인정하지 아니하려는 자들이
이 세상에 나오기 시작하며 그들이 고
개를 들기 시작하니,
16 그들의 집 밑에 모여드는 사악한 자들
이 지금의 종교의 믿음이라 하여 하늘
에 오르고자 기도하는 자들보다도 몇
배가 더 늘어나는 그와 같은 형국이
도래하는 것이 지금의 시대이니라.
17 아우성치며 일어나는 그 사악한 무리
들을 구약과 신약의 성서로써 다스릴
수 없음이니, 그를 배척하고 그를 저
버리며 그를 불태우는 자들이 수없이
늘어남이니,
18 그리하여 내가 이 세상에 한 알의 겨
자씨를 뿌렸다 하였으며, 또한 성서를
덮는다는 이유가 거기에 있으며,
19 너희들이 지금 나에게 오른다 하며 기
도하는 성전이라 하는 그곳이 또한 문
을 닫게 됨이니,
20 그곳이 처참한 인간의 전쟁터가 되는
것을, 내가 그를 다 막고자 함이니라.
21 너희들이 지금 성전이라 하여 기도하
는 곳을 돌팔매질하며 그곳을 폐허로
만드는 그 사악한 무리들의 행동을,
22 지금 내려가 있는 나의 성서와 성전과
너희들의 깨우침과 예수의 기적과 구
약의 기적과 그 시대의 역사로써는 바
로잡고 다스릴 수가 없음이니라.
23 그와 같은 폭도와 같은 자들이 일어나
그 폭도의 피 맛을 본 나의 피조물 백
성들이 걷잡을 수 없이 일어나게 됨이
니,
24 이는 사악한 종교 지도자들이 저희들
이 지탱하기 위한 전쟁을 이루는 것이
며, 바로 종교의 전쟁이 그와 같이 일
어남이니라.
25 믿음이 무엇인가를 모르는 자들을 앞
세워 믿음이라는 것에 매진하여 하늘
에 오르겠다고 발버둥치며 부르짖는
자들을 공격하게 됨이니,
26 이것이 가장 처참한, 너희들이 말하는
종교의 전쟁이 터짐이니, 너희들이 믿
는 자들끼리 터지는 것보다도 더 사악
하고 더 무서운 현상이 이루어지는 것
이 바로 그와 같은 형국이니라.
27 그를 막을 수가 없음이니라.
28 구약 시대의 기적과 예수의 고통스런
죽음과 구약과 신약의 성서의 가르침
으로써는 그를 막을 수가 없음이니,
29 바로 나의 성령을 태워 너에게 내리는
나의 법전만이 그를 다스리고 그를 예
방할 수 있음이니라.
30 그리하여 한 알의 겨자씨를 내렸다 하
며, 내가 나의 법전에 마지막 나의 성
령을 다 태워 내려보내 마지막으로 너
희들을 구원하고자 하는 길이라 하였
음이니,
31 여기에 이와 같은 뜻이 있음을 너희들
이 오늘 기억해야 될 것이니라.
32 너희 인간들이 세월이 흐르면서 사악
하게 변하여 가듯이 이 세상에 너희들
이 살아가면서 나의 은혜를 점점 잊어
버리기 시작함이니,
33 은혜 입은 자가 감사함을 잊어버리고
사는 것과 마찬가지로 너희들의 자손
들이 흘러가면 흘러갈수록 나에 대한
감사함과 은혜를 잊게 됨이니, 그것이

바로 무엇이더냐?
34 한 시점에 반격으로써 돌아옴이니, 그 반격하는 무리의 힘을 막을 수가 없음이니라.
35 어떠한 종교의 힘도, 그 집단도 그들을 대적하고 견제하며 막을 수가 없음이니라.
36 그들이 먼저 단죄의 대상이 되며 그들이 먼저 돌팔매를 맞게 됨이니, 이를 막기 위하여 내가 너를 세상에 내려보냈으며 나의 가슴을 태워 내려보낸 성령을 네가 받아 법전을 기록함이니,
37 이 법전의 깨우침 외에는 아무것도 그를 막을 수 없음이니라.
38 그 사악한 마음을 갖는 뿌리들이, 그 조상들이 나의 법전을 읽고 깨우치며 그 뿌리들이 이 법전을 읽고 깨우침이니, 그리하여 나의 법전이 얼마나 소중한 것인가를 너희들이 알아야 할 것이니라.
39 그리하여 유한 시대를 만들라 하였음이니라.
40 그리하여 시간이 없다 하였음이니라.
41 그리하여 나의 법전을 온 세상에 뿌려 나의 피조물 만백성이 접할 수 있도록 하라 함이니라.
42 믿지 않는 자들이 믿는 자들을 공격하는 사악한 전쟁이 벌어져 그 처참한 환경을 너희 후손들이 겪게 됨이니, 그를 막고자 함이니,
43 나의 성전에 와 나의 법전을 읽고 깨우치는 너희들이 얼마나 소중한 자들인가?
44 너희들이 한 사람당 수십억 인구의 생명을 구원하는 자들이니라.
45 내가 너희들의 노고를 알고 있음이니라.
46 너희들 각자의 소망함을 알고 있음이니라.
47 너희들의 말로 노부모에게 효도하는 자식이 너희들이니라.
48 배운 아들만이 효도하고 똑똑한 아들만이 효도하며, 너희 인간사에 출세했다 하는 명예를 얻은 자들만이 효도하는 것이 아니라 말하였으니,
49 노부모에게 추운 겨울날 등 따뜻하게 불 때 주는 그 아들이 효도함이라 하였음이니, 바로 너희들이 그와 같이 나에게 효성을 바치는, 효도하는 아들과 딸들이니,
50 그 자식에게 노부모가 눈감을 때 모두를 다 주듯이 내가 너희들에게 모두를 다 주고자 하는 마음이며, 그 모두가 나의 기쁨이니라.
51 내가 너희들에게 일렀느니라. 내가 너희에게 은혜와 은총의 그 상을 내리고자 너희들의 이름이 써져 있는 그 명패 앞에 너희에게 내릴 상을 하나를 기록하여 놓을 때, 너희들이 지상에서 그 영화를 누릴 것이라 내가 말하였음이니 이 또한 나의 기쁨이니라.
52 나의 피조물 만백성이 종교 전쟁이라 하여 이루는 처참하고 험악한 그 시대를 막는 것이 너희들이니, 그리하여 내가 너희들을 지상에 있는 천사라 말하였음이니라.
53 내가 너희들에게 일렀느니라.
54 나의 사랑하는 피조물 만백성이 육신의 그 짧은 기간에 죄를 짓고 와 나에게 벌을 받고 그 벌에 대한 고통을 겪

는 것이 불쌍하여 그를 막으라 하였음
이니,
55 육신의 세계에서 일어나는 처참한 전
쟁을 너희들이 또한 막음이니, 그리하
여 너희들은 육이 없는 지상의 천사라
내가 명하였음이니라.
56 그 일을 담당하며 그 소임을 다하는
너희들의 어렵고 힘듦을 내가 다 알고
있음이니, 너희들에게 은혜와 은총이
있을 것이니라.
57 나 여호와를 믿으며, 내가 선지자를
통하여 내리는 성령의 그 뜻을 진솔하
게 믿는 자만이 그 은혜를 입을 것이
니,
58 육의 명예와 육의 영광을 먼저 계산하
는 자는 나의 성전에 오지 못하게 될
것이며, 나의 선지자 앞에 와 제자라
하는 그 이름이 거둬질 것이니라.
59 내가 그러나 그들을 버릴 수 없음이
니, 나 여호와가 존재하며 이것이 나
의 성령임을 알면서 나의 선지자를 따
르는 데 게을리한 자, 그는 육신의 고
통을 겪고 겪은 다음에 다시 돌아올
수 있음이니, 그것은 그들의 죄이니라.
60 너는 너의 제자들을 바로잡아야 할 것
이니라. 바로 일깨워 줘야 될 것이니
라.
61 모든 너희들의 삶에 나의 법전을 읽고
깨달으며 이를 전함이 우선이며, 나의
성령을 직접 듣고 이를 연구하고 공부
하는 너희들이 얼마나 소중한지를 알
아야 될 것이니라.
62 너희들이 이 지상에서는 종교의 전쟁
을 막으며, 죽어 와서는 그들이 죄를
짓고 그 죄의 고통 속에 허덕이는 것
을 바라보는 나 여호와의 마음을 기쁘
게 해 줌이니,
63 이게 바로 너희들의 선택된 대명임을
알아야 할 것이니, 이를 가슴에 깊이
새겨 두도록 그리 깨우쳐 주라, 선지
자야!

1,727 번째 하나님 말씀

2001년 12월 28일 21시 10분

(강론을 마치며)

1 사랑하는 선지자야!
2 "네, 여호와 하나님! 말씀하옵소서."
3 너의 제자들에게 이르라.
4 내가 너를 통하여 이르기를, 너희들은
지상에서 나의 피조물 만백성이 서로
물고 뜯고 하는 그와 같은 피비린내
나는 전쟁을 막는 데 너희들의 책무가
있다 하였으며,
5 또한, 하늘나라에 와서는 나 여호와가
아름답게 세상에 내보낸 나의 피조물
만백성이 그 육신의 짧은 세월에 욕심
을 버리지 못하여 저희들이 짓고 온
그 죄의 대가에 의하여 그들이 영원히
변치 않는 나의 나라에서 고통스러움
을 겪는 것을 줄이도록 하여 나 여호
와를 기쁘게 함이 너희들의 책무라 말
하였음이니,
6 이 세상 어떠한 백성보다도, 어떠한
나의 피조물 만백성보다도 너희들이
소중하고 귀한 나의 아들과 딸이니라.
7 오늘 너희들은 여기서 하나 깨우쳐야
할 것이니라.
8 너희들은 우선 너희들 자신이 소중한
자들이며 귀한 자들이라는 것을, 먼저

너희 자신을 돌이켜 봐야 될 것이니라.
9 너희들 자신이 이 세상에서 가장 소중
한 자요, 나로부터 선택된 자식이라
하는 것을 가슴 깊이 깨우친다 하면,
10 너희들이 바로 섬에 있어서 너희들이
지치고 힘든 그 삶을 하나도 살지 아
니하며, 남들이 지킬 수 없는 그 어렵
고 고통스러운 길을 너희들이 웃음과
즐거움으로써 살아갈 수 있는 힘이 여
기에 있음이니, 너희들의 소중함을 알
아야 할 것이니라.
11 또한, 너희들이 고통과 시련을 즐거운
마음으로 살 수 있는 하나의 기쁨을
터득하는 것보다도 너희들이 깨우쳐
너희 한 사람의 살아가는 그 모습을
보고 나의 피조물 만백성이 줄줄이 너
희들을 따라 깨우치며 하늘에 오르는
진정한 길을 따라 하늘에 오를 수 있
는 그들의 길을 열어 주며 눈을 뜨게
함이니,
12 너희들 한 사람으로 하여금 수십만,
수억 인구의 나의 백성들이 너희를 보
고 하늘의 구원을 받도록 그리 되어
있음이니,
13 너희들의 복음서를 내가 쓰라 하였음
이니라.
14 너희들이 그와 같은 소중하고 귀한 자
임을 너희들은 항시 잊어서는 아니 될
것이니라.
15 내가 선지자를 통하여 일렀느니라. 이
제는 시간이 없다 말하였음이니라.
16 너희들이 일러 말하기를, 할아버지보
다 아들이 사악해지며 아들보다 손자
가 더 사악한 지금의 형국을 누가 만
들었다 말하였느냐?
17 나의 성서의 나의 뜻을 가지고 가르치
는 종교 지도자들이 잘못 가르치며 그
들이 잘못 인도하여 온 이와 같은 형
국이기에 지금과 같은 형태가 이루어
졌다 말하였음이니라.
18 이제는 너희들이 이와 같은 형국의 단
계를 넘어 구약 시대의 모든 역사를
다 부정하며,
19 나의 사랑하는 아들이 너희들을 구하
기 위하여 그 보혈로써 고통의 역경
속에 죽음을 향하여 온 그 형체, 그 현
실까지도, 그 상황에 전개됐던 모든
것까지도 짓밟아 뭉개려 하는 것이며,
20 신약에 들어 있는 나의 성서의 그 가
르침, 그 뜻마저도 이제 불붙이는 불
쏘시개로 쓰고자 하며 찢어 버리고 태
우고자 하는 자들이 수없이 이루어질
것임이니,
21 이와 같은 형국이 도래하고 이루어진
것이 지금의 너희들이 변해져 가는 상
황인 것이니라.
22 자식이 부모에게 대듦만이 아니요, 수
천 년 역사를 이루어 온 직접 가르친
나의 뜻이요, 나의 뜻을 기록하여 시
행하며 너희들을 구원하고자 하였던
예수의 그 행적마저도 그들은 다 부정
하는 사악한 이와 같은 시대가 도래됨
이니, 이를 다스릴 수가 없음이니라.
23 그들을 다스리고 깨우쳐 하늘에 오르
는 길을 보도록 하며 유한 백성으로서
그들을 변화시킬 수 있는 것은 나의
법전뿐이니,
24 나의 성전에 와 나의 법전을 읽고 깨
우쳐 공부하는 너희들 한 사람 한 사
람이 얼마나 소중한 자들인가를 너희

들이 오늘 이후부터는 깊이 깨달아야
할 것이니라.
25 내가 너희들에게 이르기를, 지상에서
종교 전쟁의 그 참혹한 그들의 살육을
막으라 하였으며,
26 하늘에 와 그들이 고통을 겪는 것을
막으라는 그 대임을 너희들에게 오늘
내가 내림은, 너희들이 나의 계명을
지키고자 발버둥치며 나의 계명을 너
희들의 생명보다도 더 지키고자 하는
그 아름다운 마음이 너희 가슴속에 싹
이 트고 있음이니,
27 그 싹이 터 오는 그 밑바닥에는 나의
성령의 거름이 임하여서 그 새싹이 자
라나고 있기에 너희들에게 이와 같은
대명을 내려 줌이니라.
28 오늘 이후부터 너희들은 나의 성전을
나오면서 자국 자국마다 내가 너희들
과 같이하고 있으며, 너희들의 아름다
운 마음의 새싹이 트는 그 밑에 밑거
름의 나의 성령이 받치고 있음이니 그
새싹은 무럭무럭 자랄 것이니,
29 그 새싹을 보고 따르는 나의 수많은
피조물 만백성을 구하는 빛이 되는 것
이 너희들이니,
30 너희들이 우선 소중함을 먼저 깨우치
며, 너희들의 책무가 중요함을 알며,
나 여호와가 너희들과 같이 있다는 것
을 잊어서는 아니 될 것이니라.
31 오늘 이후부터 너희들은 너희 자신의
소중함을 먼저 깨우치는 그와 같은 깨
달음을 얻도록 해야 할 것이며,
32 나의 법전을 읽고 깨우치는 자, 저 자
신이 스스로 가장 소중한 사람이라는
그 뜻을 너희들을 보고 오는 나의 피
조물 만백성에게 일깨워 깨우치도록
그리해야 할 것이니라.

1,728 번째 하나님 말씀

2001년 12월 29일 06시 10분

1 사랑하는 선지자야!
2 "네, 여호와 하나님! 말씀하옵소서."
3 지금 나의 피조물 만백성이 시간과 장
소를 정하여 기도하며 경배하는 것이
나에게 오르는 길이라 가르치며,
4 안식일이라 하여 저희들이 선택된 날
휴식을 하는 것 자체도 정해 놓은 날
짜에 너희들이 동일한 그 시간에 휴식
과 안식을 취하도록 그리 가르치고 있
음이니,
5 지금 내가 너에게 직접 내려 말하기
를, 안식일을 어찌 지키라 말하였더냐?
6 너희들이 6일이라는 기간 동안을 열
심히 살고 나의 뜻에 따라 살며 회개
하고 반성하여 깨우쳐 6일의 그 삶을
살고, 하루를 너희들이 조용히 쉬어
그날에 의하여 살아옴을 생각하고 내
일의 삶을 위하여 다시 충전하며 다시
계획하는 그와 같은 시간을 갖는 것이
안식일이라 하였음이니,
7 천태만상의 사람들이 살아가는 형태
와 살아가는 습관과 생활하는 그 방식
이 다 다름이니 그걸 하나로 묶는 것
이 아니라,
8 각자가 가장 편안한 시간을 선택하여
너희 생활 속에 안식일을 지키고 가지
라 하면 된다 하였음이니,
9 이것 하나만을 너희들이 보더라도 성
서에 지금 가르치는 자들과 내가 너희

에게 명하여 실행하도록 하는 것이 그
와 같은 차이가 있고 거리가 있음이니,
10 나의 뜻에 전혀 관계도 없는 그와 같
은 한날한시로 묶어 천태만상의 생활
속과 천태만상의 습성과 생각을 가지
고 있는 너희들을 그리 엮으려 함이니,
11 이것을 하나 보더라도 얼마만큼 잘못
가르치고 잘못 이해하며 잘못 가고 있
는가를 너희들이 깨우쳐야 할 것이니
라.
12 사랑하는 선지자야!
13 "네, 여호와 하나님! 말씀하옵소서."
14 내가 이 지구상의 모두를 통제하며 돌
아가는 것의 그 방대함을 너희들의 입
으로 다 말할 수 없으며 너희들의 생
각으로써 다 그를 그릴 수 없음이니,
15 그와 같이 내가 주관하여 내가 이루는
것의 그 방대함과 그 위대함은 상상할
수가 없음이니라.
16 그러한 나 여호와가 행하며 내가 주관
하는 그 모두 속에서 너희 머리로 생
각하며 너희 생각으로써 한두 가지 예
를 들어 그를 그리 묶지 말라.
17 너희들이 나의 통제하는 그 방대하고
그 높은 뜻을 감히 어찌 생각할 수 있
겠는가?
18 나의 뜻과 나의 행함이 그와 같이 위
대하고 방대함이니라.
19 우주 속에 그 방대하고 위대한 그 모
든 속에서 너희들이 어찌 나의 뜻을
알며 내가 행하는 것을 알 수 있다 생
각하는가?
20 너희들은 내가 행하는 방대한 나의 계
획이요, 나의 주관하에 이루어지는 모
든 것을 감히 생각할 수 없음이니라.
21 그리하여 너희들이 어느 것이 진실이
며, 어느 것이 잘못된 것이며, 어디부
터 너희들이 시작하여 너희들의 인생
을 살아갈 수 있으며, 너희들이 무엇
을 지켜 하늘에 올라올 수 있는 것인
가를 알 수 없음이니,
22 그 많고도 넓은 생활과 방식 속에서,
그 방대하고 위대한 속에서 너희들이
무엇부터 시작하여 하늘에 오르는 것
인가를, 너희들 스스로 그것 하나를
찾다 너희들이 백 년의 삶을 다 마쳐
도 알 수 없음이니라.
23 나의 방대함 속에서 무엇이 진정 하늘
에 오르는 길인가를 너희들이 찾지 못
하며 알 수 없음이니, 그걸 하나 찾다
가 너희들이 인생을 마친다 하였으니,
24 바로 너희들이 그와 같이 되며, 너희
들이 질서가 없으며 우왕좌왕하며 서
로 하늘에 오르는 길이 옳다고 아우성
을 치고 있을 것이니,
25 그리하여 그것을 바로잡고자 하여 내
린 것이 무엇이더냐?
26 나의 뜻을 불로써 바위에 써 내린 십
계명이니라.
27 내가 통제하는 이 방대한 우주 속에
서, 그 위대함 속에서 십계명이라는
것이 없으며 계명이 없다 하면 너희들
은 무엇이 나 여호와의 뜻이며 너희가
어디부터 시작하여 하늘에 오르는 것
인지를 모르게 됨이니,
28 너희들이 하늘에 오르는 길에 발을 디
뎌 놓으며 그 길을 바라보며 그를 행
하여 살 수 있도록 그 방대한 우주 속
에서 열 개의 계명을 너희들에게 내렸
음이니,

29 그 계명을 지키지 못한다 하는 자가
어찌 방대한 나의 그 세상 속에서 하
늘에 오르는 빛을 볼 수 있겠느냐?
30 그리하여 십계명이 위대한 것이며, 나
의 뜻이며, 너희들을 지키게 할 수 있
음이니, 그 십계명이 바로 무어냐?
31 너희들이 나에게 오르는 그 기초임이
니라.
32 그리하여 내가 너희들에게 십계명을
지키고 나의 법전을 지키며 성서를 지
키는 것이 하늘에 오르는 구원을 받는
것이 아니며, 구원을 받는 반석 위에
일어섬이라 말하였음이니라.
33 그리하여 너희들이 이 나의 방대한 우
주 속에 수천수만 가지 속에서 십계명
을 외우고 십계명을 지키는 자가 바로
서게 됨이니,
34 파란 낙원의 잔디 위에 너희들이 서서
그때부터 하늘에 오르는 길을 알게 됨
이니,
35 그리고 그곳에서부터 선택되는 자와
선택되지 못하는 자가 있으니 그게 바
로 무어냐, 11조, 나의 11계명이니라.
36 내가 내린 그 계명 속에서 열한 번째
의 그 11조가 바로 구원을 받을 수 있
는 자들이며, 하늘에 오를 수 있는 준
비된 자들이며,
37 100미터를 달리는 그 선수가 몸을 풀
어 그 출발 직전에 서 있는 그러한 형
국인 것이 바로 11조를 받는 자들의
형태이니라.
38 즉, 선수로 자격을 받아 출발할 수 있
는, 저희들이 명예를 얻을 수 있는 준
비 선에 섬과 마찬가지니, 이게 바로
열한 번째의 계명이요, 11조임을 너희
들이 알아야 할 것이니라.
39 십계명은 내가 통제하는 이 넓고도 넓
은 우주의 광활한 그 속에 수천, 수만,
수억 가지가 이루어지는 그 속에서 너
희들이 하늘에 오름을 깨우치는 기초
이니라.
40 이 기초와 기본의 문을 열지 아니하는
자가 어찌하여 하늘에 올라와 구원을
받을 수 있다 하며, 예수의 보혈로써
구원을 받았다는 허무맹랑한 소리를
하는가?
41 그 출발선을 모르는 자가 목적지를 어
찌 알겠는가?
42 바로 십계명을 지키는 것이 무엇이더
냐?
43 나에게 오르는 길의 출발선에 들어섬
이니라. 기초이고 기본임을 알라.
44 이를 너의 제자들에게 깨우쳐 그들이
눈을 뜨도록 그리하라.

1,729 번째 하나님 말씀

2001년 12월 30일 06시

1 사랑하는 선지자야!
2 "네, 여호와 하나님! 말씀하옵소서."
3 너의 제자들에게 일러 일깨워 주라.
4 2천 년 전의 나의 아들 예수는 성령으
로 태어난 나의 아들이요, 그가 행한
모든 일은 누구의 뜻을 받아 행하였더
냐?
5 나 여호와의 뜻과 나 여호와의 주관하
에 이루어졌음이니, 지금의 선지자 너
는 누구더냐?
6 육신 속에 나의 성령이 임하였으니,
너는 지금 무슨 일을 하고 있는가?

7 나 여호와의 뜻을 받아 나 여호와의
뜻을 기록하여 만백성을 구하는 일을
하고 있음이니,
8 너의 제자들에게 2천 년 전의 나의 아
들 예수와 지금의 나의 성령을 받아
나의 법전을 기록하여 만백성을 구하
는 대업을 이루고 있는 너를 차등을
두는 눈으로 바라보지 말라, 그 어리
석음을 범하지 말라 이르라.
9 다 나의 뜻에 의하여 만백성을 구하고
자 선택된 나의 선지자이니 너의 소중
함을 그들이 알아야 할 것이며,
10 두 번째는 너희들이 하늘에 오를 수
있는 깨달음을 얻으며 나의 피조물 만
백성을 인도하는, 내 가슴을 태워 내
리는 그 성령의 뜻을 만백성을 위하여
전하고 전달함이 너희들의 우선의 그
사업이요, 소중한 것임을 너희들이 일
찍 깨우쳐야 할 것이니라.
11 내가 너희들에게 수천 번 일렀음이니
라.
12 육신의 백 년도 안 되는 그 삶을 위해
서는 너희들이 모두를 다 바치나, 하
늘에 오르는 그 영광된 길을 위하여
영원히 너희들이 존재하고 사는 나의
나라에 오르는 것은 생각하지 아니한
다 하였음이니,
13 이는 몸이 썩어져 가는 것을 모르며
몸의 일부에 가시가 박힌 그 아픔만을
아는 그와 같은 어리석은 자들이라 하
였음이니,
14 지금 너를 따르는 너의 제자들이라 명
하는 자와 낙원에 이름을 기록하여 축
복의 영광을 받았다는 너희들이,
15 내가 너희들에게 일러 너희들은 육이
없으며 나의 열한 번째의 계명이요,
11조를 내가 너희들에게 눈을 뜨게
하여 바라보게 하였으며 너희들이 그
선상에 서 있음이니,
16 너희들의 제 일 번의 삶이 무엇이더
냐? 나의 성령의 뜻을 만백성을 위하
여 전하는 너희들이 지도자로서 행함
이 첫 번째요,
17 너희들의 삶에 두 번째요, 세 번째는
그것 외에는 없다는 것을 어찌하여 너
희들이 그리도 모르며 그리 행하지 못
하는가?
18 그리고 2천 년 전에 나의 아들 예수의
그 위대함과 소중함은 알면서 나의 성
령을 받아 나의 뜻에 의하여 나의 주
관에 움직이는 너를 바라보는 그 눈에
차등이 있음이니, 그 마음이 있어서는
아니 됨이니라.
19 차등을 두는 마음이 있으며, 너희들의
생활에 나의 성령을 만백성을 위하여
구하고 전하는 그것이 너희들의 목숨
보다도 더 소중하다는 것을 모른다 하
는 자는 너희들이 오만함이 있으며,
20 너희들이 더 높고자 하는 마음이 있으
며, 너희들이 더 위대할 수 있다 생각
하는 욕심의 그 사악한 근원이 너희들
가슴속에 있음이니,
21 이 간단한 이치를 깨우쳐야만 너희들
이 나의 뜻을 이해하고 받아들이는 가
슴의 문이 열림을 알아야 할 것이니라.
22 그 자체가 너희 마음을 굳건히 세우는
기본이거늘, 그 자체가 얼마나 소중한
지 모르며, 너희들이 무엇을 먼저 움
직여야 되며 무엇이 먼저 너희들에게
가장 소중한지를 모르고 있음이니,

23 너희들은 나의 법전을 읽고 깨우쳐 나
의 성전에 와 기도하며 내 사랑하는
선지자를 통하여 내가 내리는 성령의
나의 음성을 들으면서,
24 육신의 백 년의 삶을 위하여 너희들의
모두를 버리는 어리석은 백성이 되지
말라 함을, 어찌하여 너희들은 말은
그리 하나 행동은 그리 못 하는가?
25 우선은 너희들이 2천 년 전에 나의 아
들 예수의 행함과 나의 선지자가 오늘
존재하여 행함을 똑같은 마음으로 보
는 마음의 눈을 떠야 될 것이며,
26 두 번째는 너희들이 모두를 다 바쳐
나의 법전을 전하는 것보다 더 소중한
사업이 없으며 그 속에서 모든 것이
이루어진다는 것을 너희 가슴에 확고
히 심어, 그 문을 열지 아니하는 자,
아무것도 이룰 수 없음이니라.
27 내가 너희들은 육신이 없는 자들이라
말하였음이니, 육이 없는 자들이 육의
생활에 얽매여 발버둥치고 있다 하면
이 나의 가르침을 듣지 아니하는 자보
다도 너희들이 더 어리석고 우매한 자
들이니,
28 너희들이 그를 벗어나 나의 법전을 세
상에 전하여 만백성을 구하는 데 모두
를 다 바칠 때, 그 속에 너희들이 원하
는 모든 뜻이 이루어지며 그 속에서
실타래가 풀리듯이 너희들에게 영광
이 내려짐을, 이 이치를 깨우쳐야 될
것이니,
29 나의 소중한 법전을 전하여 만백성을
구하는 데 너희들이 모두를 다 바칠
때, 그보다 더 큰 은혜와 영광을 받음
이 없음이니,
30 나로부터 내리는 그 축복을 받는 그
길을 터득하지 못하는 자, 반석 위에
일어서 하늘에 오르는 빛을 보지 못함
과 같음이니,
31 이 이치를 너의 제자들에게 깊이 깨우
쳐 일러 전해야 될 것이니 그리 알라.

1,730 번째 하나님 말씀

2001년 12월 30일 12시 10분

(강론을 마치며)

1 사랑하는 선지자야!
2 "네, 여호와 하나님! 말씀하옵소서."
3 내가 너의 제자들에게 너희들의 대명
을 일렀느니라.
4 내가 만든 나의 피조물 만백성이 죽어
와 심판을 받아 그 죄에 따라 그 고통
속에 살아가는 것을 너희들이 그들로
부터 구원의 길을 인도하여 그 숫자를
줄여 내가 그 기쁨을 보도록 해 달라
하였으며,
5 그들이 험악하고 무서운 죄를 덜 받도
록 하여 나의 기쁨을 얻게 해 달라 하
였으며,
6 너희들이 지상에서는 나의 피조물 만
백성이 하늘에 오르는 길을 인도하여
주며,
7 그들이 구약과 신약의 시대에 돌팔매
질하며 저희들이 아비규환 같은 그 종
교 전쟁의 피투성이가 이루어졌을 때,
그들이 옳고 그름을 다스릴 수 있는
나의 법전을 세상에 전하여 만백성을
깨우쳐, 그와 같은 처참하고 험악한
일을 막는 것이 너희들의 대명이라 하
였음이니라.

8 그러나 선지자야, 여기서 너희들이 하
나 알아야 할 것이 있느니라.
9 오늘 이후부터 너의 제자들에게 가슴
을 열라 말하라.
10 창공에 부는 바람의 흐름과 저 하늘에
높이 떠 있는 구름들의 그 흐름을 바
라보며 가슴을 열라 이르라.
11 너희들이 가슴을 열면 앞에 있는 사람
또한 열게 되어 있으니, 너의 제자들
의 가슴에 마음의 문을 다 열어야 될
것이니라.
12 가슴에 있는 그 마음의 문을 열지 못
한다 하면 너희들은 반석 위에 서서
하늘에 오르는 빛을 볼 수가 없음이니
라.
13 가슴의 문을 열지 못하는 자, 그 고통
과 그 자신의 시련이 큰 만큼 그는 인
간사 사회생활에 삶의 모든 사악한 뿌
리들을 버리지 못함이니, 마음의 창문
을 활짝 열라 이르라.
14 마음의 창문을 열어 신선한 공기가 너
희들의 마음속에 그득히 차도록 너희
마음의 창문을 열어 너희 마음에 신선
한 자연의 공기가 그득히 너희들을 감
쌀 수 있을 때, 그와 같이 나의 성령이
너희 몸에 임함이니라.
15 너희들이 마음의 창을 열지 아니하며
마음의 문을 열지 않는 그 속에 신선
한 바람이 지나갈 수 없듯이,
16 너희들의 마음의 창을 열지 아니하고
마음의 문을 열지 아니하며 너희들의
마음을 닫아 놓는 그 뒤에서 너희들의
인생사의 모든 계획과 너희들이 살아
가는 방법의 모든 계획된 삶을 너희들
이 하나하나 뒤로 계산하며 산다 하면,
17 이는 너희들이 반석 위에 일어서서 하
늘의 빛을 볼 수 없음이니,
18 인간사에 닫아 놓은 그 마음의 창을
활짝 열라.
19 마음의 문을 너희들은 지금서부터 열
어야 될 것이니라.
20 가진 자, 갖지 않은 자, 높은 자리에
있는 자, 높지 아니한 자리에 있는 자,
과격한 힘을 가진 자, 힘을 갖지 아니
한 자, 너희들이 다 똑같아져야 할 것
이니,
21 너희들이 똑같아지며 너희들이 마음
의 창을 활짝 열어 앞에 있는 사람의
그 마음을 너희들이 받아들일 수 있는
그 마음의 문을 열지 아니한다면 너희
들은 깨달음에 전진할 수 없음이니라.
22 사랑하는 선지자야!
23 "네, 여호와 하나님! 말씀하옵소서."
24 내가 하늘에 너희들의 명패마다 너희
들에게 내릴 수 있는 상과 은혜를 기
록하여 놓았다 하면 너희들은 어찌하
겠는가?
25 이 세상 너희보다 더 축복되고 너희보
다 더 영광된 자가 없음이니, 내가 너
희들에게 그 상을 내릴 수 있도록 마
음의 문을 열어 달라 함이니라.
26 마음의 창문을 열라.
27 마음에 있는 너희들의 작은 문과 그
큰 문들을 다 활짝 열어 나의 성령이
바람처럼 너희들의 가슴을 감쌀 수 있
도록 너희들은 오늘 이후부터 이 나의
애절한 뜻을 거역하지 말며 실행하도
록 그리하라.

1,731 번째 하나님 말씀

2001년 12월 31일 09시 30분

1 사랑하는 선지자야!
2 "네, 여호와 하나님! 말씀하옵소서."
3 내가 구약과 신약의 시대를 덮으며 새
로운 시대를 연다 하였음이니, 이 새
로운 한 시대를 열어 간다는 것이 얼
마나 힘들고 어려운 길이더냐?
4 몇천 년의 역사가 흘러오면서 지금의
뿌리가 내려진 하늘에 오르는 길이라
하여 저희들이 믿고 있는 그 종교 지
도자들과 그를 따르며 구원을 받았다
고 성서를 들고 몸부림치며 세상에 다
시없는 영광과 은혜를 얻었다 하여 저
희들이 가서는 아니 되는 그 성전에
가는 그 죄 또한 무섭거늘,
5 그곳에 가 하늘의 나에게 바친다 하
여, 나의 하늘의 창고에 쌓는다 하여
그 재물들을 저희들이 함부로 바치는
죄를 짓고 있음이니,
6 내가 그들에게 재물을 준 것은 오른손
이 한 것을 왼손이 모르도록, 왼손이
한 것을 오른손이 모르도록 그와 같이
어렵고 힘든 자를 도와주고 도우며 살
라 내린 것이거늘 그를 함부로 그들이
남용함이니, 그 죄 또한 무서울 것이
니라.
7 그와 같이 하여 구원을 받았다 하는
그들만의 그 마음을 돌릴 수 없는 것
이 지금 그들이 가지고 있는 마음자리
이니,
8 저희들이 죄짓고 불안하며 잘못 살아
온 것이 부끄럽고 두려워 그것을 사함
을 받았다 하는 그 하나의 희망 때문
에 모두를 다 버리며 그들이 나의 법
전을 돌아다보고 나의 법전의 뚜껑을
열기를 거부하고 있음이니, 선지자야!
이 얼마나 통탄할 일이더냐?
9 그들이 계명을 지키고 착하게 살아 하
늘에 오르는 길이 있다 하는 것을 보
지 아니하고,
10 잘못 살고 죄짓고 험악하게 살고 더럽
게 살아온 그 인생이 두렵고 무섭고
나에게 와 심판받는다는 것에 그들이
감히 잠을 자지 못하고 고통스러운 그
고통을 갖다 그들이 성전이라는 곳에
가 기도하고 찬송 부르고 광란의 소리
를 지르며 재물을 바치면 그 죄를 용
서하여 준다 하니,
11 그들이 그것보다 더 얻은 것이 무엇이
있다 생각하더냐? 그리하여 그들은
광란하는 자로 변하여 감이니라.
12 그리하여 그들의 마음을 돌릴 수가 없
음이니라.
13 그리하여 그들을 바로잡는 것이 어렵
다 하였음이니라, 선지자야!
14 그 역사가 한두 해가 아니라 몇천 년
이 흘러온 다음에 그와 같이 이루어졌
음이니, 그 역사 속에 굳어진 것을 누
가 감히 엎을 수 있겠느냐?
15 그 모두를 다 내치며, 그 모두를 다 밀
어붙이며, 그 모두를 다 쓸어버리며
다시 하늘에 오르는 길을 열어 가는
너희들이야말로 지금 10년이 되었더
냐, 100년이 되었더냐?
16 이제 너희들이 서서히 가면서 자리잡
아 감이니, 너무 조급히 굴지 말라.
17 몇천 년의 역사가 흘러온 그 무너뜨릴
수 없는 성벽에 대하여 너희들이 하루

아침에 무너뜨린다 하면 얼마나 무모
한 짓이라 생각하겠느냐?
18 다 나 여호와의 뜻이며 나의 길에 있
기에 너희들이 그 모두를 무너뜨리는
것이 너희들이 죽기 전에 이룰 수 있
다 하였음이니, 그보다 더 빨리 이루
어짐은 있을 수가 없음이니라.
19 선지자야!
20 "네, 여호와 하나님! 말씀하옵소서."
21 그들의 형태를 잘 들여다보라.
22 죄짓고 죄지은 그것이 두려워 몸부림
치는 자에게 성서를 들고 성전에 와
기도하며 몇 푼의 재물을 바치면 보혈
로써 저희들의 죄를 사한다 하니, 그
것보다 그들이 더 행복한 것이 무엇이
있겠느냐?
23 그들의 그 행복을 뺏는다 하면 그들이
놓겠는가? 사자 꼬리를 잡고 천당에
간다 하는 자들이며 호랑이의 꼬리를
잡고 천당에 가는 길이라 하여 그들이
지금 가고 있음이니, 이는 무엇이더냐?
24 사탄이요, 그 죄악의 몸통 위에 죄악
들의 그 꼬리를 잡고 그 죄악 속으로
빠져들어 가고 있음이니, 그들이 당하
는 것은 무엇이더냐?
25 사자의 꼬리를 잡은 자, 사자에게 먹
힐 것이며, 호랑이의 꼬리를 잡은 자,
호랑이에게 먹힘이니,
26 사악한 무리의 꼬리를 잡고 끌려가는
자, 사악한 무리가 되어 그 죄를 나에
게 와서 받을 것이니,
27 이 자명한 사실 앞에 그들이 그 호랑
이 꼬리가 저희들을 구원하는 길이라
하여 따라가고 있는 형국이니라.
28 예수의 보혈로써 저희들의 죄를 사해
주었다는 그 한마디로써 그들이 사자
요, 호랑이의, 사탄의 꼬리를 잡고 딸
려 가고 있음이니, 이 형국을 어찌해
야 되겠느냐, 선지자야!
29 너의 제자들에게 이를 의논하여 그들
에게 깨우쳐 주도록 그리 이르라, 그
사자의 꼬리를 잡고 가는 그들을 놓도
록 한다는 것이 얼마나 위험하고 무서
운 것인가를.
30 사자가 그 먹이를 끌고 가면 먹이가
저에게 먹혀 주겠다고 따라오는데, 그
먹이를 누군가 빼앗는다 하면 그 사자
가 뺏는 자를 공격하지 아니하겠는가?
31 사탄의 꼬리를 잡고 가는 그들이 그
꼬리를 놓도록 한다면 그 사악한 악마
와 사탄들이 너희들을 공격함이 있음
이니,
32 끌려가는 자를 놓도록 해야 되며, 또
그를 끌고 가는 자의 공격을 막아 가
면서 나의 법전을 전해야 되는 그 대
명이 얼마나 어렵고 힘든가를 너의 제
자들에게 일깨워 주라, 선지자야!
33 내 너희들을 그리하여 사랑한다 함이
니라.

2002년 1월

1,732 번째 하나님 말씀

2002년1월 1일 0시 20분

1 사랑하는 선지자야!
2 "네, 여호와 하나님! 말씀하옵소서."
3 너희들 인간사에 피를 나눈 형제도 아
니요, 너희들이 이야기하는 것같이 죽
마고우도 아니며,
4 한 시대에 같이 살아가고 있는 사람들
이라 하여, 그 속에서 너희들이 나의
성령을 태워 내려보내는 열여섯 권의
법전을 받아 이 길만이 하늘에 오르는
길이라 깨달아, 나의 법전을 너희들과
아무런 인연 관계도 없는 사람들에게
전하고 보급하기가 얼마나 어렵고 힘
이 들던가?
5 너희들과 아무런 인연도 없는 나의 피
조물 만백성에게 나의 성령이 담긴 열
여섯 권의 그 법전을 읽고 하늘에 오
르라 하여 전하는 너희들의 그 마음이
어떠하더냐?
6 정녕 이것만이 하늘에 오르는 길이거
늘, 그를 받아 버리는 자, 그를 받아
찢어 버리는 자, 그를 전하는 너희들
을 미친 사람이라 생각하며 정신 나간
사람처럼 쳐다보며 외면하고 걸어가
는 자,
7 그 한 권의 법전을 받아 가다가 던져
버리는 자, 찢어 버리는 자, 그리고 버
리고 가는 자들을 보면서 너희들의 고
달픈 육신의 그 마음보다도 그걸 버리
고 가는 자들을 보는 너희들의 마음이
더 아팠음이니,
8 아무런 인간관계요, 너희들과 인연이
없는 자가 그걸 버리고 가는 것을 보
며 그 구원의 길을 놓치고 간다 하는
안타까운 마음에서 너희들의 가슴이
조여 오며 그 아픈 마음을 전할 길이
없었음이니,
9 사랑하는 선지자야, 너의 제자요, 내
가 기억하고 있는 나의 백성들인 전사
들에게 이르라.
10 너희들과 인연 관계도 없는 사람에게
전하는 그 법전을 버리고 가는 자, 받
지 아니하는 자, 쓰레기통에 던지는
자, 찢어 버리는 자, 그들을 보며 너희
들이 가슴 아파 마음속으로 울듯이,
전하는 너희들의 그 마음에 주저앉고
싶은 그 심정이 얼마나 아프고 쓰리더
냐?
11 그러한 너희들도 그렇거늘, 나 여호와
가 만든 나의 백성, 나의 피조물들이
하늘에 와 그 죄를 받는 것을 보기 안
타깝고 가슴이 아파 그들을 구원하고
자 함이며,
12 영원히 사는 나의 나라가 존재하며 낙
원이 있음을 깨닫지 못하는 나의 자식
들을 깨닫게 하여 하늘에 오게 하고자
하는 나 여호와가 하늘에서 내려다보
는 그 마음은 얼마나 아프고 저려 오
겠는가?
13 선지자야!
14 "네, 여호와 하나님! 말씀하옵소서."
15 너의 제자들에게 이르라.

16 주저앉고 싶은 마음, 힘든 마음, 피로
한 마음, 괴로운 마음, 그 모든 것보다
도 그것을 버리고 가는 자, 외면하고
가는 자를 보는 너희들의 아프고 저린
그 마음의 고충을 나 여호와가 알고
있음이니,
17 너희들의 그 마음의 고생과 마음의 아
픔과 육신의 고달프고 힘든 그것도 너
희들이 인내하기 어려운 줄 잘 알고
있으나,
18 나의 아들과 딸들을 구원하고자 하여
너희들이 전하는 그것을 버리고 가는
어리석은 나의 피조물 만백성을 바라
보는 나 여호와의 마음만큼 하겠는가?
19 저희들이 나와 백 년 사를 산다 하나
저희들의 백 년 사에 사는 그 삶이 얽
히고설킨 가시밭길의 삶이며,
20 내가 이르기를 그들이 호랑이 굴이며
사자의 굴을 향하여 달려가는, 호랑이
와 사자의 꼬리를 잡고 달려가는 형국
과 같다 말하였으니,
21 그와 같은 형국인 자들 속에서 평생에
한 번 그들이 하늘에 오르는 길을 알
며, 나 여호와가 있으며, 죽어 와 심판
을 받음을 알 수 있는 나의 법전을 저
희들에게 전해 주는 그 기회를 놓치고
가는 자, 그 자식을 보는 내 마음이 얼
마나 아프고 저리겠는가?
22 나 여호와의 이 아프고 저린 마음을
생각하여 너희들이 힘들고 어려운 그
고통의 시간을 넘길 수 있는, 인내하
는 마음을 가져 주기를 나 여호와가
간곡히 바라고 바람이니라.
23 너의 제자들에게 이르라.
24 어렵고 힘들 때마다 나 여호와가 그를
바라보고 가슴 아파함을 너희들이 생
각하며 오늘의 고통과 역경을 나 여호
와를 생각하며 인내하고 견디라.
25 그리하여 너희들이 천상에 왔을 때,
너희들이 내 앞에 와 비단옷 입고 큰
절 올리며 나의 손을 잡을 것이니,
26 그리하여 너희들이 낙원에 걸려 있는
너희들의 명패의 그 자리에 가 영원히
살며 너희들이 오늘의 이야기를 하고
살 수 있는 영광과 축복을 받은 자들
이라는 것을 잊지 말라.
27 나 여호와의 이 간곡한 뜻을 너의 제
자들에게 전하라, 선지자야!

1,733 번째 하나님 말씀

2002년 1월 1일 08시

1 사랑하는 선지자야!
2 "네, 여호와 하나님! 말씀하옵소서."
3 내 사랑하는 나의 백성이요, 너의 제
자들이 네 앞에 와 그런 말을 하느니
라.
4 찬송을 부르고 싶어 소리를 지르고,
노래를 부르고 싶어 저희들의 마음이
쑤신다 하는 자들이 있느니라.
5 너희들은 성서를 한 글자도 고쳐서는
아니 된다 말하며, 나 또한 나의 법전
을 한 자도 너희들의 임의로 빼고 더
해서는 안 된다는 가르침을 내렸듯이,
6 나의 성서요, 나의 뜻을 공부하는 자
리에서는 다른 객담이요, 다른 소리가
필요 없음이니라.
7 그는 해서도 아니 되며, 그를 너희들
이 즐겨 해서도 아니 됨이니라.
8 나를 위하여 공부하며 성서를 공부하

며 만백성을 깨우쳐 하늘에 오르고자
한다는 너희들이,
9 너희들이 지어 만든, 감성에 의하여
쓴 찬송이라는 것을 부르며 광란의 소
리를 지르며 눈물을 흘리고 있음이니,
이것은 어떠한 형국이더냐?
10 이러한 행위부터 너희들이 잘못 감을
깨우쳐 줘야 될 것이며 이를 깨야 될
것이니라.
11 성전에 나가지 아니하는 자, 노래를
부르는 그 기계를 가지고 두 명, 세 명
집단이 모여 소리 지르고 악을 쓰고
난 다음에 그들은 무어라 말하느냐?
12 오래간만에 모두를 다 풀었다고 이야
기하며 저희들의 마음에 즐거움을 얻
고 있음이니라.
13 소위 이야기하는 마음속에 있는 모두
를 다 풀어 버리고 괴로웠던 그 모든
마음을 다 하나로 만들어 즐거움만을
추구하고 즐겁게 노는 광란의 그 시간
과 거기에서 시원함을 느끼며 즐거움
을 느끼고 있음이니,
14 너희들의 속에 있는 소리요, 속에 있
는 마음을 다 광란의 짓을 하여 털어
놓고 그 마음이 후련하다 생각하며 나
로부터 은혜를 받았고 축복을 받았다
하니,
15 너희들은 나의 성서를 공부하며 나의
성서의 깊은 뜻을 깨우치는 것이 아니
라, 너희들이 지어 놓은 그 곡에 따라
광란의 짓을 하며 악을 쓰고 소리를
질러 눈물을 짓는 그 즐거움 때문에
성전을 찾는다면,
16 이는 너희들이 나에게 오르는 길을 공
부하고 깨우침이 아니라 너희 자신이
가지고 있는 마음의 스트레스라는 것
을 다 풀고 던지기 위해서 모여듦이니,
17 이는 곧 나를 믿음이 아니라 다른 신
을 위하여, 너희들의 즐거움을 위하여
모여듦이니라.
18 너희들은 그리하여 그와 같은 광란의
즐거운 소리를 지르고 너희들의 노래
자랑을 하고 난 다음에 그 대가로 무
엇을 치르는가?
19 바로 너희들이 그 노래의 대가를 치르
는 것이 각종 헌금이라 하여 바침이니,
20 너희들은 너희들이 부른 노래자랑을
하고 너희끼리 서로 누가 잘하나 경주
하여 시합에 나가 상을 받는 것처럼
그와 같은 형국을 하며 그 대가로 바
치는 것이 헌금이니,
21 이는 너희들이 노래를 부른다는 그 기
계 앞에 가서 떠들고 노래 부르고 소
리 지르며 너희들 속에 있는 마음을
다 털어 내 후련하다 하며 거기에 지
불하는 대가와 마찬가지이니,
22 그것이 어찌 나를 위하여 쓰이는 것이
며 내가 거둬들이는 재물이라 말하는
가?
23 이와 같은 이치를 너희들이 깨달아야
할 것이니, 그를 깨닫는 자는 그리 시
행해서는 아니 됨이니라.
24 그는 너희들의 말재주요, 너희들의 손
재주에 의하여 그와 같이 만들어 놓고
너희들이 거기에 도취함이니,
25 성서를 공부하는 것보다 그곳에 더 도
취하며, 인간이 만든, 인간의 손으로
그려 놓은 그 곡에 의하여 너희들은
그를 즐기며 그를 믿고 있음이니,
26 그게 바로 나로부터 은혜를 받은 자라

함이니, 그는 누가 만든 것이더냐?
27 너희들은 너희들 인간이 만든 것에서
은혜를 받았다 함이니, 당연히 너희들
이 거기 가서 헌금을 내 그 사람에게
바치고자 하는 그와 같은 형국이 되어
있음이니라.
28 나의 성서를 공부하며 나의 뜻을 깨우
치는 자는 너의 제자들처럼 조용히 앉
아 나의 법전만을 연구하며 나의 법전
의 공부를 하며 그 속에서 저희들이
얻음을 얻음이니,
29 나의 선지자로부터 나의 성령을 태워
내려보낸 나의 뜻을 들어 너희 것으로
만들어 너희들이 변해 가는 것이, 그
것이 바로 믿음의 길이니라.
30 나의 아들 예수가 광야에서 많은 나의
피조물 만백성을 구원하기 위하여 설
법했을 때, 그가 어디 노래로써, 소리
로써 너희들 집단을 이끌었더냐?
31 그가 그로써 너희들을 인도하였더냐?
나의 성령의 뜻을, 내 뜻을 전하는 것
으로써 조용히 그는 나의 만백성을 이
끌어 갔음이니,
32 너희들이 만들어 놓고 손재주를 부린
그 곡을, 만든 노래를 가지고 소리 지
르며 나에게 오른다 하며 그를 가르치
면서 너희들을 흥분의 도가니로 몰아
넣어, 광란의 세계로 몰아넣어 너희들
을 미치게 만들어 헌금을 받아 내는
자들은 나의 뜻을 가르치는 자들이 아
니니라.
33 나의 성서를 가르칠 자신이 없으며,
나의 뜻이 무엇인가를 알지 못하며 제
대로 나의 뜻을 전하지 못하는 자가
너희들을 끌어모으기 위한 광란의 수
법이니,
34 나의 성서를 제대로 가르칠 수 없기에
너희들을 끌어내는 수법으로써 광란
의 도가니로 인도하기 위해서 만드는
것이 바로 너희들이 부르는 그 찬송이
라는 것이니,
35 너희들은 두 길, 세 길을 가고 있음이
니, 이 이치를 깊이 깨우쳐야 할 것이
니라.
36 나로부터 선택된 백성이며 나로부터
선택된 선지자며 나의 성령을 들어 가
르치는 자는 정답을 알고 있음이니,
그와 같은 해괴망측한 짓을 하지 아니
하여도 너희들에게 깨우침을 줄 수 있
음이니라.
37 감히 나 여호와, 전지전능한 하나님이
요, 너희들의 창조주인 내가 나의 성
령을 내리는 그 성전에 와서 너희들이
고개 숙여 조용히 들으며 가슴을 울리
는 소리에 눈물을 흘리며 감사하는 마
음에 너희들이 '감사합니다, 하나님!'
하고 찾는 그것도 부족하거늘,
38 광란의 소리를 지르며 미친 자 발광하
듯이 그러한 속에서 나에게 무슨 축복
을 받으며, 나의 음성을 들으며 나의
뜻을 진정 깨우칠 수 있다 하느냐?
39 정신 이상자가 제대로 이야기를 들을
수 없으며 깨우칠 수 없으며 인간의
도리로 살 수 없듯이, 너희들을 그런
정신 이상자로 만드는 자들 앞에 모여
광란의 행위를 하며 그 광란의 행위의
대가를 지불하지 말라.
40 그리하여 그것은 나와는 아무런 관계
도 없는 금화와 은화이며, 너희들이
내 돈을 잘못 쓰고 있다 하였음이니,

41 내가 나의 재물을 잘못 쓰고 잘못 바
치는 자, 그 죄가 험하다 하였으니,
42 너희들이 노래 부르고 소리 지르고 광
란의 짓을 하며 그 대가를 치르고 내
재물을 그리 썼음이니, 이건 너희들이
받는 당연한 벌이라는 것을 이제 깨우
쳤을 것이니라.
43 조용히 다락방에 앉아서 나의 뜻을 기
리며 내가 행하고자 하는 것이 무엇인
가를 깨닫고자 하여도 나의 뜻을 깨달
을 수가 없거늘,
44 네 앞에 와 찬송이라는 것을 부르지
못하여 좀이 쑤시다 말하는 그 너의
제자들에게 이 뜻을 그리 깨우쳐, 그
들 입에서 두 번 다시 그러한 이야기
가 내 성전에서 나오지 아니하도록 그
리하라.
45 광란의 세계로 가 그 대가를 지불하겠
다는 것과 같음이니,
46 어찌하여 너희들이 만들어 놓고 너희
들의 머리로 쓰고 손으로 만든 그 곡
에 따라 환상의 세계에 빠지며 그 대
가를 지불하는 것을, 나의 성전에 와
서도 그리하고자 하는가?
47 누가 만들었더냐? 그는 나와 아무런
관계도 없는 것이니라.
48 이 무서움을 너희들이 깨달아야 할 것
이니라.
49 너희들이 나의 성전에 와 나의 법전을
공부하듯이 조용히 깨우쳐 나의 성령
을 들어 깨달음이 있으며, 후회하는
자 있으면 조용히 눈물을 흘려 그 흐
르는 눈물을 손수건으로 닦으면서 그
속에서 깨달음이 있고 전진이 있고,
하나하나 파가 허물을 벗듯이 너희들
의 죄의 허물을 벗어 나가는 그 소중
한 반성의 시간도 부족하거늘,
50 그리고 또 너희들이 깨달음을 너희 것
으로 만들어 나의 피조물 만백성을 인
도하는 공부를 하기도 바쁘거늘,
51 거기에 광란의 짓을 하면서 그 광란의
흥분된 가슴속에 나의 진정한 뜻을 어
찌 깨달으며 어찌 듣는다 말하는가?
52 조용히 나의 성전에 와 나의 법전을
공부하는 데 열과 성의를 다하여, 참
된 지도자로서 만백성을 인도하여 하
늘에 오르는 길에 게을리하지 말라 하
라.
53 내가 너희들을 지극히 사랑함이니라.
54 사랑하는 선지자야, 이를 너의 제자들
에게 전하라.

1,734 번째 하나님 말씀

2002년 1월 1일 08시 20분

1 사랑하는 선지자야!
2 "네, 여호와 하나님! 말씀하옵소서."
3 모든 나의 피조물 만백성을 사랑하는
것을,
4 남들이 저희들 생명보다 더 소중히 여
기는 금화와 은화요, 모든 보석이요,
그들이 소중하다는 것을 너는 멀리서
바라만 보는 것으로써 사랑을 느끼며,
멀리서 바라보면서 행복을 느끼며, 멀
리서 바라보면서 소중함을 느껴야 할
것이니라.
5 모든 사랑하는 사람도, 그리운 사람도
다 멀리서 바라보면서 그 사랑을 느끼
며 그 아름다움을 느끼며 그 소중함을
느끼며 너는 살아가야 할 것이니라,

선지자야!
6 손으로 만지지 말라.
7 네 품으로 안지 말라.
8 네 앞에 놓으려 하지 말라.
9 네 팔 밑에 놓으려 하지 말라.
10 네 가까이에 놓으려 하지 말라.
11 모두는 멀리서 네가 바라보며, 멀리서 바라보는 그 아름다운 사랑과, 은혜를 베풀며 그 행복함을 너는 멀리에 놓고 느껴야 할 것이니라.
12 이를 깊이 깨달아 행하도록 하라.

1,735 번째 하나님 말씀

2002년 1월 2일 06시 10분

1 사랑하는 선지자야!
2 "네, 여호와 하나님! 말씀하옵소서."
3 나의 사랑하는 피조물 만백성이 하늘에 오르는 길이라 하여 저희들이 만든 성전에 가 기도를 하며 나에게 경배를 하며 저희들의 작고 큰 소원을 수없이 나에게 고백하는 기도를 드리나,
4 그는 나하고는 아무런 관계가 없다는 말을 하였음이니라.
5 너희들은 스승으로부터 배우는 제자가 어떠한가를 익히 알고 있을 것이니라.
6 학식이 뛰어난 스승 앞에 회초리를 맞으며 청렴결백을 배워 입신양명하는 선비는 그가 지키는 그 자리 또한 청렴결백하며 빛이 날 것이며,
7 혼탁한 스승 앞에 배워 혼탁한 방법으로 벼슬에 오른다 하면 그는 혼탁한 정치밖에는 할 수가 없으며 그 처신이 그러함이니라.
8 지금 나의 사랑하는 피조물 만백성이 종교 지도자라는 자들 앞에 가 기도하며 눈물지으며 하늘에 오르고자 저희들의 모든 정성을 다하는 것 같으나,
9 그 지도자들은 행함에 있어서 하나하나 그들의 귀와 눈을 뜨도록 하지 못함이니,
10 먼저 배워 하늘의 나에게 와 은혜를 받은 자들이며 나의 대명을 이루는 자들이라 하는 그 지도자들이 그들의 길을 열어 주며 눈을 뜨게 해 주지 못하고 있음이니, 그들의 형국이 어떻다 내가 말하였더냐?
11 그들은 저희들을 잡아먹으려 하는 그 사자요, 호랑이의 꼬리를 잡고 그것이 하늘에 오르는 길이라 하여 그저 맹목적으로 달린다 하였음이니,
12 이는 곧 사탄들이 이끄는 그 꼬리를 잡고 지옥 불로 가는 그 길을 하늘에 오르는 길이라 하여 달려가는 형국과 같다 말하였음이니라.
13 나의 성령을 들어, 나의 뜻을 들어 전하는 세상에 단 하나밖에 없는 나의 선지자에게 와 배우는 자, 나의 음성을 듣는 자,
14 나의 성전에 와 나의 법전을 읽고 공부하는 너희들은 청렴결백한 그 스승 밑에서 배움보다도 열배 백배 더 위대한 자리에 있음이니,
15 사탄의 꼬리를 잡고 지옥 불로 내려가는 그들을 너희들이 사탄으로부터 떼야 되는 그 어려움이 있으며,
16 그 끌고 가는 사탄에게 못 가도록 막고 방해하는 너희들을 공격하는 사탄의 그 공격을 막는 어려움을 겪고 가

는 것이 너희들이라 말하였음이니라.
17 이 세상에 나의 선지자는 한 사람이니
라.
18 그리고 나로부터 선택되어 나의 성령
을 받아 전하는 자는 한 사람, 너뿐이
니,
19 둘이 있어서도 아니 되며 셋이 있어도
아니 됨이니, 그 뜻은 너희들이 알아
깨우쳤을 것이니라.
20 나의 성령을 나의 선지자 너를 통하
여, 단 한 사람의 입을 통하여 전하며,
네가 듣는 것만을 전해도,
21 와서 듣고 배우는 너의 제자들이 생각
하고 연구하고 깨달음이 저희 나름대
로 다 다를진대,
22 두 사람의 선지자요, 세 사람의 선지
자가 나와 세상에 전한다 하면 과연
나의 뜻이 어찌 전해지게 되겠는가?
그 뜻은 나의 뜻이 아님이니라.
23 그리하여 나의 뜻을 전하는 선지자는
단 한 명이며,
24 전지전능한 나 여호와라 너희들이 부
르짖음이니, 단 한 명이라 하여도 그
한 사람으로 하여금 나의 백성을 구함
에 있어서 부족함이 없음이니 그리 너
희는 알아야 할 것이니라.
25 사랑하는 선지자야!
26 "네, 여호와 하나님! 말씀하옵소서."
27 바른 스승 밑에서 배운 자가 그 스승
의 뜻을 따라 사회에 나와 봉사하며
백성을 다스림이니, 그들이 존재하지
아니하면 그 사회는 존재할 수 없음이
니라.
28 지금 사악한 무리들로 들끓는 이 시대
에, 나의 성령을 들어 전하는 너이며,
내가 나의 가슴을 태워 너에게 내리는
이 열여섯 권의 법전과 내가 너에게
내리는 이 성령의 뜻이 아니면 이 세
상을 다스려 나갈 수 없음이니,
29 그를 직접 듣고 배우는 너의 제자들은
나의 십계명을 지킴에 있어서 한 치의
소홀함이 있어서도 아니 될 것이며,
30 너희들의 마음 한구석 빈자리에 나의
십계명을 배척하는 일이 있어서도 아
니 될 것이며,
31 너희들이 하루를 살아감에 있어서 나
의 십계명의 뜻을 거역하는 것이 있어
서는 나의 이 법전이 세상에 나와 나
의 성령의 뜻이라는 것을 느끼고 배우
는 자가 없을 것이며, 나의 피조물 만
백성을 바로 인도할 수 없음이니,
32 너희들이 지킴에 있어서 얼마나 열과
성의를 다해야 하며 너희들이 얼마나
소중한 자리에 서 있는가를 알아야 할
것이니라.
33 내가 너희들에게 일렀느니라.
34 나의 법전이 봄바람처럼 세상에 전하
여져 너희 자손들을 대대손손 구원하
는 하늘에 오르는 길의 길잡이가 될
것이라 말하였음이니,
35 나의 법전을 갖고 나의 피조물 만백성
에게 한 권씩 한 권씩 전하는 너희들
의 손은 너희들에게 거친 손과 같이
보이고, 너희들의 나이에 따라 주름진
그 손으로 전하는 모습이 거칠고 주름
진 손으로 보이나,
36 하늘에 있는 나 여호와가 그 손을 바
라봄은 세 살 먹은 아이들보다도 더
고운 손으로 보임이니,
37 너희들은 나의 기쁜 마음을 알아야 할

것이니라.
38 60이 된 자, 40이 된 자, 50이 된 자가
전하는 그 너희들의 손은 세 살 먹은
아이들의 그 고운 손이며, 너희들의
그 마음은 천사와 같은 마음으로써 그
를 전하고 전함이니,
39 나 여호와가 바라봄이 그와 같음을 너
희들이 깨달아야 할 것이니라.
40 나의 법전을 구입하여 만백성을 구하
고자 하는 자, 너희들의 마음이 저 자
신을 스스로 태워 그들을 구하고자 함
이니,
41 그 마음이 또한 천사이며, 천사와 같
은 마음이니라.
42 수천 년 역사 속에 하늘에 오른다 하
여 단잠 안 자고 기도하며 광란의 기
도를 드리는 그들이, 남들을 위해서
저희들이 가지고 있는 금화와 은화를
그리 던질 수 있더냐?
43 저희들이 바침으로 인해서 하늘에 오
르는 길이라 하여 저희들의 성전에 바
칠 줄은 아나,
44 나의 사랑하는 피조물 만백성을 직접
이끌고 인도하는 것에 그들이 과연 무
엇을 던지는가?
45 너희들은 너희들의 생명보다 소중하
다는 그 금화와 은화와 재물을 던져
나의 법전을 구매하여 그것을 나의 사
랑하는 피조물 만백성에게 하나하나
전함이니,
46 너희들이 행하고 이룸이 또한 다름이
니라.
47 그들은 저희들이 구원받고자 하여 잘
못 가르치는 종교 지도자들 앞에,
48 저희들이 지은 더럽고 험악하고 추악
한 죄들을 나에게 와 심판받는 것이
두렵고 무서워,
49 돈으로 계산하여 저희들이 구원받는
다는 그 현혹됨 속에 맹종하여 그리
갖다 바치나,
50 너희들은 나의 성령을 태워 내리는 나
의 법전을 사서 나의 피조물 만백성의
손에 전해 줌이니, 이것이 그들과 너
희들의 행함이 다르며 나의 법전을 전
하는 길이 다르며 가는 길이 다름이니
라.
51 내가 금화요, 은화요, 너희들의 그 모
든 재산을 선지자에게 바치라 한다 하
면 이는 그들과 다름이 무엇이 있겠느
냐?
52 너희들은 나로부터 선택된 백성임을
알아야 할 것이며, 너희들이 내 대명
을 이룸을 알아야 할 것이니라.
53 너희들은 너희들의 이름으로써 나의
법전을 구입하여 너희들이 직접 전하
고 있음이니,
54 그들의 마음과 너희들의 마음이 다르
고 그들의 행함과 너희들의 행함이 다
르며, 너희들은 나의 뜻에 따라 움직
이는 것이니라.
55 그들이 그리 믿고 따르는 선택된 자
요, 저희 백성들을 이끄는 종교 지도
자요, 지도자라 부르짖는 자들과,
56 나의 선지자요, 나의 종이요, 나의 아
들이라 하여 너희들의 앞에 와 앉아
있는 나의 선지자의 행함이 그것이 다
름이니,
57 너희들은 흰 것을 흰 것으로 보며 검
은 것을 검은 것으로 보는 눈이 떠져
있는 자들이며,

58 나 여호와의 음성과 사탄의 음성의 차
이를 부르짖을 수 있는,
59 듣는 그 귀가 열려 있으며 그 부르짖
는 입이 열려 있음이니라.
60 너희들이 가는 길과 그들이 가는 길
과, 너희들이 하늘에 오르고자 행함과
그들이 하늘에 오르고자 행함을 놓고
하나하나 같이 짚어 나가 본다 하면,
61 너희들의 행함은 나의 뜻에 의함이니
천사가 가는 길이며, 그들이 가는 길
은 사탄의 꼬리를 잡고 지옥의 불 속
으로 달려가고 있는 사탄의 검은 길임
을 너희들이 알게 될 것이니라.
62 사랑하는 선지자야!
63 "네, 여호와 하나님! 말씀하옵소서."
64 나의 법전을 전하는 너희들의 마음이
천사의 마음이요, 나의 법전을 전하는
너희들의 그 주름진 손이 천사의 손이
며,
65 너희들이 움직이고 서 있는 그 모습이
걸음마를 배우는 아이가 짐을 들고 가
는 그와 같은 형국이니,
66 그와 같이 나 여호와의 마음이 기쁘
며, 넘어질 듯한 그 아이를 내가 받치
고 있음을 너희들은 잊어서는 아니 될
것이니,
67 이 영광을 너희들이 죽어 내 앞에 왔
을 때 알게 될 것이니라.
68 이것이 바로 하늘에 쌓아 놓는 너희들
의 재물이요, 너희들의 은혜의 그릇임
을 알라.
69 너희들이 재물을 바침이 아니니, 너희
들의 기도하는 마음과 경배하는 그 마
음을 바침의 척도에 따라서 하늘에 너
희들이 금화와 은화를 쌓아 놓는 것이
며,
70 너희들이 받는 복의 그릇이 채워짐이
라는 것을 많은 종교 지도자들에게 그
리 깨우쳐 주라.

1,736 번째 하나님 말씀

2002년 1월 2일 21시 25분

(강론을 마치며)

1 사랑하는 선지자야!
2 "네, 여호와 하나님! 말씀하옵소서."
3 내 사랑하는 선택된 나의 백성이요,
또한 너를 따라 나의 법전을 만백성에
게 전하여 그들을 구원의 길로 인도하
는 너의 제자들에게 이르라.
4 너희들은 너희를 낳아 주고 길러 준
부모가 운명했을 때, 그날을 기억하기
위하여 너희들이 제물을 차려 놓고 제
를 드린다 하니,
5 이를 종교 지도자들이 우상을 섬기는
것이라 하여 그리 행하지 말라 하였음
이니,
6 우상을 섬기게 되는 그 뜻에 대하여
오늘 너의 제자들에게 일깨워 주고자
함이니, 너희들이 깊이 들어 깨우쳐야
할 것이니라.
7 너희 이웃에 있는 한 사람이 유명을
달리하여 죽었다 하자.
8 그가 죽으면 어찌 되던가? 그는 죽어
나에게 와 심판을 받게 됨이니, 그가
나의 심판에 따라서 그 벌에 대한 갖
은 어렵고 힘든, 저희가 지고 가야 되
며 치러야 할 대목이 있으니,
9 그중에서 그들이 닭으로 태어날 수도
있고, 소로 태어날 수도 있고, 망아지

로 태어날 수도 있고, 뱀으로 태어날
수도 있으며, 들쥐로도 태어날 수 있
음이니라.
10 만일 네 이웃에 있는 자가 죽어 나의
벌에 의하여 그가 들쥐로 태어났다든
지 뱀으로 태어났다 하면,
11 그가 죽은 날에 제물을 차려 놓고 너
희들이 그 제물 앞에 절을 올리며 그
날을 기리는 것은 바로 무엇을 위하여
너희들이 그리 하는 것인가?
12 육신의 인연의 고리를 끊은 조상들이
라 하는, 너희들의 부모라 하는 사람
들이 저희들이 지은 죄에 따라서 나에
게 벌을 받고 그들이 행하고 있는 그
곳에 너희들이 절을 하게 됨이니,
13 그리하여 그게 우상이라 함이니라.
14 그가 죽어 와 나로부터 뱀이 되어 뱀
으로서 다시 태어나 세상에 나갔을
때, 그날을 기억하여 너희들이 제물을
차려 놓고 절함은 뱀에게 절하는 그와
같은 형국이니,
15 그게 바로 나 외에 다른 신 앞에 너희
들이 경배하고 기도하는 형국이니 그
리 알라.
16 그리하여 그 모두가 다 사탄을 위하는
길이라 말하였음이니라. 그리고 우상
을 섬기는 것이라 말하는 뜻이 여기
있음이니라.
17 너희들은 너희들을 길러 주고 낳아 준
그 부모가 운명을 한 날, 너희 후손이
모여 음식을 차려 놓고 그에 감사하는
뜻을 전하며,
18 감사함과 너희들의 부모의 업적을 기
리면서 환담을 나누며 같이 음식을 나
누는 그와 같은 예로써 행하도록 그리
해야 될 것이니,
19 오늘 이후 너희들은 이와 같은 나의
가르침을 엄히 따라 시행하도록 그리
하여야 할 것이니라.

1,737 번째 하나님 말씀

2002년 1월 3일 06시 15분

1 사랑하는 선지자야!
2 "네, 여호와 하나님! 말씀하옵소서."
3 네가 위로는 나를 위하여 나의 뜻을
따라, 또한 아래로는 나의 피조물 만
백성을 위하여 매일같이 내가 불로 써
내린 십계명을 암송하며,
4 내가 너에게 착하고 아름답게 살라 내
린, 너희들이 살아가는 그 기본이요,
근본을 내린 나의 법전이요, 나의 성
령의 뜻대로 살아가고자 노력하는 것
은,
5 또한, 너의 제자들이 그리 아름답게
살고자 노력하는 것은, 정녕 이 길이
하늘을 향하여 걸어오는 바르고 곧은
길이니, 여기에 어디 잘못되어 구부러
지고 휘어진 부분이 있다 말할 수 있
겠는가?
6 바로 나의 십계명을 외우며 나의 법전
대로 살아가고자 하는 너와 너를 따르
는 너의 제자들이 하늘에 오르는 곧고
바른 길을 걸어 나에게 오르고 있음이
니라.
7 그러나 이 세상 나의 피조물 만백성이
수천 년의 역사가 흐르는 그 세월 속
에 잘못 가르치는 자들,
8 나의 성서를 잘못 이해하며 나의 성서
의 깊이를 깨닫지 못하는 그들이 지도

자라 하여 나의 피조물 만백성을 이끌
어 오는 자들이 산으로 들판으로,
9 바르게 오르는 길이 아닌 오를 수 없
는 진흙탕에서 허덕이고 있는 그와 같
은 형국의 믿음의 길을 가고 있음이니,
10 저희들이 도저히 헤어날 수 없는 진흙
탕과 같은 그 속에서 허덕이고 있음이
니라.
11 내가 너희들에게 말하여 사막의 모래
에 무릎이 묻히면 나올 수 있으나, 허
리를 넘어 가슴을 덮으면 스스로 헤어
날 수 없는 것이 너희들이 묻힘이라
말하였으니,
12 지금 나의 피조물 만백성이 저희들의
목에까지 묻혀 있는 그 형태에서도 그
것이 하늘에 오르는 길이라고 소리 지
르며 걸어가고 있음이니,
13 그러면서 들과 산으로 그들이 험악한
길을 향하여 계속 걸어가고 있으며,
걸어왔다가 다시 내려가고 걸어 올라
왔다가 다시 내려가는, 이와 같은 올
라올 수 없는 갈지(之)자의 그 길을
계속 가 제자리걸음하고 있는 그들이,
14 곧고 바른 길로 올라오는 너희들을 보
고 이단이요, 사탄이요, 잘못 가는 자
며 불쌍한 인생들이라 그리 말함이니,
15 여기서 너희들이 하나 깨우쳐야 할 것
이 있느니라.
16 내가 불로 써 내린 그 계명이 하늘에
오를 수 있는 기본이요, 근본이라는
것을 깨닫고, 어렵고 힘든 그 길을 걷
고자 지키고 살아오며 오늘보다 내일
에 더 아름다운 모습으로 변해져 가는
너희들이 과연 잘못 가는 것이더냐,
바로 가는 것이더냐?
17 너희 스스로 평가하고 깨달아 봐야 될
것이니,
18 너희 스스로 깨달아 봐도, 너희 스스
로 깨우쳐 봐도 너희들이 행하는 것이
바른길이라 함을 너희들이 알 것이니
라.
19 내가 직접 써 내린 나의 계명이요, 나
의 율법을 인간이기에 지킬 수 없다
말하며 저희 스스로 만들어 놓고 저희
스스로 연구하여 계획한 그곳에 연연
하는 그들의 지금의 믿음의 형태가 바
르고 곧은 길이더냐?
20 이것 하나만 보아도 너희들이 어떠한
길에 서 있는가를 알게 됨이니,
21 이것조차도 깨우치지 못하고 있는 나
의 피조물 만백성을 깨우쳐 너희들이
걸어오는 그 뒤를 따라오라 함이 얼마
나 힘들고 어려운 길인가를 나 여호와
가 알고 있음이니라.
22 아무리 힘들고 어려운 길이라 하여도
너희들은 포기해서는 아니 되며, 너희
들은 그들을 버려서는 아니 되며, 그
들에게서 등을 돌려서는 아니 됨이니,
23 잘못 깨우치고 있는 그 후손이요, 그
자손들이라도 너희들이 전하는 나의
법전을 보고 깨우쳐 하늘에 오르도록
하는 길은 천년만년 대계의 사업으로
서, 하루아침에 이루어지는 사업이 아
님이니,
24 너희들이 하고 있는, 이 나의 빛을 보
며 나에게 오르는 길을 인도하고 깨우
치는 것은 천년만년 그 많은 흐르는
세월 속에서 그 많은 세월을 위하여
너희들이 이루고 있는 사업이며,
25 영원히 변하지 않는, 영원히 지워지지

아니하는, 영원히 없어질 수 없는 그
뿌리를 너희들이 지금 내리고 있음이
니,
26 너희들은 조급히 생각하지 말라. 서서
히 가라.
27 그리고 너희 자신을 버리는 일이 없도
록, 너희 스스로 포기하며 너희 스스
로 자신을 버리는 그러한 우를 범하지
아니하도록 서서히 다져 나가라.
28 그것만이 너희들이 행할 수 있는 길이
며 너희들이 승자가 될 수 있는 길인
것이니,
29 오늘의 너희들이 한 명을 깨우쳐 하늘
에 오르면 내일은 두 명일 것이요, 그
와 같이 깨우쳐 내려갈 것이니,
30 백 년, 천 년 후에 그들이 깨우쳐 죄를
짓지 아니하고 나에게 와 고통스러운
벌을 받지 아니하며 그들이 하늘에 오
르는 길을 볼 수 있는 영광된 그날이
있을 것이니,
31 그때 너희들의 이름 석 자가 얼마나
위대한가를 너희 후손들이 깨달을 것
이니 그리 알아, 오늘의 어렵고 힘듦
을 접어 두는 그와 같은 삶을 살아가
야 할 것이니,
32 너의 제자들에게 희망과 용기와 힘이
되어 주어야 될 것이니, 그를 네가 깊
이 깨우쳐 행하도록 하라.

1,738 번째 하나님 말씀

2002년 1월 4일 06시 15분

1 사랑하는 선지자야!
2 "네, 여호와 하나님! 말씀하옵소서."
3 내가 나의 성령을 태워 내리는 내 가
슴의 뜻을 받아 만백성을 구하고자 전
하는 너는 이 세상에서 가장 유하고
부드러운 사람이 되어야 함이니,
4 여인이 열 달 동안 아이를 잉태하여
한 생명이 태어나는 그 순간처럼, 고
충과 어려움과 고난 속에서 한 생명을
태어나게 하여 그 생명에게 젖을 물리
는 그 순간처럼, 신비함과 감사함과
사랑으로 충만된 그 순간처럼 네가 살
아가듯이,
5 네가 또 살아가는 것이 그와 같은 마
음으로 변하고자 노력하는 만큼, 네가
그와 같이 살아가야 함이니라.
6 그와 같은 아름다운 마음으로써 네가
변해야 되며 그와 같이 변하여 살아가
는 것이 너의 삶의 자세이니라.
7 한마디의 거친 언사도, 한마디의 농담
의 이야기도, 한마디의 부질없는 그
말도 너의 제자들과 만백성이 듣고 배
움을 너는 알아야 함이니라.
8 너의 제자들 또한 그와 같은 마음 자
세로 살아가야 되며, 그와 같은 자로
변해야 함이니라.
9 너희들은 너희 자신의 부귀와 영화와
육신의 영달을 위하여 나의 법전을 정
독하며 나의 성전에 와 나에게 기도하
고 경배하는 것이 아니니라.
10 내가 너희들 자신은 육신이 없다 하였
음이니, 너희들은 세상에 한 생명이
태어나 그 어린아이를 처음 품에 안은
어머니와 같은 그러한 사랑스러운 마
음과 인자한 마음으로 변하여 살아가
는 것만이 남아 있음이니,
11 너희들이 나로부터 무엇을 구하고자,
육신의 영달을 위해 무엇을 얻고자 하

는 그 마음은 나와 너희들 사이에는
아무런 관계도 없음이니라.
12 너희들의 육신의 영달과 영화를 위하
여 내가 너희들을 이곳에 모은 것도
아니며, 내가 너희들을 선택한 것도
아니니라.
13 너희는 너희 자신이 없음이니라.
14 오로지 너희들은 유하고 부드럽고 인
자하며 사랑스러운 그 모습으로 변하
여 만백성에게 기본이 되는 본보기로
서 세상에 태어난 자들이니,
15 욥의 시련만을 너희들은 생각할 것이
며, 욥의 부귀와 영화를 생각해서는
아니 됨이니라.
16 너희들은 욥이 어렵고 힘든 사탄과의
싸움에서 믿음이 무엇인가를 보여 주
었듯이 그 부분만을 생각해야 될 것이
며,
17 욥이 그 싸움에서 견디고 인내하여 나
로부터 받은 그 은혜와 은총에 대한
것은 너희 머릿속에 단절하여 지워야
만 할 것이니라.
18 그 부분을 너희들이 생각하며, 그 부
분의 영광이 있길 바라며, 그 부분의
영화를 생각한다면 너희들은 나에 대
한 믿음이 아니요, 나에게 선택된 자
가 아니니,
19 너희들은 나에게 거래하고자 하는 자
들과 다름이 없는 것이니라.
20 지금 나의 피조물 만백성이 믿음이라
하여 저희들이 만든 성전에 가서 구원
받고자 하는 것이 무엇이던가?
21 저희들이 바치고 저희들이 한 만큼,
저희들이 기도한 만큼 무엇인가를 얻
을 수 있다는 기대와 얻고자 하는 마
음에서 그와 같이 행동을 함이 아니더
냐?
22 너희 또한 육신의 영화와 너희들의 삶
에 어떤 기적을 원한다 하면 그들과
똑같이 나와 거래하고자 하는 자의 기
도하는 마음이니,
23 나에게 선택된 나의 백성의 그 반열에
서 떨어져 나가는 것은 당연한 것이니
라.
24 너희들은 욥이 인내하고 기도하며, 그
가 사탄의 유혹에 넘어가지 아니하고
나 여호와가 있음을 알며,
25 육신이 썩어져 가는 그 고통에서 버러
지들이 그 육신을 갉아먹는 것을 인내
하는 그 고통과 그 고초만을 생각해야
할 것이며,
26 그 인내를 이기고 견디고 와 나로부터
영광된 축복을 받은 그 구절은 버려야
할 것이며 생각도 해서는 아니 된다는
것을 마음속 깊이 간직하며,
27 그 마음까지만 행하도록 그리 깨우쳐
주도록 하라.
28 그것이 너희들이 모두를 얻을 수 있는
길임을 알라.
29 너희들은 욥의 고통의 시간과 축복의
시간을 나눠서, 고통의 시간만을 너희
것으로 생각하며, 축복의 시간의 세상
은 없음을, 너희들이 생각해서는 아니
됨을 알라.
30 그 축복된 것을 생각한다면 너희 또한
거래하는 자와 같음이니, 이와 같은
나의 이치를 깊이 깨우쳐 만백성에게
전해야 할 것이니라.
31 오로지 욥의 고충만이 너희 머릿속에
남아 있으며, 그 고충보다도 더 강한

인내로써 나를 따르며, 나의 성령의
법전을 만백성을 위하여 전하며 너희
들이 앞에서 가는 자들이 되어야 될
것이니라.
32 그리고 욥이 누린 그 영화와 영광은
내가 내림이지 너희들 것이 아님이니,
그를 너희들이 기억하고 생각해서는
아니 됨을 알라.

1,739 번째 하나님 말씀

2002년 1월 4일 21시 20분

(강론을 마치며)

1 사랑하는 선지자야!
2 "네, 여호와 하나님! 말씀하옵소서."
3 내가 너에게 일렀느니라.
4 마지막 나의 성령을 불로 태우는 그
아픔 속에서 너를 선택하여 열여섯 권
의 법전을 세상에 내려보내어 이를 기
초로 하여 나의 피조물 만백성을 천년
만년 구원하는 그 대업을 이루라 하였
음이니,
5 너는 그 많은 나의 피조물 만백성의
기본이 되어야 될 것이며, 그들이 너
를 사랑하며 너를 흠모할 수 있는 그
와 같은 삶을 살아야 하는 것은 당연
한 것이니라.
6 그러나 네가 오늘 여기서 하나 깨우치
고 가야 할 것이 있느니라.
7 수천수만의 대대손손 나의 피조물 만
백성이 나의 법전을 읽고 하늘에 오르
는 길을 보며 너를 보고 근본으로 삼
아 살아가기 전에,
8 나의 성전에 와 나의 법전을 연구하며
여기 와 있는 너의 제자들의 마음 하
나하나가 다 너를 사랑하고 너를 아끼
며 너를 소중히 하는 그 마음이 하나
가 되어야 될 것이며,
9 네가 그들을 사랑하는 그 마음이 또한
똑같아야 할 것이며,
10 네가 그들에게 마음속에 한 자리라도
섭섭한 마음과 아쉬운 마음을 갖는다
하면,
11 몇 명 안 되는 너의 제자들의 마음과
그 심성을 다스리지 못하며 그의 표본
이 되지 못한다 하면, 너는 대대손손
천년만년 영원히 나의 피조물 만백성
의 거울이 될 수 없음이니,
12 너의 마음자리를 먼저 잡아야 할 것이
니라.
13 내가 너에게 일러 말하였느니라.
14 이제는 열 달 동안 아이를 잉태하여
그 어머니가 아이에게 젖을 처음 물리
는 그 아름답고 소중한 마음처럼 네
마음이 그리 살아가야 되며 그리 되어
야 하며, 그와 같이 자상한 네가 되어
야 된다 하였으니,
15 너를 따르는 제자들 또한 그리 되어야
할 것이며 그리 살아가야 할 것이니라.
16 너희들은 지금 모르느니라.
17 천 년, 2천 년이 흐른 다음에 너의 제
자들이 기록한 복음서요, 너의 제자들
이 하나의 기록을 남긴 그 모든 것은
나의 피조물 만백성이 저희들의 생명
보다도 더 소중히 아끼고 깨달아 그를
시행하고자 하는 그 시대가 열린다는
것을 너희들은 모르고 있을 것이니라.
18 사랑하는 선지자야!
19 "네, 여호와 하나님! 말씀하옵소서."
20 너희들은 물이 되어야 될 것이니라.

21 만백성을 구하는 깨끗한 생수가 되어
야 될 것이니라.
22 오물이 붙지 않은 그 생수를 담는 그
릇에 생수 한 됫박을 붓고 또 한 말을
부어도 그 물이 동화되어 나의 피조물
만백성이 마실 수 있으며 그 생명을
구할 수 있듯이,
23 너희들이 하나 위에 둘이 포개지며,
둘 위에 넷이 되며, 넷 위에 여덟이요,
백 명, 천 명이 되어 그 생수 그릇에
너희들이 물을 붓는다 하여도, 너희들
이 붓는 물은 똑같이 그와 같이 형성
되어 나의 피조물 만백성을 구해야 하
는 것이 너희들이 가야 할 길이니,
24 너희들의 마음자리를 어찌 다스려야
되는가를 깊이 깨우쳐야 할 것이니라.
25 나는 너희들의 마음을 아느니라.
26 선지자의 고통스러운 그 마음을 아느
니라.
27 나의 선지자가 너희들에게 명예를 주
며, 너희들에게 건강을 주며, 너희들
에게 재물을 주며, 너희들이 당당한
모습으로 세상을 살아가게 하고자 가
슴 아파 나에게 간곡히 기도드리며 애
원하는 애절한 마음을 내가 알고 있음
이니라.
28 그러나 그리되었을 때, 나의 법전은
빛을 보지 못하며 나의 법전은 나의
피조물 만백성을 구할 수가 없음이니
라.
29 오늘 내가 너희들에게 일렀느니라.
30 너희들은 오로지 욥이 그 시험에 이긴
영광이 아니라, 욥이 사탄과 싸우는
그 시험에서 이길 수 있는 고충의 세
월의 마음까지만 생각하라 하였음이
니,
31 너희 마음이, 나를 향하며 선지자를
따르며 나의 법전을 세상에 전하는 마
음이 욥의 고통을 생각하며 너희들이
쓰고 어려운 그 고비를 넘고 넘어 나
에게 왔을 때, 나에게 오르고자 할 때,
너희들이 정녕 맑은 생수가 되어
32 욥의 고통보다도, 나의 아들 예수가
그 손과 발에 못을 박아 죽어 가는 그
보다 더 고통스런 마음속에서 너희들
이 나의 율법을 지키며 너희들이 하나
가 되어, 한 그릇의 생수가 되어 너희
자신을 부었을 때,
33 거기에 하나의 색채가 있어서도 아니
되며, 거기에 어떠한 오물이 있어서도
아니 됨이니,
34 선지자가 지금 들고 있는 그 그릇에
너희들 자신이 너희들의 생수를 부을
때 그 생수가 하나가 되어야 됨이니,
35 그가 하나가 될 때 너희들에게 영광과
은혜와 은총이 수없이 있을 것이니,
36 너희들은 하나가 되어야 될 것이니라.
37 그리고 너희들의 마음을 다스릴 수 없
거든, 너희들이 인내할 수 없거든, 너
희들이 견딜 수 없거든, 남들이 말하
는 인간이기 때문에 너희들이 고비를
넘지 못할 때,
38 과연 욥의 고통만큼 너희가 지금 그
고통과 역경에 서 있는가, 그리고 나
의 아들 예수가 못 박혀 죽는 그 고통
만큼 너희들이 지금 그와 같은 위치에
와 있는가를 생각하면 너희들에게 힘
이 생길 것이며 용기가 생길 것이며,
39 너희들에게 힘과 용기가 생겼을 때 너
희들이 이루고자 하는 뜻을 이룰 수

있음이니,
40 나의 이 가르침을 너희들이 가슴에 깊
이 새겨 깨달아야 할 것이니라.

부 록

【하나님께서 가르쳐 주신 운동】

천재지변이 일어날 때, 동물이나 미물들은 미리 알고 대피하지만, 인간은 알지 못하고 큰 화를 당합니다. 하나님께서 인간에게 가장 높은 지혜를 주시고 완벽하게 창조해 주셨기에 동물들보다 더 잘 알 수 있지만, 욕심으로 마음이 혼탁해져서 한 치 앞을 보지 못하는 것입니다.

마찬가지로, 인간은 누구나 스스로 필요한 운동을 해서 건강을 지킬 수 있도록 하나님께서 만들어 주셨습니다. 우리의 머리에서 우리 몸에 필요한 동작을 해 달라고 끊임없이 신호를 보내지만, 인간이 혼탁하게 살아서 그 신호를 알아채지 못합니다. 그러니 자연스럽게 자기 몸이 원하는 그 신호를 따라서 운동하는 것이 하나님께서 가르쳐 주신 운동 방법입니다. 바로, 우리의 영이 육을 이끄는 운동입니다.

▶ 하나님 운동법

1. 눈을 감고, 발을 어깨너비로 벌리고 바르게 선다.
2. 몸에 힘을 풀고, 허리를 숙이면서 손과 머리를 아래로 내린다.
3. 허리를 펴고 싶을 때, 천천히 펴면서 하고 싶은 동작을 하면 운동이 시작된다. (사람마다 다르다.)
4. 멈추지 말고, 어떤 동작이든지 자기 몸의 느낌대로 계속 이어서 한다.

▶ 참고 사항

① 눈을 감은 상태로 아무 생각 하지 않고, 자기 몸의 느낌대로 움직입니다.

② 마음을 비우고, 욕심을 버리고, 지난 날의 잘못을 반성하면서 몇 차례 시도하다 보면, 자기도 모르게 하고 싶은 동작이 끊임없이 생깁니다.

③ 운동 장소는 방 안이든 운동장이든 관계없으며, 걷거나 달리고 싶을 때는 눈을 떠도 됩니다.

④ 매일 40분 이상, 주 4회 이상, 3개월 이상 하면 음식 조절에 들어갑니다.
- 음식으로 생긴 병은 음식으로 치료하게 되며, 어떤 음식을 먹어야 하는지 스스로 알게 됩니다.
(자기 몸에 필요한 음식만 먹고 싶어집니다.)

⑤ 사랑하는 사람과 함께 운동하면 서로 치료해 주기도 합니다.

⑥ 운동을 하다가 몸의 어느 한 부분을 계속 손으로 자극한다면 그쪽에 이상이 있는 것이니, 의사에게 상담을 받고 적절한 치료를 받으면 됩니다.

⑦ 다이어트 및 기타 건강관리에 효과적입니다.

⑧ 꾸준히 운동하여 영이 맑아지면, 자신의 과거와 미래를 스스로 보게 됩니다.

누구나 스스로 하실 수 있습니다.

간행사

《새로운 성경》은:

· 새로운 성경은, 하나님께서 선량하고 선한 자를 선택하여 십계명을 암송하도록 하시고, 십계명을 암송한 다음에 음성으로써 들려주시는 말씀을 듣고 그대로 카세트테이프에 녹음해서 받아쓴 책입니다.

· 90분짜리 녹음테이프 700여 개에 달하는 말씀으로, 1999년 8월부터 2004년 7월까지 총 160권(권당 288쪽)을 완성하였으며, 그 이후에도 현재까지 계속 말씀을 내려 주고 계십니다.

· 새로운 성경은 "하늘을 두루마리 삼고 바닷물을 먹물 삼아 쓰고 써도 다 못 쓴다"는, 끝없이 방대한 하나님의 말씀이 두루마리로 직접 내려오는 것입니다. 이러한 새로운 성경은 구약과 신약을 폐하려는 것이 아니라 "인봉된 성서의 비유의 뜻"을 상세히 설명하여 완성하고자 하나님께서 직접 내려 주신 말씀입니다.

《새로운 성경》의 구성:

· 제 목: 2013년, 160권 모음집을 발간하면서, 본 도서의 제목을 "하나님! 말씀하옵소서"에서 《새로운 성경》으로 명해 주셨습니다.

· 단행본: 각 권당 288쪽(신국판) 책이 160권까지 시리즈로 출판됩니다.
(모음집은 단행본을 16권씩 묶어서, 총 10부로 구성됩니다.)

《새로운 성경》의 성경적 근거:

· 신약 성경 [요한복음] 16장 13절에 "진리의 성령이 오시면 그가 너희를 모든 진리 가운데로 인도하시리니 그가 자의로 말하지 않고, 오직 듣는 것만을 말하며" 하신 말씀처럼 하나님의 음성을 들은 것만 기록하였으며,

· "장래 일을 너희에게 알리시리라" 하신 말씀과 같이 개인, 나라, 인류의 "장래"일을 하나님께서 알려 주시는 것만 기록하여 책으로 만들었습니다.

《새로운 성경》의 기록 방법:

· 1999년 8월부터 하나님께서 저에게 들려주시는 음성을 기록하였습니다. 처음에는 제가 들은 말씀을 불러 주면 저의 아내가 기록하여, 2000년 1월 29일에 1권 초판이 세상에 나왔습니다. 2000년 4월부터는 주시는 말씀을 받아 녹음기에 기록하기 시작하였습니다.

· 녹음을 시작하면서 하나님의 말씀을 받는 데 가속도가 붙었고, 2001년 5월 3일에 1부(1~16권까지)를 인쇄하여 출판하였으며, 2004년 7월까지 총 160권 분량의 말씀을 받아 기록하였습니다.

하나님께서 저에게 주신 것은:

· 첫째, 만백성을 상대로 내려 주시는 "기도", 둘째, 수시로 내려 주시는 "묵상", 셋째, 개인의 과거, 현재, 미래를 알려 주시는 "개인 기도", 넷째, 개인의 건강을 위해서 내려 주시는 "음식 처방", 다섯째, 하나님께서 가르쳐 주신 "운동"등이 있습니다. 이 중에 첫 번째, "기도"를 책으로 편찬하였습니다. 사람의 생사, 개인의 미래에 관한 천기는 수록하지 말라 하셨습니다.

강론 안내:

· 하나님께서는 지금도 매일 저에게 새로운 하늘의 비밀의 말씀을 내려 주고 계십니다. 수시로 내려 주시는 말씀을 정리해서 제자를 육성하라는 말씀에 따라 매주 강론을 하고 있습니다. 누구나 무료로 들으실 수 있습니다. (book160.com)

《새로운 성경》을 읽는 분들에게 드리는 선물:

· 개인 기도: 개인의 과거, 현재, 미래에 관하여 말씀을 내려 주십니다.

· 음식 처방: 사람은 음식을 먹고살다가 건강을 잃으니, 음식과 운동으로 건강을 되찾는 방법을 알려 드립니다. 단, 하나님이 계심을 믿고, 십계명을 지키겠다고 진실로 서약하는 분들께 알려드립니다.

《새로운 성경》의 은혜와 기적:

· 새로운 성경 전160권은 16권씩 묶어서 총 10부의 모음집으로 구성됩니다. 모음집 한 부를 읽고 깨우치는 자에게 하나님께서 다음과 같은 기적이 있다고 하셨습니다.

· “첫째, 그가 죽어 하늘에 갔을 때 그의 죄를 묻지 아니하며, 구원을 받는 위대한 은혜가 있으며, 둘째, 그의 소원과 소망이 이루어지고, 셋째, 죽은 자(부모, 형제, 자식, 사랑하고 은혜 입은 분)의 이름으로 구입한 책을 읽고 누군가 한 사람이 깨우칠 때, 그 죽은 자가 지옥에서 천국으로 구원을 받게 되며, 넷째, 유산, 중절 수술 등으로 태어나지 못한 아이를 위하여 구입한 책을 보고 한 명이 깨우쳤을 때, 그 아이가 사람으로 다시 한 번 태어나는 은혜를 받는다.”

· “새로운 성경”을 3회 이상 정성을 다해 정독하는 자, 성서의 비밀을 알게 되고, 세상의 이치를 알게 되며, 세상을 지배하고 통제할 수 있는 지혜를 다 얻게 된다고 하셨습니다. 이 책은 만백성이 정독하고 이웃에게 전하여, 평생 가슴에 묻은 슬픔과 고통의 짐을 벗고 미래를 위한 힘찬 삶을 살아가도록 하는 책입니다.

끝으로

· 하나님께서는 흰 눈이 세상을 덮듯이 새로운 성경을 온 세상에 전하라고 하셨습니다. 《새로운 성경》을 각국어로 번역해서 온 인류에게 구원의 길을 깨우쳐 주고, 그 수익으로 가난하고 어려운 백성을 구제하여, 만백성의 영과 육을 함께 구원하는 선지자의 임무를 수행하라고 저에게 명하셨습니다.

· 하늘에서 내려 주신 말씀의 보화를 만백성에게 나누어 주는 것이 선지자의 임무라고 하셨습니다. 새로운 성경을 통해서 얻는 재물을 사용할 곳도 하나님께서 일일이 명해 주십니다. 모든 재물은 저의 자의로 쓸 수 없고, 하나님께서 명하시는 대로만 쓰여집니다.

· 어떤 명분으로든 십일조나 각종 헌금을 거두어들이지 말라 하셨으며, 국내뿐 아니라 각국에 성전과 단독 서점을 운영하며, 한국의 많은 젊은이들을 전 세계에 지도자로 내보내라고 하셨습니다.

· 우리는 세계적으로 새로운 성경을 보급하며 어려운 이들을 돕는 역사를 해 나갈 것입니다. 지금까지 비록 몇 명 안 되는 제자들과 함께 이러한 일을 역사했지만, 앞으로도 계속 하나님께서 기뻐하시는 일들을 해 나갈 것입니다. 부족한 저희에게 여러분들의 지혜와 성원을 보내 주시기를 바랍니다. 많은 분들의 참여와 도움을 간절히 기다립니다. 감사합니다.

한국어로 내려온 《새로운 성경》 단행본을 출간하며
2016년 4월 10일

발행인 **김 용 철**

한국어로 내려온

새로운 **성 경** · 2부 · 제20권

지은이 하나님 말씀
대역자 김용철

초판인쇄 1쇄 2004년 1월 17일
삼판인쇄 1쇄 2017년 4월 3일

펴낸 곳 도서출판 하얀마음
등록번호 제 10-2107호 (2001년 2월 14일)
주소 서울시 노원구 덕릉로86길 5, 2층
전화번호 02) 313-1114
팩스 02) 393-5554
전자우편 book160@hanmail.net
편집위원 조나영 김미향 이석교
제작지원 민평기 양영아 민대웅 민영주 김도윤 민지영 이현종

도서상담 1600-7527
ISBN 978-89-5875-120-5 (04230)
978-89-5875-100-7 (세 트)

값 10,000원
잘못된 책은 구입하신 곳에서 바꾸어 드립니다.

※이 책은 10부로 제작되며, 각 부 16권씩 총160권으로 구성됩니다.※

1부	**2부**	3부	4부	5부	6부	7부	8부	9부	10부
1권	17권	33권	49권	65권	81권	97권	113권	129권	145권
2권	18권	34권	50권	66권	82권	98권	114권	130권	146권
3권	19권	35권	51권	67권	83권	99권	115권	131권	147권
4권	20권	36권	52권	68권	84권	100권	116권	132권	148권
5권	21권	37권	53권	69권	85권	101권	117권	133권	149권
6권	22권	38권	54권	70권	86권	102권	118권	134권	150권
7권	23권	39권	55권	71권	87권	103권	119권	135권	151권
8권	24권	40권	56권	72권	88권	104권	120권	136권	152권
9권	25권	41권	57권	73권	89권	105권	121권	137권	153권
10권	26권	42권	58권	74권	90권	106권	122권	138권	154권
11권	27권	43권	59권	75권	91권	107권	123권	139권	155권
12권	28권	44권	60권	76권	92권	108권	124권	140권	156권
13권	29권	45권	61권	77권	93권	109권	125권	141권	157권
14권	30권	46권	62권	78권	94권	110권	126권	142권	158권
15권	31권	47권	63권	79권	95권	111권	127권	143권	159권
16권	32권	48권	64권	80권	96권	112권	128권	144권	160권